「予科練」戦友会の社会学

戦争の記憶のかたち

清水 亮

新曜社

「予科練」戦友会の社会学——目次

凡例

・本文中の引用・参照文献は、（著者姓 刊行年：頁数）のように記す。例：（孝本 2006: 467）。その他、文献表記は基本的に「社会学評論スタイルガイド」第三版に従う。

・単行本・新聞・雑誌・会報名は『 』で、新聞・雑誌・会報の記事名は「 」で示す。

・頻出資料の『雄飛』『予科練』『赤とんぼ』『甲飛だより』からの引用は次のように記する。

例：（雄飛 2: 3. 1963/6） ― 『雄飛』第二号（一九六三年六月十一日発行）の三頁を参照。

これを基本形として、適宜（2: 3. 1963/6）、（雄飛 2:3）、（2: 3）などと略記する。

・資料の引用に際して、原則として旧字体を新字体に改め、ルビ・圏点などは省略した。仮名遣いは原則として原文どおりとする。

・基本的に漢数字を用いるが、資料からの引用部分については原文表記に従う。

・引用文中の、引用者による注記は〔 〕で示す。

・原文にないルビは（ ）で示す。

・原資料中の誤字誤記は、原文のまま表記し、正しい表記を「〔 〕」で補って注記している。例：「在天の美霊」→「在天の美〔英〕霊」。

・掲載した写真は、特に断りのない限り筆者撮影である。

装幀――難波園子

序章　元兵士たちが遺した記憶のかたち

生身の戦争体験者、なかでも元兵士が去る時は間近に迫る。被爆者などの民間人であれば、より年少の体験者も多いが、元兵士の場合は、本書がとりあげる少年兵という最も若い世代ですら、みな九十歳をこえた。二〇一〇年最新の統計をみると、軍人恩給本人受給者数は約六千人（二〇二一年三月末）にまで減っていた。[1] 二〇一〇年三月末には約一六万二千人で、二〇〇六年三月末は約二六万三千人（吉田 2011: 2-3）だったのだから、直近十年の減少は実に急激である。約六千人の年齢内訳は九十歳以上が約三千人、百歳以上が約三千人であり、今後も急減は続くだろう。恩給欠格者を加えても、存命の元兵士は一～二万人にすぎず、[2] まして施設入居や入院などを考えても、彼らに対面することは至難になりつつある。

十年前に同様の試算をした歴史家の吉田裕は、『兵士たちの戦後史』の「序章　一つの時代の終わり」を「消えゆく戦友会」というトピックから始めている。たしかに「軍隊経験者の減少を最もよくあらわしている」のが、元兵士たちが戦後に組織した戦友会の解散だ（吉田 2011: 3）。しかし、戦友会が集団である以上、その解散が意

（1）　総務省恩給支給官（室）「恩給統計から見た恩給受給者の状況」https://www.soumu.go.jp/main_content/000248542.pdf　二〇二一年八月二八日参照。

（2）　恩給欠格者は、二〇〇八年時点で、約一三万七千～七〇万人と推定される（吉田 2011: 2）。吉田は、文庫版あとがきで、二〇一八年度の統計を参照して恩給受給者が約一万四千人であることから、受給者と欠格者の比率が同程度と考えると、三万人を大きく割り込んでいると述べている（吉田 2020: 349）。二〇二一年度の統計から吉田と同様の方法で推計した。

味するのは、単なる人数の減少ではない。見過ごせないのは、元兵士たちの相互のつながりの消失である点だ。

1　戦争体験者のつながりがつくりだしたもの

戦後という長い時空間のなかで、個々人ではなく、人々がつながったからこそ、つくりだすことができたものがあった。たしかに、個人レベルでも戦争体験記や証言記録をつくることはできる。しかし、集団をつくることで、体験記集を編纂したり、数えきれないほどの碑を建てることができた。元兵士に限らず、戦後につくられた戦争にまつわる慰霊碑・記念碑の背後には、それぞれ対応する集団がある。なかには戦争体験者たちの集団が構想し寄付を集め、記念館のような大規模な建造物をつくりだすこともあった（その最も有名なものは、沖縄のひめゆり平和祈念資料館だろう）。

戦争体験者たちが遺した記憶のかたちと、私たちはどのように向き合うか。一つはそれらを歴史資料とみて、戦場で彼らが何を体験したかという内容に光を当てることである。そのとき、モノはいわば戦争体験や歴史を汲みだす容器である。戦争体験者との決定的な別離が到来する時代において、人に代わってモノに体験継承の希望が託されていく。

しかし、もう一つの向き合い方として、なぜそのようなものをつくったのか、いかにしてつくりだすことができたのかといった、誕生当時の文脈に光を当てることもできる。書物や碑のそれぞれに、つくられた当時の歴史‐社会的文脈が刻まれ、戦争が強い影響を与えた人々の構想や思いが込められている。そのとき、モノはいわば戦争体験者たちの戦後の活動の痕跡である。

ただ、文脈は遺されたもの自体に記されていないことも多く、記されていたとしても別の資料と付き合わせた検証や分析が必要である。無機質なモノがいかにつくりだされたのか、地道に追跡することによって、私たちは、戦争体験者たちの有機的な生き様と互いのつながりに迫ることができる。今なお存命の個々人に出会えなくても、かつて寄り集まってモノをつくりだすほどのエネルギーを放っていた、生き生きとした集合的な営みを垣間見ることができる。

つくりだす主体が個人か集団かという点から、つくりだされるプロセスのほうに目を向けていこう。モニュメントや記録をつくることは、記憶の物質化のプロセスであり、それは結果として記憶の社会化でもある。個人の頭の中にある体験・記憶そのものは個人的で、不定形である。しかし、記憶がかたちをつくるとき、そこには社会が介在する。

たとえば一見孤独で個人的な行為にみえる戦争体験記を書くという行為さえ、社会によって編成され、社会へ否応なしに接続される。社会学者の野上元は、「戦争と書くこと」というテーマ設定から戦争体験記を論じ、「書く」という契機として差し挟まれていた様々な種類の社会性」（野上 2006: 43）を捉えようとした。そのためには、戦争体験記に書かれた内容に、戦争体験・記憶そのものを見るのではなく、「集合的記憶に対して、それが・いま・ここにある、という前提を解体し、かつて・何が・いかにして書き込まれたのかということ、また、どのような媒介性によってどのような集積がなされたかを考察する」（野上 2006: 50-1）方法的工夫を必要とした。本書の表現で言い換えれば、いま、ここに残されているモノが、かつて、いかなるつながりの集積を介してつくりだされたのかを問うた。

本書も同じく、戦争の記憶がかたちをなす瞬間に作動した社会的な力を捉えようとする。ただし、とりわけ本書が中心的な研究対象とする記念碑や記念館は、おおよそ個人でつくりうるものではなく、さまざまな主体・集団が関与するプロセスを伴う。その集合性を探究するうえで、野上の依拠する「戦争体験」よりも「集合的記憶」という概念が有効であり、特定のかたちの成立を社会から説明する点で社会形態学と名乗りうる（詳細は第1章）。つまり本書は、モニュメント自体の研究というよりも、モニュメントの創造のプロセスにおける社会関係（つながり）を対象とした社会学的研究といえる。[3]

2　予科練の二人像という謎

さまざまな形態の元兵士の集団のなかで、本書が研究対象とするのは、戦友会という、非政治的で、慰霊と親睦を目的とし、戦争体験を語り合う場とされてきた集団である（高橋編 1983）。戦地や部隊、学校ごとに、膨大な数の戦友会が戦後日本社会に存在していた。そのなかで、本書が具体的な事例研究を行うのは、予科練という軍学校の出身者たちの戦友会であり、その戦友会が中心となって、他のさまざまな主体・集団とともに、集団の記憶を残すためにつくりだした碑と記念館である。

予科練（海軍飛行予科練習生）とは、旧海軍のパイロット養成のために志願し選抜された十代半ばの少年たちが、基礎教育・訓練を受けた制度である。一九三〇年の第一期生入隊当初は七九名だった入隊者は、戦争末期の大量採用に伴い拡大し、総数は約二四万人に及んだ。その大規模な集合のうちには、採用資格などによる「種」、入隊した時期による「期」、訓練を受けた場所などによって、膨大な差異をもつ下位集団群が控えている。

予科練課程を卒業後に飛行練習課程を経て戦場に行った者は約二万四千人、戦没者は約一万九千人にのぼる。たとえば太平洋戦争開戦時の海軍のパイロットのうち予科練出身者は約四〇％を占め、一九四四年四月には海軍搭乗員の九割に達している（逸見 1990: 120–1）。航空消耗戦の最前線で熟練搭乗員は高い戦死率を示し、戦争末期には訓練期間短縮に伴い未熟練の搭乗員が戦場に送られ、航空特攻あるいは水上・水中特攻隊員ともなっていった（小池 1983a: 114–9, 134）。[4]

戦後七六年を経た今や、「ヨカレン」と聞いてすぐイメージできる人も少ないかもしれない。しかし、「若い血潮の予科練の七つ釦《ボタン》は桜に錨」と歌いだされる「若鷲の歌」（一九四三年、西條八十作詞、古関裕而作曲）は戦時下で群を抜くヒットを記録し、全国津々浦々で広く口ずさまれた（辻田 2020: 174-80）[5]。さらに戦後にも戦争映画（たとえば「若鷲の歌」を主題歌とした一九六八年公開『あゝ予科練』）や戦記物などの題材として一定の知名度を保っていた。

海軍が解体された戦後において、予科練という集団は制度的根拠を失い、構成員は散り散りになった。しかし、予科練出身者は一九五〇年代後半に全国規模の戦友会を組織し、一九六〇年代という比較的早い時期に、慰霊碑（予科練之碑）に加えて、慰霊祭を行う記念庭園（雄翔園）や予科練戦没者の遺品を展示する記念館（雄翔館）まで自衛隊駐屯地内に建設している。本書が問うのは、平和主義を掲げた戦後日本の片隅につくりだされた（という文脈ゆえに奇妙な時代遅れの遺物にもみえる）、軍人をめぐる一連の集合的な記憶のかたちである。

常磐線土浦駅から五キロほどの、霞ヶ浦の南岸に、戦友会が生み出した空間はある。「雄翔館（予科練記念館）」の矢印案内に従い、専用出入口から陸上自衛隊土浦駐屯地の柵の内側に入ると、まず雄翔園という閑静な庭園が現れる。庭園に足を踏み入れると、すぐ左手に一九六六年建立の「予科練之碑」という銅像が鎮座する（図1）。この碑を作り上げて以来、予科練出身者たちは、半世紀以上にわたり毎年集合し、碑の前で慰霊祭を行

（3） 学際的なモニュメント研究は、建立過程の政治性を問うことから、民衆意識に迫るための受容研究まで試みてきた文化史をはじめとして、デザインなどの美術史・建築史、儀礼や政教分離をめぐる宗教学などの蓄積がある（松本 2012; 杉本 2008）。そもそも集合性という社会学的関心に固執しなければ、記念碑を製作する彫刻家などの個人から探求を始めるアプローチもありうる（木下 2014）。

（4） 特攻隊慰霊顕彰会の調査をもとに森岡清美が作成した表（森岡 1995: 51）によると、海軍の神風特別攻撃隊戦死者のうち、予科練出身者が多くを占める「下士官」階級は全体の六八・九％にのぼる。ただし、数としては一七三二人（予科練出身者以外の下士官を含む）であり、予科練出身者全体の戦死者数（約一万九千人）の一割未満にとどまる。

（5） 二〇二〇年に放送されたＮＨＫ連続テレビ小説『エール』はフィクションであるが、古関裕而をモデルとし、土浦海軍航空隊における「若鷲の歌」の制作経緯などを描いていたことは記憶に新しい。

図1　予科練之碑

ってきた。

　それにしても、碑はなぜこのようなかたちになったのだろうか。慰霊碑には碑文のみ、あるいは抽象的なかたちのモニュメントも多いなかで、これは明確に等身大の人物の形をとった銅像である。ただし、肩を組む二人は、偉人の銅像のように、特定の個人を直接的に指すものではない。

　社会学が対象とする〝社会〟が基本的に二人以上で成立する以上、この像が二人組であることは見過ごせない。集団を一人に代表させてもよいものを、わざわざ二人に「分離」したうえで、肩を組ませることで「結合」させている（Simmel 1909=1999）[6]。そこに両者のつながり・社会関係に関する問いが生まれる。私たちはこの動かぬ銅像の背後に、別々の人々を統合しようとした動きと、それを可能にした仕組みを透視せねばならない。

　まず、なぜ服装の異なる二人像なのか、という謎がある。人物がまとう衣服は、社会的地位を表すため、銅像の分析上重要である（木下 2014: 44-5）。もしも向かって右手に位置する飛行服姿の人物のみであれば、そのパイロットが海軍兵学校出身か学徒兵か強く限定されない。これに、左手に位置する、歌にも歌われた予科練の代名詞である七つボタンの詰襟制服姿の人物が加わることで、予科練という集団に限定される。戦没学生を記念してつくられた「わだつみ像」が、裸体のため、見た目のみでは特定の集団と結びつかない姿かたちをしているさまとは対照的である（八六頁図11参照）。

　とはいえ、予科練という集団の表象を、七つ釦の制服をまとう一人の人物に集約することもできなかったとみえる。実は七つ釦の制服の採用は一九四二年であり、それ以前は水兵服であった。そもそも、碑が建つ陸上自衛隊土浦駐屯地はたしかに予科練教育で有名な土浦海軍航空隊の跡地ではあるが、開隊は一九四〇年であり、他にも二〇箇所ほどの航空隊で予科練教育は行われている。一口に予科練といっても、さまざまな経歴や戦争体験を背景とする人々の集まりなのである。

第2〜3章では、このように集団内部に多様な差異を含む予科練出身者の戦友会の分析を通して、この均質ではない複合的なかたちの銅像をあらためて説明していく。

3 戦友会は完全に孤立していたか?

碑だけではなく、庭園と記念館もつくられ、大規模なかたちになっていることも目を引く。碑はともかく、戦友会が自前の記念館を建設することは稀である。実はこの空間は、予科練出身者が独力でつくりだしたわけではない。その形成過程には、さまざまな集団が関与しており、戦友会という集団をこえて戦後社会に広がる社会関係が視野に入ってくる。ここに至り、「集団的」と言い換えるだけでは足りない「集合的」という概念が必要になる。

銅像の周囲には「雄翔園」と名づけられた庭園が広がる(図2)。雄翔園は一八〇〇坪もの広さを持ち、全国

(6)「結合」と「分離」は社会学者ゲオルグ・ジンメルの小論「橋と扉」を踏まえている。

私たちが結びついていると感じられるものは、まずは私たちが何らかの仕方でたがいに分離したものだけだ。事物は、一緒になるためにはまず離れ離れにならなければならない。そもそもかつて別れていなかったようなもの、いや、なんらかの意味でいまもなお分かたれた状態にないようなものを結びつけるなどということは、実際上も論理上も無意味だろう。(Simmel 1909=1999: 91)

もう一度「予科練之碑」(図1)を見てほしい。がっちり肩を組んだ〝団結〟の意味づけを際立たせるのが、なお両者が〝別々の〟姿であることだと感覚できまいか。あるいはもしも二人が同じ服装であったら、この銅像は冗長であろう。

図2　1967年第2回慰霊祭時の雄翔園(7)

から集められた植木や庭石を素材に日本列島をかたどってつくられている(8)。たしかに空間には、多くの予科練のシンボルが溢れている。現地に設置された金属製の案内板によれば、中心部の芝生は「桜の花弁」を、芝生回りの通路にあたる敷石は「錨」を、芝生の中の七つの石は「七ツ釦《ボタン》と七ツの海を形象して作られております」。桜と錨は海軍のシンボルだが、予科練の制服の七つ釦に刻まれ、先述の「若鷲の歌」で歌われているものでもある。

これは一見予科練出身者が設計したようにみえるかもしれない、しかし、案内板には明記されていないものの、この庭園の設計・造園作業は、自衛隊が行ったものである（第5章参照）。だとすれば戦友会と自衛隊という、ともに平和主義の戦後日本において周縁に位置した両者の関係が明らかにされなければならない。

橋を渡り庭園を抜けると、予科練の記念館として一九六八年(9)に建設された雄翔館が現れる（図3）。鉄筋建築で、航空母艦を模した外観とされる。玄関を入ると、同期生ごとに整理された戦死者名簿が正面に置かれている。予科練出身者の遺書が他の戦死者の遺書とともに並べられる靖国神社遊就館や旧海軍兵学校の江田島教育参考館と異なり、ほとんど予科練出身者の遺書・遺品のみが展示されており、特定の集団の記憶が可視化されている。

さらにいえば雄翔館は、戦前からの歴史をもつ遊就館や教育参考館とは異なり、戦後に新しく創られた場所である。もしも敗戦がなければ、予科練出身の戦没者は、〝靖国の英霊〟（＝全国民の戦没兵士）あるいは〝海軍の戦没者〟という巨大な集合性に飲み込まれていただろう(10)。しかし、予科練出身者という集団は、戦後の霞ヶ浦南

図3　雄翔館（予科練記念館）

岸において自己の独立した輪郭を顕示している。このモニュメントは、「戦前回帰」や「ナショナリズム」だけでは、簡単に説明がつきそうにない（第1章）。

しかし、予科練という特定の集団へのこだわりは、その集団の孤立を意味するものではない。実際は多くの集団外部の支援者がいたのである。一例を挙げれば、雄翔館の屋上へ上がる階段の途中にある寄付銘板をみると、三菱、三洋、松下、日本航空など名だたる高度成長期日本の大企業が並んでいる（第5章参照）。自衛隊の関与といい、この空間には予科練出身者という集団をこえて広がる、広範なネットワークの交差があった痕跡がある。

これはいささか意外な事実である。このように堂々と軍人を顕彰する

（7）中央に予科練之碑がある。雄飛会本部が保管していたアルバムより。

（8）予科練戦没者慰霊碑建立委員会が作成した『予科練之碑序幕・慰霊祭式典報告書』（予科練平和記念館所蔵）の八～九頁「建立経過報告」（委員長・長峯良斎筆）より。

（9）建設時期は比較的早いといえそうだ。たとえば学徒兵は、わだつみ像の建立こそ一九五三年だが、わだつみのこえ記念館の開館は二〇〇六年である。ひめゆり学徒たち（師範学校や高等女学校出身）が建設した「ひめゆり平和祈念資料館」も、一九八九年開館である。なお先行研究によれば、戦友会の慰霊碑建立のピークは一九七〇年代で、全体の六二・五%が集中する。予科練之碑が建立された一九六〇年代後半は二一・九%で、全体のなかで早い時期にあたる（高橋編 1983: 333）。

（10）江田島の教育参考館の展示品はたしかに海軍兵学校出身者中心だが、遺書には予科練出身者なども含まれており、一部の軍事エリートに限らない海軍という集合性が意識されている。また、第2章でみるように、戦前の予科練出身者の同窓組織雄飛会は戦時下に海軍内部に派閥をつくるべきではないという理由で解散させられている。

記念碑・記念館は、平和主義という戦後社会のフォーマルな理念と対立・緊張関係にあるといわざるをえない。実際、元軍人たちの戦友会は戦後社会から否定的にまなざされ、孤立してきたと先行研究は強調してきた（高橋編 1983）。戦後日本社会においては、経済的繁栄のなかで戦後社会に批判的な「兵士」の戦争体験が社会的に孤立する一方で、冷戦下で核の恐怖がリアリティを増すなかで被爆者などの「市民」の戦争体験が卓越していく（野上 2011b: 206-7）。

これらの先行研究に対して、本書は、おおよそ孤立の関係にあった戦後社会との間に、戦友会が部分的にせよコネクションをつくりだし、巨大な空間をつくりだすことがいかにして可能になったか、を解明する地点へ歩を進める。第4～5章では、潜在していたつながりを追跡し、孤立という通説からはみえない、戦後社会の一部とたしかにつながる「道」（Simmel 1909=1999: 91-2）[(11)]をつくっていった戦友会の運動を明らかにする。

4　研究目的と方法

本書の目的は、予科練出身者の戦友会という集団が、他でもなく、このような大規模な記憶の形態（かたち）をつくりだすことを可能にしたプロセスを、戦友会をとりまく社会関係（つながり）から説明することにある。具体的には、一九六〇年代当時の戦友会の一次資料から、集団の規模拡大や統合の仕組み、戦後社会に広がるネットワークを分析する。

問いの設定の仕方は重要である。仮に、なぜ記念碑などをつくったのか、を問うならば、生き残りの負い目といった動機や、ナショナリズムのようなイデオロギーによる説明も有効だろう。しかし、なぜ記念碑などをつくりだすことができたのか、なぜ集合的行為の産物が他でもない特定のかたちになったのか、という問いには、より複合的な説明が必要になる。戦争体験や戦争の記憶というテーマ設定は、研究対象を意識や観念に還元してしまう恐れがあるが、担い手となった諸集団の構造や来歴、建設に必要な資源の授受の分析も重要である。本書は、これらの分析を組み合わせ、銅像や鉄筋建築という無機質なモノを生み出した、戦争体験者たちの有機的な社会関係を明らかにしていく。

問題は目的を達する方法、なかでも資料である。

もちろん生存者への聞き取りは可能な限り行った。ただし、いまや最も若い予科練出身者でも卒寿をこえ、ごくわずかになった。銅像の一人に象徴されている飛行服を着るパイロットとなることができた世代はほとんど慰霊祭から姿を消している。本書は、かつて戦争体験者の集団がつくりだしたものを、集団が消えようとする時代に問う、ある意味で遅すぎた試みだ。

しかし、当事者個々人の語りだけで社会学的説明ができるわけではない。インタビューの回顧も、もはや半世紀以上の月日に隔てられた淡い記憶である。しかも、インタビュー時の印象として、繰り返し想起し語り書いてきた戦時中の強烈な戦争体験に比べて、戦後の記憶はどうしてもおぼろげである。そもそも一九六〇年代当時に関与した人々は予科練出身者のごく一部であり、大半が今は亡き、比較的早く入隊した世代である。戦争体験者のなかでも世代交代が進んでおり、かつて記念碑・記念館を生み出した世代にとっては自明だった、モノそのものには刻まれざる複雑な意味合いや誕生の経緯は、ともすれば忘却ないし単純化されていることもある。戦争研

(11) 寄付銘板を掲げた記念館は、戦後社会と戦友会とのつながりを可視化する事物であり、その建設は、ジンメルのいう「道」の敷設に相当する。第5章でも示すように、かたち(をつくること)を通して、つながりが広く認識されうることは、単に潜在的につながりがあったという以上の社会的意味をもつ。

二つの集落のあいだに最初に道を切り開いた人たちは、人類のもっとも偉大な事業のひとつをなしとげたと言える。それまでも人々は二つの集落のあいだを頻繁に往復していただろうし、それによっていわば主観的には両者を結びつけていただろう。しかし、地面に道をはっきりと目に見える形で刻んだことによって、両者ははじめて客観的に結ばれ、結合への意志は事物の形態となった。(Simmel 1909=1999: 91–2)

図４　会報『雄飛』

図５　『赤とんぼ』第１号の第１頁

究ほど「証言」の聞き取りが価値をもつ分野も珍しいが、その限界の先を私たちは考えねばならない。

人との出会いの限界に対して、本書は、半世紀前の建立・建設当時につくられた貴重な資料との出会いに支えられている。本書が主に依拠している戦友会の会報は、予科練出身生存者の助力により、解散が決まった戦友会（雄飛会）の本部事務所から見つけ出すことができ、託されたものである。紹介や慰霊祭参加を通じた予科練出身生存者との対面的な出会いはかけがえのないものだったが、それは半世紀前の資料を通して、すでに亡き多くの予科練出身者と出会う研究の始まりでもあった。

以下、本章が依拠する資料について概観する。

まず本書は、慰霊碑建立運動の先頭に立っていた予科練乙種（甲乙については第2章参照）の「雄飛会」の本部が発行する唯一の会報『雄飛』（一九六三〜二〇一八年）を大部分で利用している（図4）。これをまとまって所蔵している公共機関は存在せず、教育史学者の白岩伸也氏（筑波大学大学院博士課程。以下肩書は当時）と合同で、解散間近の予科練雄飛会本部事務局の資料を、会長の協力のもと収集させていただいた際に、借り受けてPDFデータ化したものである。

ついで、慰霊碑などの管理のために組織された予科練之碑保存顕彰会（現・公益財団法人海原会）の『予科練』（一九六七年〜現在まで刊行継続）がある。本書で使用している草創期のバックナンバーは海原会の事務局長から複写を提供いただいたものである[12]。さらに県単位の支部として「茨城雄飛会」の会報『赤とんぼ』（一九六四〜）（図5）も利用している[13]。また甲種予科練の戦友会「甲飛会」の『甲飛だより』（一九六四年〜）もあり、一九八一年にまとめられた縮刷版を参照している。その他もさまざまな一次資料を入手しているが、本文中で適宜説明を加える。

そもそも海軍兵学校や大学出身の将校クラスがもともと学歴も高く戦後も社会経済的に成功し、「まとまった回想記などを執筆する機会と能力にめぐまれた」のに対して、下士官・兵はそうではなかった（吉田 2011: 5）。もちろん予科練出身者が執筆した「戦記もの」ならば相当な数が出版されているが、大半は予科練教育や戦場での飛行兵としての姿を伝えるものではあっても、戦後の戦友会活動や生活者としての姿は記述のフレームの外になってしまい断片的である。これらに対して戦友会の会報は、戦友会という集団の発行物であるため、個々人を知るには必ずしも最適ではないが、当時彼らがどのような社会関係のなかで活動していたか、といった社会的な要素は可視化しやすい資料である。また、公刊物でなく、会員にのみ読まれる媒体としての会報は、仲間内の内輪のコミュニケーションが表れやすいという利点もある。ただ、その一方で、テキストの作成には編集者が関与しており、その作用を批判的に検討する必要がある。また、「極めて主観性の強い資料」であるともいわれる会

（12） なお昭和館の図書室にもバックナンバー全号が所蔵されている。また、一部は予科練雄飛会本部事務局に保管されていたものを、第一四一〜一四二号は、予科練平和記念館歴史調査委員戸張礼記氏（甲種十四期）の所有物を利用している。

（13） インタビューをさせていただいたM氏（乙種十二期）が保管していた第一〜五号の撮影データを、M氏の同意を得て、白岩伸也氏から提供いただいた。

報は、書かれた社会的背景を確認して活用する必要がある(佐藤・菅野・湯川編 2020: 9)。

最後に補助的に用いたインタビュー調査について簡潔にまとめる。予科練出身者へのインタビューについては、三名(M氏・Y氏・T氏)をデータとしてとりあげた。筆者は十名をこえる予科練出身者から話を伺っているが、本書で参照・引用したのは、一九六〇年代に碑の建立などに関与していた三名である。また、地域住民数名にも聞き取りを行っており、三名(NZ氏・NS氏・TS氏)のインタビューを第4章で引用している。[14] インタビューの際には、説明や同意取得、録音の許可などの基本的な調査倫理への配慮を行っている。

5　本書の構成

最後に、本書の構成を紹介する。

第1章では、戦没兵士の記念碑に関する先行研究などを足がかりに、国民・大衆に還元されない〝準エリート〟の集団という視点から予科練出身者を捉える方針を示す。大衆とエリートの狭間にある研究対象の位置は、戦争・軍隊研究の蓄積を批判的に問い直す拠点であると同時に、記憶のかたちを問う方法的戦略とも結びついていることが明かされる。続いて、戦友会、戦争の記憶に関する先行研究のアプローチの批判的検討を通して、社会関係を分析する意義と視座を示す。デュルケームが構想し、アルヴァックスの集合的記憶論の基底にもある社会形態学から着想を得つつ、集合的記憶のかたちとつながりを分析するうえでの、三つの着眼点を提示する。

第2章以降は、予科練之碑や記念館が特定の形態でつくりだされたプロセスを社会学的に説明する、実証的分析の章にあたる。前半の第2〜3章は、予科練出身者の全国的な戦友会について、いかにして体験を共有する小集団の範囲をこえた大規模な集団化が可能になったのかを問い、後半の第4〜5章は、予科練出身者の外部の集団からの関与・資源提供がいかにして可能になったのかを問う。

第2章では、予科練出身者はどのように戦前から戦後にかけて生き、集団化した人々だったのか、を明らかにしつつ、碑の建立にいたる戦友会の活動のプロセスを記述する。分析の焦点となるのは、予科練出身者が、戦後においてさまざまな苦難に直面したなかで、軍学校としての予科練の卒業を、旧制中学相当の学歴として認めるように求める運動を展開し成功させたことである。そのようなプロセスを踏まえると、予科練之碑のかたちから「エリート」性をめぐる集団の自画像が浮かび上がる。

第3章は、銅像というモノの形態にも対応する、戦友会という集団の形態を分析していく。数千人単位の会員数をもつ雄飛会は、大多数の会員とは個別の対面的相互行為を伴わない抽象的な集合体である。ここでは、そのような集合を集団として統合する戦友会の会報というメディアの役割に着目する。分析の焦点となるのは、戦争末期の入隊のために予科練課程を卒業できず学歴認定の対象外となった「末期世代」の包摂である。彼らは人数としては桁違いに多いため、碑や記念館に必要な多額の寄付などのためにも重要な下位集団であった。

第4章では、予科練の戦友会に外部から関与した集団として、地域住民、特に早い段階から独自の動きを見せた「地域婦人会」に着目する。なぜ彼女たちが予科練出身者たちの慰霊碑建立を支援したか。分析の焦点となるのは、戦前・戦中の軍都における地域住民と予科練習生との関係形成である。戦後の碑建立についても、彼女たちが抱いていた予科練に関する独自の記憶や構想を発掘し、最終的には碑や館のかたちには刻まれることがなかったローカルな集合的記憶を明るみに出す。

第5章では、庭園や多額の資金を要する記念館の建設を可能にした、戦友会や地域をこえたナショナルなネッ

(14) ただし、インタビューが可能な人々は当時はほぼ成人前の年齢であった。それを補うものとして、筑波大学大学院で民俗学を学んでいた大学院生小林将人氏が一九九三年二月から約一年間を費やして阿見の青宿集落の二〇戸の人々に対して聞き書きを行った記録（小林 1994）を用いることで、戦時期に中年だった人々の証言も拾うことができた。別稿（清水 2016）で指摘したように、今後の研究には質的調査データの二次分析が必要だろう。

トワークからの支援に着目する。実は、碑や館の建設に対する支援は、旧軍関係者をこえて、政財界の要人にまで広がっていた。いかにして予科練出身者は彼らとつながることができたのだろうか。分析の焦点となるのは、予科練の元教官たちが果たした役割である。自衛隊と戦友会との密接な互恵関係についてもここで言及する。一連の社会関係の記述により、戦友会が戦後社会のどのような部分と、いかにつながっていたが明らかにされる。

終章では、第2～5章の知見を整理しつつ考察を深め、戦友会を捉える新たなモデルを提示する。さらに、戦争を介した社会関係の形成や、モノ・空間と集合的記憶の関係性といったテーマも含め議論を広げ、今後の研究展開を構想する。

第1章　戦争・集団・記憶——社会形態学へ向けて

本章では、研究対象とアプローチに関する予備的考察を行う。

1節では、予科練之碑という研究対象について、国民ではなく集団という視点から認識する方針を示す。まずは、全体戦争への戦争形態の変化に伴って、戦没者記念碑が軍事エリートから大衆を表象するものへと変化していくことを先行研究から確認したうえで、予科練之碑と対応する予科練出身者の集団の社会階層的位置を、大衆とエリートのどちらにも還元されない〝準エリート〟として位置づける。さらに戦争・軍隊研究において準エリートに着目する学術的意義について論じる。

2節では、戦後日本における戦友会研究ならびに戦争の記憶研究の分析枠組みを批判的に検討する。それらの限界を乗り越えるために、社会形態学という古典的な視座を基盤として、集団と記憶に関する社会学的なアプローチを提案する。

1　準エリートの集団という研究対象の切り出し方

国民的想像力と集団的想像力

序章でみた予科練之碑・雄翔園・雄翔館は、さまざまな視点から研究対象として切り出すことができるだろう。たとえば一見すると、戦死者を慰霊顕彰するナショナリズムの表象にもみえる。たしかに碑文には、「救国の一念に献身」などの字句が並び、貢献先が国家とされていることは明白である。

しかし、ベネディクト・アンダーソン（Anderson 1991=1997: 32）が「これほど近代文化としてのナショナリズムを見事に表象するものはない」と評した「無名戦士の墓と碑」という補助線をひいてみよう。「無名戦士の墓と碑」の特徴は、匿名の〇〇国民が眠っているがゆえに、「公共的、儀礼的敬意が払われる」ような、「鬼気せまる国民的想像力が満ちている」（強調は原文）ことにある。

これに対して、予科練之碑は、予科練出身者という集団の輪郭が第一にあり、「国民的想像力」は前景化していない。二人像の銅像の集合性の範囲は、国民ではなく、予科練出身者という特定の集団である。碑文にも、一般国民から卓越した「幾多の偉勲」や、「卒業生の八割が散華」という並みはずれた犠牲が語られる。予科練之碑の、肩を組む二人像の「深い同志愛」（Anderson 1991=1997: 26）は予科練という仲間集団のスケールに限定され、先輩と後輩という設定は「水平的」（Anderson 1991=1997: 26）ではない集団内関係が示唆される。国民というスケールの説明では、この碑のもつ特定の形態を十分にとらえきれない。(1)

そもそも抽象的な碑型もありうるなかで、予科練之碑は人物の銅像という形式を選択している。歴史学者の井野瀬久美恵は、十九世紀末ロンドンにおける銅像建立ブームについて、「それぞれの銅像が求める記憶とは、いうなれば「仲間内の親しみ深さ」であり、その意味できわめて生々しい記憶でありながら、「ある記憶の共有による均質の国民の誕生」などという紋切り型の議論を吹き飛ばしてしまう痛快さがあるといえる」（井野瀬 1999: 195）と述べ、銅像という形式と国民的想像力との不協和部分に注意を向けている。国民国家論を相対化する拠点として、建立集団すなわち「銅像の設立を決め、資金を提供した集団（つまり故人ときわめて親密だったと思われる人びと）」への着目を促しているのだ（井野瀬 1999: 195）。

特定の集団を表象する銅像は、国民という巨大で均質的な「想像された共同体」との対応関係に還元すべきではなく、建立者集団との対応関係から読み解くべきものであろう。実際、第2章でみるように、戦友会（雄飛会）の幹事長は予科練之碑の構想について次のように戦友会会報に寄稿している。「吾等会員の悲願である慰霊碑は無名戦士の墓ではない。予科練出身戦没者の慰霊碑である」（雄飛 7: 2. 1964/4）。このような集団への固執は、例外的なものではない。国家統制下の戦前と異なり、「戦友会、遺族、地域社会など様々なレベルでそれぞれ独自の枠組みを持って戦死者慰霊への対応が噴出してい」き、「一元的に靖国神社を基軸にして組み立てられていたものから、多様な様相を示す」（孝本 2006: 467）状況の戦後社会において、程度の差はあれ各地で見られる。

それでいて銅像が、特定の個人の偉人の銅像型の碑（たとえば東郷平八郎のような将軍）や小集団の碑（たとえば肉弾三勇士）ではない点も見逃せない。予科練の二人碑は特定の人物を指しているのではない。象徴されている約二万人の死者を含む約二四万人もの規模は、やはり「想像された共同体」と呼ぶべき抽象的な集合性をもっている。このような碑を、無名戦士の墓のように国家による建立でもなく、旧軍が解体した戦後社会において、わざわざ予科練出身者が自発的に作ったのである。

ここに満ちているのは、個人にも国民にも還元されない、いわば「鬼気せまる集団的想像力」といえよう。それは社会学が得意とする集団の分析を要請するのみならず、戦争の形態の変動という歴史的テーマとも連関する。たしかに碑が建てられた当時の戦後社会という文脈も重要である一方で、「戦争体験への理解や「戦争の記憶」の解読作業は、戦争の歴史的な形態への考察や戦争を支えた社会構造の分析と無関係に進められるべきではない」（野上 2012a: 10）。以下では、予科練出身者の記念碑という対象の歴史的位置を確認するために、代表的な戦没兵士の記念碑に関する研究を検討する。

（1）たとえば満州開拓団のような集団の記念碑群の分析においても、「国家のため」に相当する表現を碑文から探して、無名戦士の墓と似たナショナリズムの装置としての機能を見出すことは可能である（坂部 2008: 105–114）。しかし、この見方では、それぞれの碑を、特定の集団が、特定の形態で成立させたことは説明できない。

全体戦争を背景とした記念碑の大衆化

まずは社会学者の古典的かつ代表的な議論としてロジェ・カイヨワの『戦争論』をみてみよう。デュルケーム学派のカイヨワは、「戦争の形態は社会の形態に対応しており、社会の主要な特性をうつし出す」（Caillois 1963=1974: 9）と述べ、巨視的に戦争の歴史的変動を論じている。まず前近代において軍人はすなわち貴族であり、「武人としての能力は、民衆とは〈全く異なる一つの集団〉としての職業的軍人のみがもつものであった」。しかし、近代国民国家と徴兵制の成立を端緒として全体戦争（総力戦、total war）へ戦争の形態が変化するなかで、「国民総武装」のような大量動員が必要になった（Caillois 1963=1974: 164）。貴族による武力独占は崩れ、「平等の原則」の実現に伴い、「職業的あるいはカースト的な武士、貴族あるいは傭兵とは別に市民兵が出現し」、「近代文明は、戦争を専業とする特権的なカーストを、逐次増大してゆく画一的なもののなかに解消しようとした」（Caillois 1963=1974: 256）のである。

ようするに貴族のようなエリートから大衆へという戦争の担い手の集合性の変化である。カイヨワによれば、軍人が独占された身分であった時代においては、いわゆる騎士道のようなかたちで「軍人という職業は徳と温和な心を培うところの場」（Caillois 1963=1974: 172）と理想視された。しかし、かえって全体戦争は、それを「非人間化」してしまう。つまり「職業的軍人」という対象は、全体戦争というシステムの下で、徴兵された「国民」に埋没される存在として描かれる。すなわち「人びとの見分けもつかぬ密集した大軍は、魚やイナゴの大群にも似たものであった」（Caillois 1963=1974: 192）。

このような立論を行うカイヨワもまた、無名戦士の墓に注目する。「英雄とされるのは、もはや武勇をもってその名を轟かせた者のことではな」く、「最も哀れなる者、すなわちその身体が最もひどく破壊され、もとの形をとどめぬまでになってしまった者」の遺体が、無名戦士の墓におさめられる。

何の目立つところもなく、生きては長蛇の兵列のなかにあって、見分けることもできない一兵士にとどまり、死しては死肉の山のなかに見分けもつかぬ肉片となったこれらの無名戦士の栄光は、武功に対して与えられたあらゆる栄誉や、世にも稀れなる諸徳に与えられたあらゆる名誉にもまして光り輝くものであった。（Caillois 1963=1974: 193）

残酷なまでに徹底した匿名化は、貴族の封建的な軍隊から国民の近代的な軍隊への変化がもたらしたものだという皮肉な逆説が、カイヨワの『戦争論』を貫いている。

このような図式は、戦争記念碑に関する歴史学の、より詳細な研究でも共有されている。ジョージ・モッセは、第一次世界大戦後の英独仏で、階級の高い軍人だけではなく、全兵士が記念されるようになる、身分の平等化・「民主化」を指摘する（Mosse 1990=2002: 98–112）。まずカイヨワが念頭においたフランスの場合は、

〔激戦地ヴェルダンから身元不明の兵士の遺体を選ぶという〕象徴的な行動は、階級など問題でないと強調することで、匿名性を保証した。軍隊内の階級から眼をそらす努力は、凱旋門に刻まれた将軍の名前と好対照をなし、将校のみならず全戦没者の名を列挙した戦争記念碑から発展した過程の頂点となる。戦争の過程で、戦没者の祭祀は身分の等しい成員による仲間意識として、国民的共同体の理想を象徴するようになった。（Mosse 1990=2002: 99）

イギリスの場合も、「戦没者記念碑〔セノタフ〕の除幕式の後、〔無名戦士の墓が建立されたウェストミンスター〕寺院まで無名戦士の棺を載せた砲車の後ろを国王が歩いた」ことが「民主的な時代」の到来を告げていた（Mosse 1990=2002: 100）。無名戦士の墓よりも伝統的な戦争モニュメントが優勢なドイツでも、「将校や将軍の名

だけが記され、兵卒は単なる数字の中に追いやられ」ていた状況は、一八六〇年代までに変化し、第一次世界大戦後は、全戦没者の名前が地方の戦争記念碑に刻銘されるようになった（Mosse 1990=2002: 104）。このように、ヨーロッパの戦争記念碑は「全兵士と国民全体に適用できる図像で、戦没者を記念」するようになった（Mosse 1990=2002: 105）。

以上のように戦争記念碑に関する研究は、貴族や将軍といった軍事エリートの記念碑から、徴兵制や全体戦争を背景として国民という以外の個性をもたない「無名戦士の墓」的なるものへ転換していくプロセスを描いてきた。これをモッセは「民主化」と名づけるが、社会学的には、記念碑の帯びる集合性の拡大といってもよい。

エリートから大衆へという流れは戦後日本の戦争の記憶についてもしばしば同様の図式で論じられる。野上（2006）は、戦争体験記について、執筆者が軍事エリートや文学者から大衆化していき概観不可能になっていくプロセスを描く。吉田裕（2011）は、戦記物の書き手が、エリート将校から下士官、兵へと移り変わることを指摘した。福間良明（2007, 2009）は、学徒兵から農民兵士へ、指揮官の戦記から予備学生・予科練の戦記へといった流れを見る。そもそも戦前日本でも、山室建徳（2007）が論じたように「軍神」は、かつて乃木希典のような将軍・将校個人の〝偉人〟であったのに対して、戦争末期には特攻隊や玉砕部隊が集団単位で「軍神」と呼称されるに至る。いずれも戦争の記憶の集合性が、エリートから大衆へ拡大する流れを繰り返し確認していったといえる。

すなわち全体戦争という形態は、「とりわけ「集合化」「全体化」への圧力を強く持っている」（野上 2006: 49）。それにもかかわらず記念碑が「魚やイナゴの大群」から「見分け」られる集団の輪郭を保つためには、全体戦争の強力な圧力に抗する、なんらかの別の社会的な力が作用していたと考えられる。

エリートと大衆の狭間にある予科練

全体化・大衆化の圧力に抗う力の一つに、エリート性がある。一般国民から選抜されたという自負が、素直に国民に合流しない、集団へのこだわりを支えうる。とはいえエリート性の度合はさまざまである。予科練出身者は、エリート＝将校より劣位に置かれ、大衆＝兵卒よりは抜き出ている、〝準エリート〟というべき、階層・階級的位置にあったといえる。

予科練をはじめとする軍の少年兵は「特務士官へ《ママ》の昇進する可能性はあるものの、もっぱら技術下士官の早期・速成教育を目的とした、それぞれ独自の〝学校〟を備えた制度」であった（逸見 1990: 115）。旧軍の制度は複雑だが、軍人を階級から非常におおまかにみれば、①エリート＝士官（陸軍士官学校・海軍兵学校や学徒兵）、②準エリート＝下士官（少年兵など）、③ノンエリート＝兵（徴兵など）という三層構造にさしあたりカテゴライズしうる。(2) 少年兵の軍学校は、ノンエリートの兵階級よりは上に立つがエリートの士官階級よりは格下の、いわば準エリート＝下士官を養成する機関と位置づけられる。

予科練出身者という準エリート集団の歴史的位置は、さしあたり以下のように素描しうる。予科練出身者を一定の層をもつ準エリートへと台頭させたのは、単なる総力戦＝総動員ではなく、航空機というテクノロジーの発展に伴う戦争形態の変化である。航空機の操縦は、（たとえば歩兵銃とは異なる）高度な技術であり、選抜された人々を教育・訓練する必要がある。その意味で、同じ総力戦のカテゴリーに含まれても、第一次世界大戦と第二次世界大戦の形態の違いは大きい。

（2）もちろん第2章で触れるように、①と②の境界は戦争中に緩められ昇進可能性が開ける。また、もともと②と③の境界はより流動的で、例えば、少年兵も入学・入隊当初は兵階級であり、また徴兵による入隊者も下士官として軍隊に残る機会は多かった。庶民が軍隊における社会上昇に魅力を感じたという点は、すでに小松茂男（1958a, 1958b）や『戦没農民兵士の手紙』（岩手県農村文化懇談会編 1961）でも言及されている。

第一次世界大戦においては航空兵という職種は、エリートを指した。実際、当時の最先端技術である航空機の操縦者は、全員が将校クラスであり、「世界中のほとんどで、パイロットは新しいエリートのシンボルとなった」（Mosse 1990=2002: 126）。「明瞭なエリート主義を伴」（Mosse 1990=2002: 125）っていたパイロットは、総力戦による「民主化」の時代の例外であった(3)。

しかし、航空機の量産化が桁違いに進展する第二次世界大戦においては、エリート＝将校だけでは航空兵の数は到底足りなくなり、準エリートを育成する予科練のような制度が作られ拡充されることになる。このような構造変動のなかで、予科練出身者は、一方では、航空兵という職種がまとうエリート性の残像を背負って英雄視され、他方で大量死を強いる総力戦の最前線の戦場において、無慈悲に急速に消耗させられていく。

制度面や軍隊外の出身階層、学歴といった論点を加えた、準エリートとしての予科練出身者の詳細は第2章で記述するが、エリートとノンエリートの狭間を揺れ動く準エリートたちの集団化・社会関係形成の動態こそ本書が捉えようとするものである。それは、均質なネーションや全体戦争といった巨視的理論に包摂すると見えなくなってしまう。以上を踏まえ本書は、準エリートという特定の社会階層的位置において戦争の時代を生きた集団として、予科練出身者を位置づけて研究を進めることとする。その準備として、準エリートという概念を戦争・軍隊研究に導入する学術的意義を明確化しておこう。

準エリートから問い直す戦争・軍隊研究

エリートにも大衆にも還元されない準エリートは、しばしば社会科学的な研究の狭間で見落とされがちな対象である(4)。正確にいえば、まとまりをもった研究対象として明確に切り出しにくい、というべきだろう。たとえば、戦前戦後のエリートと大衆の狭間に位置する人々に意識的に着目した社会学的研究として『「働く青年」と教養の戦後史』（福間 2017）や『職業と選抜の歴史社会学』（吉田・広田編 2004）がある。前者は、「大衆教養主義」や

「反知性主義的知性主義」といった反意語の組み合わせによってうまく研究対象とする文化を指し示している。福間自身は研究対象とする人々をカテゴライズする概念を用意していないもの の(5)、これに倣えば、準エリートを、〝大衆的エリート〟と呼称してもよいだろう。後者は、「ノンエリート」あるいは「非エリート」という、よく使われる概念を用いるが、これらは残余カテゴリーであって、「ノンキャリア」などと同様に、エリート以外のすべてを漠然と含んでしまう。

これに対して、準エリートという本書の用語は、竹内洋が後者（吉田・広田編 2004）の書評で書いた「〔たたき上げのノン・エリートの意地と誇りは〕頑張れば「ノン」エリートから「準」エリート」への地位上昇がありうるという機会意識に裏付けられてきた」（竹内 2005: 223）という一文に着想を得たものである。「準」には、「大衆」から選抜され、トップ・エリートにはなれずともエリートの〝端くれ〟としての地位を獲得する、という動態的な意味合いが読み取れる(6)。

さらにいえば、準エリートを加えて三層構造とすることは、研究対象とする元兵士たち自身が、士官・下士官・兵という軍隊用語に基づく三層構造の認識枠組みで軍隊組織をまなざしていることから、本書に適合的である。

（3） エリート性に加え、戦場における体験について、「高度に専門化されたプロフェッショナルである航空兵の場合、その戦闘の特殊性ゆえに、生身の人間を殺したという実感に乏しく、その分だけ戦争に対する罪悪感は一般に希薄である」（吉田 1995: 96）といわれている点も、彼らの戦争に対する向き合い方の前提として無視できない。

（4） エリート（およびインテリ）という対象構成は、おおむね広義の文化社会学的な研究を中心としてきた「戦争社会学」の系譜に対して、教育社会学的な視点を導入しようとする試みでもある（清水 2021b, 2021c）。本書は、軍学校出身者を対象とすることもあり、選抜のニュアンスを含む「エリート」概念にこだわり、職業をベースとした階層論的な用語（「中間層」「下層ホワイト」「上層ブルー」など）は検討しない。

（5） 人生雑誌の読者はかなり「大衆」寄りの低学歴勤労青年中心であり、「非インテリ」（福間 2017）や「ノンエリート」（福間 2020）といった表現が断片的に使われている。

る。軍隊に関連する研究に準エリート概念を用いるうえで、軍隊経験をもつ丸山眞男の著名な「亜インテリ」概念は一考に値する。

丸山は都市におけるサラリーマンや文化人、学者や学生などの本来のインテリ（中産階級第二類）ではなく、小地主、自作農上層、土建請負業者、学校教員などからなる「亜インテリ」（中産階級第一類）こそがファシズムの担い手だったと断じる（まさに後者は予科練志願者の出身社会層と重なる）。ファシズム論としての命題の是非はともかく[7]、一見二項対立的なカテゴリーにみえるが、実は隠れた第三項として、いわば〝非インテリ〟の「大衆」を含めた三層構造になっている。実際、東大助教授の地位にありながら陸軍二等兵として応召された軍隊経験をもつ丸山は、「亜インテリ」について「丁度軍隊における下士官の演ずる役割と似ている」（丸山 1964: 67）と論じていく[8]。

注目すべきは、丸山が「亜インテリ」を「インテリ」のみならず「大衆」からも明確に弁別していることだ。丸山いわく「亜インテリ」は、彼らが統括する比較的小さなグループのメンバーに対して家長的な権威をもって臨み、「「大衆」の思想と人格を統制している」（丸山 1964: 65）。彼らは「大衆の言葉と、感情と、倫理とを自らの肉体をもって知っている」一方で、「耳学問などによって地方の物知りであり、とくに政治社会経済百般のことについて一応オピニオンを持っていることが単なる大衆から彼らを区別している」（丸山 1964: 68）。このように亜インテリを大衆の上位に分けて置くことで、「一方でいじめられる立場にありながら、他方ではいじめる地位にあった」（丸山 1964: 70）という議論が可能になる[9]。

インテリ二等兵丸山眞男は「彼ら自身ではいっぱしのインテリのつもりでいる」「疑似インテリ」（丸山 1964: 68）などと冷ややかかつ執拗に「亜インテリ」を「インテリ」カテゴリーから排除する。しかし、「大衆」と弁別する描写は図らずも、「亜インテリ」が高い学歴や地位を持たずとも、集団の統率力や大衆的教養をもち、ローカルなオピニオンリーダー[10]としての実力や人望を認めていると解釈できる[11]。これを踏まえて、本書の「準エリート」は、先述した竹内洋のように、選抜された「エリート」の集合に包摂するに足る、地位や実力を獲得した者と設定する。軍隊組織を踏まえた「亜インテリ」という三層構造の研究対象を切り出したことは評価しつつ、関係は不明だが興味深い。

（6）「準エリート」は、国内の論文で主要概念として使われることはほとんどないようだ。管見の限り明治期の専門学校出身者を、大学卒に次ぐ「学歴エリート」で「新中間層の走り」であり、「トップ・エリートではなく、準エリートを形成していった」と論じる論文がある（小峰 2004: 25）。これも準エリートを、エリートの集合に包摂している。

（7）そもそも、ファシズムの担い手と非担い手を、インテリと亜インテリという二項対立で分けることは、のちの知識人の戦争責任・協力をめぐる数多の議論からみれば、インテリの免罪にしかみえないだろう。もう少し社会科学的に批判するならば、軍国主義と特定の社会階層の親和性という「肝心要の命題――第一類型こそがファシズムの犯人であり、第二類型は免責される――が論文のなかで実証されているわけではない」（竹内 1999: 298）のであり、「丸山のインテリの類型論において、「規範的」定義（あるべきインテリの定義）と「分析的」定義（インテリの社会階層的定義）とがごっちゃになっている」（竹内 1999: 301）。しかし、このような批判は、真正なるインテリ（中間階級第二類）に照準を据えたものであって、肝心の「亜インテリ」の理解を深めるものではない点でいささか外在的である。

（8）「下士官は実質的に兵に属しながら、意識としては将校的意識をもっております。この意識を利用して兵を統制したところが日本の軍隊の巧妙な点です。兵と起居を共に兵を実際に把握しているのは彼らであって、将校は「内務」からは浮いてしまっています」（丸山 1964: 67）と、将校‐下士官‐兵という軍隊内階級の三層構造の例示によって「亜インテリ」が語られる。時は、敗戦直後の一九四七年六月、おそらく復員兵も含み戦争の記憶も生々しい聴衆の「インテリ」たちに向けて、東京大学で行った講演である（竹内 1999: 301–2）。

（9）一九四六年に発表された「超國家主義の論理と心理」論文の「抑圧の移譲」論も、軍隊を例示し、下士官にも言及しつつ、展開されている（丸山 1946）。

（10）亜インテリは「生活内容も非常に近いということから、大衆を直接に掌握している」ため、国家的統制や支配層のイデオロギー的教化もこの層を一度通過し翻訳され大衆に伝達される（丸山 1964: 66）。この論文の初出は一九四七年だが、一九四四年にアメリカの社会学者ポール・ラザーズフェルドらがマスメディアと大衆の間に立つ「オピニオンリーダー」の影響力を指摘した「コミュニケーションの二段階の流れ」論という著名な三層構造の議論を提起しており（津田 2020）、影響関係は不明だが興味深い。

その糾弾ではなく、データに基づき彼らを理解し説明しようとする。[12] この意味で、「準エリート」研究は、「亜インテリ」論の批判的継承を志向する。

さて、海外の軍隊研究に目を向ければ、徴兵を重視する全体戦争論の図式に依拠しないパラダイムとして、冷戦期に生まれ軍事社会学の主要分野となっていく「軍事専門職」論がある。近代社会における（貴族のように家柄ではなく、メリトクラシーによって選抜される）将校団の誕生や、軍事エリートの出身社会層の大衆化といった歴史的なテーマに関する興味深い知見を蓄積している。しかし、政軍関係論的な関心から、将校＝士官のみを専門職とし、将校団を研究対象とする軍事エリート論であるため、下士官・兵を除外している（Huntington 1957=2008; Janowitz 1960）。日本でも同じく予科練出身者のような下士官クラスは、士官クラスの職業軍人を対象とする戦前の軍事エリート研究（広田 1997; 河野 1990 など）の系譜からこぼれてきた対象である。

一方で、エリート研究を名乗らない兵士研究も、高学歴ゆえの執筆能力・出版機会を背景に豊富な資料を残したエリートに研究対象が偏りがちではなかったか。ライフコース研究の第一人者による『決死の世代と遺書』（森岡 1993）でさえ、『戦没農民兵士の手紙』（岩手県農村文化懇談会編 1961）も資料に加えるなど高学歴者への偏りを十分に自覚しつつも、結局は「人が死に臨んで念ずるところは、高学歴者と低学歴者とで、また筆まめな人と筆不精な人とで、全面にわたって意味のある差異があると予想するのが適切かどうかを問いたい」（森岡 1993: 22）と、階層や学歴の差異に関する分析の不在を正当化し、「主体的役割人間・過程型」という、特定の世代全体に一対一で対応する類型がつくられる。[13]

そもそも戦後社会における兵士の戦争体験に関する議論は、『きけわだつみのこえ』（日本戦歿學生手記編集委員會編 1949）にイメージされる超エリートの学徒兵と、『戦没農民兵士の手紙』にイメージされる大衆的な兵士たちとが二項対立的に語られがちであった。しかし、昭和初期の大学・専門学校進学率はおよそ三％といわれ（福間 2009: 16）、非常に限られている。学徒兵との対比で無学で貧しいかのようなイメージが先行している『戦没農民兵士の手紙』の書き手たちにも、実際には一定規模の農家の生まれや下士官クラスも含まれており、階層的地位と相関させた個別的検討が必要とされている（赤澤 2000: 645-6）。下士官たちの供給源が、農家の二三男であるとよくいわれるといっても、その実家は農村社会の底辺部とはいえない（吉田 2002: 93）。このような、エリートと大衆の狭間にいて、いずれか（特に大衆）に還元されがちな下士官＝「準エリート」の集団を切り出して正面から研究対象とすることは、軍人研究・戦争体験論におけるエリートと大衆という二項対立を問い直すこ

（11）丸山は一九四九年の野間宏らとの座談会で、下士官は、大学出の兵隊に対して「表立っては軽蔑するが、内心は畏怖を感じる」、「いじめながら、しかも一方では絶えず劣敗意識を感じている二重の反応」を示すと語っている（黒川 2017: 73-4）。しかし、ひるがえって丸山自身の論文にも、大衆を掌握している下士官＝亜インテリに対する、大衆の輪に入れない孤高のインテリのアンビバレンスを読み込めまいか。

（12）同時期の一九四八年に発表された服部之総の批判は、データに基づくわけではないものの、マルクス主義歴史学と立身出世主義論の観点から「亜インテリ」の理解・説明を深めている。服部によれば、中産階級第一類の母層としての小地主と自作農は「たえず分解しつつ一方でプロレタリアート貧農小作農をつくりだすと同時に、他方で中小商工業者と「下士官」をつくり出す」（服部 1967a: 233）。しかし、政党などの組織を持つ大中地主やブルジョワジーを母層とする第二類に対して、自前の組織を持たない第一類は、ファシズムの担い手といっても政治的に孤立していて、せいぜい第二類に「かぎりなき分解とそれだけ熾烈な恢復への希求」を利用される役回りにすぎない（服部 1967a: 242）。この「恢復への希求」に関連して重要な下士官論は、同年初出の「軍閥と中間階級」論文（服部 1967b）である。服部によれば、没落中間階級の「無限の不安と、起きなおってもとの場所によじのぼろうとする本能」は、「下士官という軍隊の職場、もしくはもろもろの官場の下士官の椅子を占めた瞬間から病的に昂進する」。立身出世アスピレーションの昂進を引き起こす軍隊の官僚制的メカニズムは、椅子や肩章によって具象化された「服務規程や昇進昇給の規定」であり、「士官と奏任官への、したがって論理的には〔実際には塞がれているが〕将官と勅任官への栄進の道もあるとされていた」ことであると指摘する（服部 1967b: 204）。服部が問題提起した下士官と立身出世主義については、本書第2章で論じていく。

（13）作田啓一による戦犯受刑者の「死の意味づけの型」の分析（作田 1960: 363）も、相当数の下士官もデータに加えているにもかかわらず、軍隊の階級や出身階層といった論点による分析は行われていない。

とにつながる。

さらに、兵士に関する研究は、遺書であれ体験記であれ、彼らが書き残した言葉の分析を中心としてきたことは否めない。しかし、森岡清美も自覚していたように、言葉を自由に操り、書き記す能力は不平等に分配されている。(14) もちろん試験によって選抜された準エリートは一定の言語力・文章力をもっているが、借り物の言葉に頼ることもあり、(15) 第2章でみるように乙種予科練は高等小学校卒が中心であることを考えても、書き残した言葉からの分析には一定の限界がある。

これに対して本書は、戦友会会報という文書資料を基盤としつつも、準エリートたちがつくりだした記念碑などの〝かたち〟およびそれらをつくりだす〝行動〟の解読に踏み込む戦略をとっている。記憶を〝かたち〟から論じる本書の問題設定は、碑や記念館という研究対象を指すのみにとどまらず、研究方法の拡張を意図している。

2　集団と記憶への社会学的アプローチ

戦友会研究とその限界

さて戦争研究において、「集団」への着目はいかなる意義をもつか。佐藤健二は、カイヨワとほぼ同様に「戦争は社会の存在形態に規定される」という命題を提出しつつも、総力戦論や国民国家論は批判する。それらは「総」＝「すべて」を強調することで、「結論として含意されている「総」だけが非常に強く押し出されて、なんでも説明できてしまう普遍性がある」ために、「具体的なメカニズムの観察や分析を省いてしまう効果をもつのではないか」（佐藤 2019: 168）と注意を促す。それゆえ、戦争と社会形態との関わりは、「集団の行為として分析されなければならない」あるいは「その社会や集団の存在形態に依存している」ものとして分析すべきと提案する（佐藤 2019: 170）。ここに、総力戦・国民国家という全体性を相対化しうる概念として「集団」を持ち出す戦略を読み取りたい。

非常におおまかに社会学の戦争研究の系譜をたどれば、第二次世界大戦前のヨーロッパの「戦争社会学」に関する議論は、巨視的な理論研究であり、日本の戦前の戦争研究もこれの輸入を中心としていた（高橋 2006）。これに対して、第二次世界大戦後から冷戦期にアメリカで発展する軍事社会学は、具体的な調査研究から、第一次集団や将校団を分析していく（Stouffer et al. 1949; Janowitz 1960）。しかし、戦後日本において、この系譜の受容は限定的であった（清水 2021c）。

日本において「集団」を中心とした戦争研究の孤高の嚆矢として、高橋三郎ら社会学者グループによる戦友会の共同調査研究（高橋編 1983）がある。そこでは戦友会を捉えるモデルとして、「再集団化集団」という概念が設定された。再集団化集団とは「過去に一定の集団に所属した人びとが、その集団を通過した後、過去におけるその共通所属を唯一の成員資格とする別の集団をつく」ったものである（高橋由典 1983: 112）。その典型はクラス

(14) これは大衆や準エリートを扱う戦争研究の重要論点の一つである。一九四六年に柳田国男が書いた「純情にして死をだも辞せざる若い人たちまでが、口をそろえてただ一種のことばだけを唱えつづけていたのは、もちろん強いられたのでも欺かれたのでもない。いわばこれ以外の思いかた言いかたを、修練するような機会を与えられなかったのである」との文章から、佐藤健二は「考える手段、感じる手段」としての言葉の欠如が、総動員と敗戦の問題に関わっていると問題提起する（佐藤 2019: 157）。

(15) 丸山眞男は、「床屋とか湯屋とか或は列車の車中で、われわれは必ず、周囲の人々にインフレについて、或は米ソ問題について一度高説を聞かせている人に出会うでしょう。あれがつまり疑似インテリ」（丸山 1964: 68）と書いているが、これは彼らのオピニオンが受け売りであると揶揄しているのだろう。たしかに本書の資料中にも借り物の言葉と思われるものは少なくない。しかし、準エリートの予科練出身者は、本書目次の項タイトルの副題で示したような独特の「大衆の言葉」を戦前戦後にかけて獲得しており、それらを掬うこと、あるいは借り物の言葉の効果や意味の読み替えを考察することは有効であろう。

会や同窓会である。このモデルの特徴は、元の集団＝「原集団」が分析の準拠点になることだ。再集団化集団モデルは、原集団が戦闘部隊や軍学校となる戦友会を通して、戦争体験を媒介とした集団化のダイナミズムを対象化する枠組みであった。さらに、「再集団化」のダイナミズムには複数のパターンが想定されており、「大部隊」か「小部隊」かという集団の規模に基づくカテゴリーや、士官たちの戦前戦後のエリート性に着目した学校戦友会という独立したカテゴリーが設定されていく（伊藤 1983）。たしかにここには後述する社会関係の分析の可能性も含まれていた。

しかし、戦争体験論の視座の設定から描かれる戦友会像は、彼らの戦争体験に価値を認めない戦後社会とのあいだに心理的にも社会的にも軋轢を有する点で、「閉鎖性・孤立性を特質としている」、「戦場体験者のコミュニティ」（野上 2012b: 65, 63）であった。実際、『共同研究・戦友会』における戦友会は、以下の二つの意味で孤立した存在として描かれているといえよう。第一には、戦前の軍隊のシンボルを使うなどの理由により周囲から「時代錯誤」とみなされる（高橋編 1983: 1）。第二には、戦友会の構成員たちも、旧軍人や戦死者に否定的な評価を与える戦後社会を「外集団視」している（高橋由典 1983: 138）。

これは、戦友会に、一枚岩の戦後社会を対置したうえで、それぞれの最大公約数的な意識・価値観を論じたものである。したがって、戦友会と価値意識の近い集団が戦後社会に存在する可能性を具体的に検討していない。さらにいえば、意識のうえで「外集団視」していることと、実際に外の集団との交渉があるか否かは別な問題である。これは、一方ではアンケート調査の「解釈」という方法ゆえの、他方で戦争体験論という理論的視座ゆえの限界ではある。その結果として集団内外の社会関係の分析を深めるよりは、集団に共有された意識を明らかにする分析に向かう。(16) ゆえに、戦後社会の否定的なまなざしから戦友会が孤立する、という演繹的図式は疑われることがない。

そのため戦後社会における他の集団とのネットワークが、戦友会の再集団化や慰霊に関する事業の展開を支えている部分は見えにくくなっている。例えば、戦友会が建立した慰霊碑についても、建立プロセスにおける具体的な社会関係の分析はデータの制約上できないため、共有された動機を推定するかたちで説明が行われる。戦友会を慰霊から捉えようとした共同研究者の新田光子も、「建立費用はもっぱら会員や遺族などによって賄われる」としたうえで、費用集めに戦友会があまり苦労していない傾向を「生存者の、「慰霊」「顕彰」にたいする熱意を示すもの」（新田 1983: 247-8）と解釈し、戦友会外部の支援者はいないという前提で論が進んでいく。

また、関連する論点として、先行研究では戦友会は政治化しないという点が強調される。たしかに、利害関係に関わる経済的要求は軍恩連（旧軍人関係者恩給擁護全国連絡会）や傷痍軍人会といった別の組織があるという背景もあり、慰霊と親睦を主眼とする戦友会の集まりにおいては「政治的なものにかかわりたくないという気持ち」がかなり共有されている（高橋 1984: 315）という指摘はもっともである。しかし、靖国神社国家護持法案などのストレートなものに限らず、「政治的なもの」を、戦友会の各種事業の実現をめぐる政府機関との折衝や政治家とのコネクションなども含めて広く考えたとき、戦友会という「精神的な「運動」」（高橋 1984: 316）は果たして内部で自己完結したままなのだろうか、検討してみる必要があろう。[17]

以上のように『共同研究・戦友会』は「集団」へ着目しているにもかかわらず、調査方法と相俟って、戦友会

(16) 異なる方法論をとる戦争体験研究でも、意識の次元に探究が集中する一方で、集団の社会関係構造の検討に踏み込まないことがしばしばある。森岡清美の「決死の世代」研究（森岡 1993）も、個人資料の体系的分析から、「生と死のコンボイ」という戦友・家族集団の規定力に着目しているものの、親密な集団の存在が自明視され、その具体的な社会関係が分析されているわけではない。『共同研究・戦友会』の成果も踏まえた満州関連の同窓会の研究も、アンケート調査に加えて多数の同窓会の会報を収集しているにもかかわらず、寄稿された体験の語りからミクロな個人的経験を析出する方向へ分析が向かう（坂部 2008: 76-80）。

(17) 吉田裕（2011）は、一部の政治化した軍人団体などにも目配りしているが、戦友会と外部の集団の具体的なネットワークが記述されているわけではない。

という集団の社会関係の形態よりも、社会意識による説明が中心になっていた。「戦友会をとりまくさまざまな意味の世界を理解し解釈しようとする方法を重視」（高橋編 1983: 4）する限り、主要な探求対象は、客観的に把握可能な社会関係よりも当事者の意識に置かれる。

実際、理論的にも、戦友会という対象は「戦後軍事的なものをすべて否定する風潮のなかで、彼らの体験を彼らが納得しうるように意味づけるカルチャー」（高橋 1982: 9）の一部として、ミリタリー・カルチャー論に包摂されていく。ミリタリー・カルチャーは「戦争や軍隊にかかわる物や規範や観念」（高橋 1982: 8）や「市民の戦争観・平和観を中核とした、戦争や軍事組織に関連するさまざまな文化の総体」（ミリタリー・カルチャー研究会 2020: 8）と広く定義され、多様な実証的知見を産出してきた。その後も、戦友会のアンケート調査は続けられていくものの（戦友会研究会 2012）、ミリタリー・カルチャー研究は、総じて戦争体験者の集団よりも、大衆文化に関する社会意識・知識の分析が中心となっている（ミリタリー・カルチャー研究会 2020）。

戦争の記憶をめぐる政治力学から社会関係へ

社会学的な「集団」研究としての戦友会研究に代わって登場したのが、記憶論のパラダイムである。一九九〇年代から世代交代も背景として、戦争体験から戦争の記憶へと課題設定がシフトしていく（野上 2011a）。たしかに『共同研究・戦友会』（高橋編 1983）の時点では、記憶という概念はほとんど用いられず、集団論やゴフマンの自己呈示論といったオーソドックスな社会学理論の枠組みを用いていた。それに対して、一九九〇年代から、国民国家論・ポストコロニアル論などを背景に、構築主義的な記憶論の影響下にある研究が蓄積されてきた。「歴史」に対置される概念として、社会的枠組みによる過去の再構成を指す「記憶」というテーマが注目される。その端緒の一つとして、アナール学派の歴史家ピエール・ノラの『記憶の場』では、デュルケーム学派の社会学者モーリス・アルヴァックスの集合的記憶論における記憶の複数性の指摘が言及されている（Nora 1984=2002:

32）。ただ、日本の社会学においてアルヴァックスの「集合的記憶」概念という社会学の遺産が再発見されはじめるのは、一九九〇年代後半からである。二〇〇〇年代以降に社会学の一領域として認知されるが、戦争研究と明確に結びつくのはようやく二〇〇〇年代後半になってからである（木村 2019: 254-8）。

むしろ学際的な戦争の記憶研究の展開を牽引したのは、過去をめぐる政治的な闘争や抑圧を論じる「記憶のポリティクス」の視座であった。そこにおいては、「記憶をめぐる社会的・政治的な力学を分析するために、「集合的記憶」は「パブリック・メモリー」と近似する概念として使用されるようになってい」き、「政治＝文化的な闘争や交渉の分析に重点を置いた研究が盛んになっていく」（直野 2010: 501）。たしかに一九六〇年代以来の社会学の戦争体験研究の系譜は、「戦友会をとりまくさまざまな意味の世界を理解し解釈しようとする方法」（高橋編 1983: 4）をはじめとして、（特に死や死者に対する）当事者の意識の理解をめざすものであり（作田 1960, 1967; 森岡 1990, 1993, 1995）、政治力学は等閑視されていた。これに対して、一九九〇年代以降の戦争の記憶論は、戦後社会において共有されていた支配的な記憶が孕む偏りやイデオロギーを暴き、周縁的な記憶をもつ集団との潜在的な対立を掘り起こしてきた意義をもつ（Yoneyama 1999=2005 など）。そのほとんどは、兵士の戦争体験、特に戦友会を直接の研究対象とはしないものの、集団間の関係性に光を当ててきた点は評価すべきである。

しかし、記憶のポリティクス論による集団間の関係性の記述は単純化に陥りやすい。たとえば歴史社会学の視点から野上元は、「集合的記憶がその内部において孕んでいる様々なせめぎ合いは、それぞれ記憶を共有する集団同士の利害対立や政治的な抗争にしばしば一致させられてしまう」（野上 2006: 47）と指摘している。このような分析において、「すでに集合的記憶は単なる「（書き換え可能な）過去に関する知識」」に縮減されかねない（野上 2006: 45）。記念碑や記念館に表示された知識や物語の分析をもって集合的記憶の分析だとみなすとき、他でもなく集合的記憶という概念を使う意味はない。佐藤健二が指摘するように、「集合」を単純に「集団」や「共通」と言い換えてしまえば視野が狭まる。

> 記憶につけられる「集合的」という形容詞は、個々人に対する集団の実在を直接かつ限定的に意味するだけのものではなく、また細部の差異を排した概括的で抽象的な共通《ママ》を指示するだけのものでもない。むしろ想起の矛盾や表象の闘争を含む「場」において、なお立ち現れうる共同性を指示するものだったのである。
>
> （佐藤 2008: 299）

だとすれば、集合的記憶という概念は、記憶の複数性やコンフリクトの発見にとどまらず、無数の記憶の差異のなかでも何らかの共同性を生みだしうる社会的仕組みの説明をも射程に入れている。記憶のポリティクス研究の主な課題が政治力学の析出にあるのに対し、集合的記憶研究の課題は、「記憶の現前それ自体を支えている社会的・集合的なメカニズム」（佐藤 2008: 298）の解明であるというように整理できる。

後者の課題に取り組む戦略はシンプルである。集合的記憶そのものを実体化するのではなく、「集合的記憶とは、人々のつながり、社会関係そのものなのだ」（野上 2006: 46）と設定し、研究対象をめぐる社会関係（「メディアによって媒介された間接的・非対面的状況も含む」）を記述する作業を地道に積み重ねていくほかない。記憶の集合化を可能にする具体的な社会関係の分析は、記憶の複数性やコンフリクトの記述を精緻化し、「なお立ち現れうる共同性」の生成を説明する足場となりうる。

集合的記憶論の社会形態学的展開

社会関係の重要性を提起した野上（2006）が最終的に採用したアプローチは、記憶論ではなく、個人の戦争体験記というメディアの媒介性の系譜に関する「言説分析」であった。序章で述べたように、記念碑・記念館などの形態を対象とする本書には、別の視座に基づくアプローチが必要である。

二〇一〇年代以降、戦争の記憶に関する社会学的研究は、数多く蓄積されている。兵士の戦争体験・記憶に関するものは市民の戦争体験・記憶と比べて明らかに少ないものの、記憶のポリティクス論の限界をこえる枠組みをもった、緻密な実証的事例研究が行われてきた。たとえば「戦跡」という具体的な事物・空間の形成過程を探究した一連の歴史社会学的研究は、戦後社会が特定の戦争の記憶を、価値ある記念対象として選び出す「欲望」に、主にメディアの表象や言説の分析から迫っている（福間 2015a; 福間・山口編 2015）。他方で、空間と記憶というテーマに関しても、アルヴァックスやノラの議論を批判的に乗り越えつつ、記憶の場に関与する各主体の実践・行為に焦点を当てた分析枠組みがさまざまに作られている（深谷 2018: 34–5, 79; 粟津 2008, 2017: 29–46; 直野 2010 など）。しかし、記憶の物質的形態の形成過程を社会関係から説明する本書にとっては、これら言説あるいは行為を起点とした視座を流用するよりも、事物・集団を起点とした視座に基づく、集合的記憶研究の新たなアプローチの構築が望ましい。

その際に依拠するのが「社会形態学」という半ば忘れられた伝統である。モノや空間を説明し解読する試みは、基本的に人や集団から出発する社会学にとって挑戦的である。しかし、社会学の創始者エミール・デュルケームにも、特定の空間における「人間と事物とのある種の結びつき」によって構成された社会が「形成されていく仕方」を説明する、社会形態学という構想があった（Durkheim 1900=1975: 232）[18]。

デュルケームが残した主要な研究は、社会を構成する制度の機能を中心に検討する「社会生理学」に属するといえる（金 2021: 23–4）。しかし、彼の社会学の構想には、もう一つのジャンルとして、「社会の物的形式を研究の対象とする」社会形態学があった（Durkheim 1900=1975: 235）。その具体的な分析対象は、社会意識や制度など

（18）デュルケームは、社会関係を重視するジンメルの形式社会学への批判を通して「物的形式」という言葉を用いつつ「社会形態学」の構想を輪郭づけていくが（Durkheim 1900=1975）、それは両者の距離の近さを示唆するものとも受け取れるだろう。

不可視のものではなく、「感覚によって知覚できる物的形態」をもつ「基体」である（Durkheim 1900=1975: 232）。さしあたりは「基体」について、「諸社会が各地域で存立していく際に採る形式、人口の規模と密度、その分布の仕方、および集団生活の基底としての役割を担う事物の総称である」と定義したマルセル・モースのように幅広く捉えてよいだろう（Mauss 1906=1981: 21）。デュルケームは社会的基体の例に、「記念碑の存在」も挙げていたとされる（関 1983: 82）点は、本書にとって興味深い。

「基体」は、無形の社会的潮流や制度が固定化した形態学的事実であり、「社会集団の「空間化」された様式」ともされる（島津 1993: 8）。社会的事実をモノのように考察するという規準を立てたデュルケームは、モノとしての「基体」を、「とらえがたい社会生命に迫るための観察可能な媒体」とした（島津 1993: 15）。デュルケームの構想においては、社会形態学は基体＝形態学的事実の形成過程を説明する科学（島津 1993: 11）なのである。

序章で示したように、予科練之碑などの物的形態の形成過程を説明しようとする本書は、この基本的な構想を共有する。特定の時点に、特定の場所で、特定の形態で、予科練出身者の記念空間が形成されたことは、社会形態学的に研究しうる社会的事実なのである。

ただし、デュルケームの社会形態学は、物的形態を、個別の集団ではなく、マクロな全体社会の形態と対応させているという問題がある。これに対して、弟子のアルヴァックスは、国民国家と重なるような全体社会ではなく、集団レベルで集合的記憶を論じている。国家という巨大な枠組みの抽象性・画一性は、都市や地域で生きられた集合的記憶と相性が悪いのである（金 2020: 128–9）。事物の解読についても、「〔事物の配列は〕われわれを常に、多数の社会と結びつけている紐帯によって説明される」（Halbwachs 1950=1989: 164）と、社会を複数形で記述する。特定の階層や地域、宗教などを基盤とした集団の水準で、記憶の集合性は観察されている。

アルヴァックスは、社会形態学の継承者でもある。一九三八年に『社会形態学』という著書を出版しているが、そこでは「物質的形態の背後に集合心理の一部を発見する」（関 1983: 82）と、社会形態学のプログラムを述べ、広義の社会形態学の領域として、宗教形態学・政治形態学・経済形態学の三つを挙げている（金 2021: 26）。ついで一九四一年に集合的記憶三部作のうち唯一の実証研究である『聖地における福音書の伝説地誌』を刊行し、キリスト教の聖地エルサレムに空間的に配置された諸伝承の形成過程を追い、場所と記憶の動態的関係を歴史資料から分析した社会民族誌的研究を残す（Truc 2011: 147–51; 関 1983: 85–7; 浜 2000: 12–4）。

これらを経て、ナチスドイツ占領下の一九四五年に強制収容所で非業の死を遂げたアルヴァックスが書き遺した遺稿が『集合的記憶』（Halbwachs 1950=1989）である。一九二〇年代当初の『記憶の社会的枠組み』（Halbwachs 1925=2018）とは異なり、集合的記憶における空間論が大きく比重を増し発展している（Gutiérrez 2011: 24, 26–7）。特に「集合的記憶と空間」と題された章は、いわば集合的記憶の社会形態学的展開といえる表現がしばしばみられる。たとえばアルヴァックスは、家具や装飾や絵画や道具の趣味や様式は「言語と等価物」（Halbachs 1950=1989: 165）だとし、そこで生活する人々や関係する諸集団に関する多くの情報を解読しうると主張する。つまり「事物の形態はわれわれの周囲に、いわば物言わない不動の社会として存在している」のであり、「われわれが容易に解読できる意味を持っている」（Halbachs 1950=1989: 165）とされる。もちろん「容易に」というのは特定の集団の構成員の視点に立つことができればという意味であり、それゆえに研究課題となりうる。

これらの研究においてアルヴァックスは、デュルケームと異なり、特定の集団を研究対象にすることで、「物」を社会的事実としてとらえ、その意味を問う「物」の解読作業」を可能にした（関 1983: 83）。デュルケームやモースが、集合表象を規定する存在として基体を考えていたのに対して、「物や空間の表象する意味を問う解読作業が残されていた」（関 1983: 85）のである。次の引用部に示されているように、その前提となるのは、場所と集団が対応関係にあるという認識である。

場所は集団の刻印を受けており、また集団も場所の刻印を受けている。それだから、集団のあらゆる歩みは空間の用語によって表現することができるし、集団の占有する場所はあらゆる用語の集合にほかならない。この場所の一々の様相、一々の細部はそれ自体、集団の成員にしか理解できない意味を持っている。なぜなら、集団が占める空間の部分はすべて、成員が属する社会の構造や生活の異なった様相に同じだけ対応し、少なくともその社会の中における最も安定した部分に対応しているからである。(Halbachs 1950=1989: 167)

これを踏まえれば、集団が重要視する事物・空間が集団にとってもつ意味の解読は、ひるがえって集団自体の理解を深めるはずである。この論点に関する、アルヴァックスの集合的記憶論における社会形態学的記述のキー概念として、「場」(milieu)がある。フランス語の milieu は、「主体から独立した外部の物理的な環境を表すというよりは、主体と不可分な空間性、人間の活動によって意味づけられた世界としての空間性を表す語」であり、いわば「生きられる空間」である(金 2020: 203)。アルヴァックスは「場」を定義しなかったものの、デュルケームが社会形態学で用いた「場」という概念を継承したものと考えられる(金 2020: 205)。デュルケームやアルヴァックスは「場」について家族や職業集団、社会階級、宗派などを例示し、「特定の集団と深く結びつくもの、あるいは特定の集団それ自体」(金 2020: 205)を指している。しかし、「場」は単に集団と言い換え可能なカテゴリーではない。「集団の数と同じだけ空間を表象する仕方が存在する」(Halbwachs 1950=1989: 205-6)という記述を踏まえれば、「集団という社会関係を体現する空間」である(金 2020: 205)[19]。

学説史的な詳細は金瑛(2020)に譲るが、「場」という概念は、社会関係の集積としての集団自体にも、物理的なモノ・空間自体にも対象を還元せず、両者の対応関係を問う地平を開く。その意味で、本書の社会形態学的な分析は、戦友会などの狭義の集団そのものでも、記念碑や記念館それ自体でもなく、両者が複合した「場」を捉えようとするものといえる。実証研究に必要なのは、無機質なモノの背後に、それを特定の形態で生み出した有機的な「場」を見出し解読する、いわば〝社会形態学的想像力〟である。

分析における三つの着眼点

以上みてきた社会形態学は、完成した理論ではなく、実証研究に取り組むうえでの視座の一つである。そもそもデュルケーム自身は社会形態学にもとづく具体的な実証研究は残さなかった。デュルケーム学派による研究も、エスキモーの社会生活に関する自然の影響や居住形態の作用を問うもの（Mauss 1906=1981）など論者独自のスタイルでなされている。日本では、社会形態学はほとんど学説史の対象であるが、例外的に中筋直哉がデュルケームとモースを参照しつつ、「身体」に着目した、群衆に関する独特の社会形態学的理論と実証研究を展開している（中筋 2005）[20]。実証研究の具体的なアプローチは、研究対象に合わせてさまざまに設計されている。

よって本書が使う社会形態学という語も、デュルケームやアルヴァックスの特定の理論を指すわけではない。本書における社会形態学は、物的形態（かたち）を社会関係（つながり）から説明する研究実践を指すものとする。そのうえで本書は、集合的記憶研究を社会形態学的に展開するために、以下に三つの着眼点を設定し、各点を分析する際に重視することやそのメリットを簡単に示す。

第一に、社会関係について、集団の規模や関係構造の動態に注目する。戦友会という集団の人数の規模の大小[21]は、まず、凝集性など集団構成員相互の社会関係の性格を変える（小規模な戦友会ほど凝集性が高い）。そして、つくりだされる物的形態の規模も左右する（大規模な戦友会ほど大規模な碑をつくることができる）。また、特

（19） milieu には lieu（場所）の語が含まれている。なおノラの著作『記憶の場』の訳語「場」は「lieux」であり、ノラは「記憶の集団（ミリュー）がもはや存在しない」、「記憶、すなわち過去との連続という感情は、いくつかの場（リュー）に残存するのみとなっている」（Nora 1984=2002: 30）と現状認識を語っている。

（20）〈社会の記憶〉の一形態としての墓・霊園的施設の考察（中筋 2000）は、集合的記憶の社会形態学的分析の一例といえるだろう。靖国神社、広島平和記念公園、沖縄の平和の礎などの空間形態に対応する死者表象の個別性／集合性も論じられている。

に大規模な戦友会の関係構造は、均質なものではなく、複数の下位集団ごとに異なる。さらに対面的ではなくメディアを媒介にした社会関係も視野に入れるべきである。

いずれにせよ、物的形態の形成過程は、それに対応する集団の社会関係の形態（規模や構造）の変動を追跡することで説明される。この着眼点を第一に置き、物的形態と集団的形態の対応関係を論じることが本書の特徴である。これが、物的形態を集合的記憶そのものと同一視することなく、物的形態を成り立たせる集合性を（前提とすることなく）分析対象とすることを可能にする。

第二に、各主体や集団にとってモノ・空間がもつ意味の解読である。研究対象が当事者たちによってどのように認識されていたか、そのような認識がいかなる媒介によって共有されていくか、は社会的プロセスの記述・説明において基本的な論点である。その探究を可能にする資料が、当時の意味づけが語られ、集団内に共有される媒体としての戦友会会報である。その際に、もちろん、物的形態に反映されず埋もれていった意味づけの発掘も重要である。しかし、支配的な意味づけを、表面的にではなく深く理解し厚く記述することも、対象を説明するうえで核となる作業だ。

特に本書では、その集団の構成員が辿ってきたライフコースを概括的に踏まえる。その際には集団の戦争体験にとどまらず、戦前から戦後にかけて集団が歩んできた歴史的奥行を把握する。たとえば予科練之碑の意味は、戦場体験による生き残りの負い目、あるいはイデオロギーや欲望といった観念的な論点からのみならず、準エリートとして人生を生きてきた社会階層的位置からも解読される。このような歴史的奥行の深掘りによって、体験論・意味論のみならず、戦争・軍隊が日本社会に及ぼしてきた影響といった社会変動論的なテーマとの接続も視野に入ってくる。

第三に、物的形態をつくりあげることに不可欠な、社会関係を介した資源の授受に着目する。(22) 記憶という、それ自体観念的な概念は、意識に関する論点と結びつけられがちだが、記憶をかたちに変換するうえでは、物質的な基盤も見逃せない。ごく単純にいえば、資源の多寡は、物的形態の規模の大小の実現可能性に関わる。資源には、金銭をはじめとする物質的なもののみならず、労力や言説的資源の提供など、援助関係において主体間・集団間でやりとりされるものを、物的形態に関連する限りにおいて広く含める。

ただ、資源によって形態を説明すること以上に社会学的に重要なのは、かたちをつくりだすという活動が、いかなるつながりを生み出すか、である。多くの資源の必要性は、集団の規模の拡大を促すのみならず、戦友会という集団をこえた社会関係の形成をも促す。記念館という大規模な事物を含めた研究対象の設定は、その動態を把握する戦略的高地を与える。

以上の着眼点を踏まえて、第2～5章では、予科練の集合的記憶が、他でもなく特定の形態で（たとえば二人像や記念館として）成立したプロセスを説明していく。

(21) 人間の身体もモノであるがゆえに社会形態学の研究対象には人口が挙げられ、特定の空間における集団の規模や密度、あるいは分散・集中の動態が論じられる（たとえば Mauss 1906=1981）。

(22) モニュメント研究では、たとえば「巨大な記念の建造には莫大な費用がかかる。それはどのようにして調達されたのか、どのような団体がそれを支えたのか」は「「記念碑の経済学」「記念碑の社会学」」の対象とされるが、それは「政治的意味」の分析を行う「記念碑の政治学」の一部分とされている（松本 2012: 15）。本書において、費用の調達は、それにまつわる政治性を視野に入れつつも、物的形態の規模を規定し、新たな社会関係を生み出す契機として分析していく。

第2章　準エリートたちの軌跡――学歴と予科練

予科練之碑（図1）が、なぜ、序章でみたような形態になったかを解読するために、本章ではまず、予科練之碑を建てた予科練出身者がおおよそ戦前から戦後にかけてどのような経験をし、戦友会を組織した人々だったのか、を追跡する。ただし、予科練出身者の内訳は実にさまざまであるため、予科練出身者のなかでも、後述するように、碑の建立を主導した一部に焦点を当てて論じていく。1節でライフコースと組織化のプロセスを踏まえたうえで、2～3節で予科練之碑に付与された、学歴やエリート性にまつわる意味を解読する。

1　戦前から戦後にかけての予科練出身者のあゆみ

入隊世代ごとの差異

予科練出身者と一口に言っても、予科練出身者は戦死者含め全種で二四万人という規模の集団である。甲種か乙種といった種別、ならびに入隊時期（期）によって、同期生集団の規模や戦場に出たか否かなどが大きく異なる。本書は、一九六〇年代の慰霊碑建立などを主導した乙種に分析対象を絞る。(1) まずは乙種の各期ごとの集団を数字で捉えるために、表1を参照してほしい。(2)

表を一目みてわかるのは、各期入隊者集団の規模が二桁から五桁までの開きがあることと、戦死率に大きな差があることである。かつてデュルケームは『自殺論』（Durkheim 1897=1985）において各社会ごとに異なる自殺率

乙種飛行予科練習生

期	入隊年月日	入隊者数	戦没者数	生存者数	戦死率	本書の入隊世代区分
1期	1930年5月1日	79	49	30	62%	初期世代
2期	1931年6月1日	128	65	63	51%	
3期	1932年6月1日	157	105	52	67%	
4期	1933年5月1日	150	96	54	64%	
5期	1934年6月1日	200	109	91	55%	
6期	1935年6月1日	187	125	62	67%	
7期	1936年6月1日	204	168	36	82%	
8期	1937年6月1日	219	166	53	76%	
9期	1938年6月1日	200	167	33	84%	
10期	1938年11月1日	240	183	57	76%	
11期	1939年6月1日	397	293	104	74%	中期世代
12期	1939年11月1日	377	282	95	75%	
13期	1940年6月1日	297	227	70	76%	
14期	1940年8月1日	299	228	71	76%	
15期	1940年12月1日	628	447	181	71%	
16期	1941年5月1日	1,237	837	403	67%	
17期	1941年12月1日	1,214	547	667	45%	
18期	1942年5月1日	1,476	400	1,076	27%	
19期	1942年12月1日	1,589	113	1,476	7%	
20期	1943年5月1日	2,951	130	2,821	4%	
21期	1943年12月1日	3,746	56	3,690	1%	末期世代
22期	1944年6月1日	11,723	65	11,658	1%	
23期	1944年8月1日	13,406	22	13,384	0.2%	
24期	1944年12月1日	45,931	107	45,824	0.2%	
小計		87,035	4,987	82,048	5.7%	

表1　乙種飛行予科練習生の各期人数

を社会的事実として分析したが、戦争・軍隊に関する諸集団の戦死率も、その集団の戦後における再集団化や記憶の仕方に関わるという意味において社会的事実であろう。

試みに、他の日本の戦争・軍隊に関する有名な集団と、規模や戦死率を簡単に比べてみよう。士官を養成する海軍兵学校入隊者は、明治初期の一八七三年の一期生二名から、在校中終戦を迎えた七十八期（約四千名）までを合計しても一三万五七九二名であって、予科練入隊者の半数程度である。[3] 卒業者（七十四期まで一一万一一八四名）のうちの戦死者は三三三二名で、平均戦死率は二九・七％となるが、乙種予科練も同様に卒業者（一～二十期）に限れば、四七三七名／一万二二二九名＝三八・七％と上回る。また、海兵六十一期（一九三三年十一月十八日卒業）～七十二期（一九四三年九月十五日卒業）の戦死率は五〇％をこえ、最大は七十期の六六・四％となる。このように海軍兵学校出身者も高い犠牲を払っているが、七～十五期にかけて戦死率が七～八割を超えている予科練出身者のほうが一段と高い。なお学徒兵については正確な数字がないが、一九四三年十二月の入隊者は約五万名で、その戦死率は約九％との推定があり（蜷川 1998: 137）、割合でみると意外に少ない。なお人数は二百名程度の集団だが、有名なひめゆり学徒隊の死亡率は約五七％になる。[4] いずれの集団と比較しても、予科練出身者の規

（1）乙種以外の詳細は割愛するが、甲種は旧制中学四年一学期修了程度を資格とし、一九三七年九月に第一期生が入隊して以降に約一四万名が入隊、六八一〇名が戦没している。丙種は海兵団などからの選抜で、一九四〇年十月に第一期生が入隊して以降に約八千名弱が入隊、約六千名が戦没している。乙種から選抜し短期養成した乙種（特）もあり、一九四三年四月に一期生が入隊して以降約七千名が入隊、約千人強が戦没している（常陽新聞社 2002）。

（2）予科練出身者全体の戦友会である海原会が調査した数字である。『等身大の予科練』（常陽新聞社 2002）の見返し部分に、「飛行予科練習生の入隊者、戦没者、生存者等の状況　雄翔館（予科練記念館）展示より」と題されて掲載されている表をもとに筆者が作成した。『続　阿見と予科練』（阿見町 2010: 289-90）にも同じ表が、海原会提供として掲載されている。一部の明らかな誤記は修正した。

（3）『別冊歴史読本三十三号　江田島海軍兵学校』（二〇〇九年、新人物往来社）一五一～二頁の表より。

模や戦死率の大きいことがわかるだろう。

二四個の期別では、細かすぎて分析が難しい。そのため、入隊時期による集団規模や、予科練および戦場における体験の相違をもとに、〝入隊世代〟ごとの三類型（初期世代、中期世代、末期世代）に分ける。(5) 各世代の期別の境界は、あくまで本書の研究関心に沿って便宜的に区切られた、おおまかな分類である。

以下の類型記述は主に『海軍飛行予科練習生 第一巻』（小池 1983a: 43-169）に基づく（特に「第五章 海軍飛行予科練習生全期の軌跡」）。特に予科練生活を送った場所や期間、戦場体験に注目しつつまとめた。

初期世代は、一九三〇年入隊の第一期七九名から、漸増しつつも最大でも十期の二四〇名という小規模な集団である。入隊場所も全期全員が横須賀海軍航空隊であり、八～十期のみが、入隊後の一九三九年三月に、戦後に予科練之碑が建つ霞ヶ浦海軍航空隊水上班跡地（一九四〇年土浦海軍航空隊が独立開隊）に移転する。戦死率も全ての期で五割を超え、七期と九期は八割を超えている。予科練教育期間も当初は三年間で、六期生から二年四カ月に短縮されたが、相対的に長い。戦場にいた期間も長く、三期までが日中戦争開戦時点から、九期までは日米開戦時点から戦闘に参加している。彼らは日中戦争や真珠湾攻撃などの戦場も経験している熟練パイロットであり、特攻隊員となることは稀である。七期までは一九四五年五月までに少尉以上に進級できている（特攻や終戦処理は含まない）。なお「乙種飛行予科練習生」と呼称されるようになったのは八期からであり、それ以前は海軍「少年航空兵」であった。

中期世代（十一～二十期）は、採用人数の増加に伴い手狭になった横須賀から予科練が転出した後の、一九三九年以降に入隊した人々である。入隊人数は十一～十五期が約三〇〇～六〇〇名だが、一九四一年以降入隊の十六期～二十期になると約一二〇〇～三〇〇〇名へ急増していく。入隊場所も十一～十四期は霞ヶ浦海軍航空隊、十五、十六、十八期は土浦海軍航空隊、十七期は岩国、十九期は三重、二十期は土浦・三重・鹿児島に分かれて入隊となり、入隊後に別の航空隊（三重など）へ転隊するケースもあるなど、予科練生活を送った場所はばらけていく。十三期以降は訓練期間も二年間に短縮され、十八期以降はさらに早く繰り上げ卒業している。敗色が強まる戦場に投入され、戦死率については十一〜十五期は七割を超える。十六期は六七％、十七期四五％、十八期二七％と減少する。ただし入隊者数も増えているため、戦没者数のピークは十六期八三七名、十七期五四七名である。特に十六〜十八期は特攻隊員を多く輩出した世代にあたる。これより入隊が遅くなると戦死率は十九期七％、二十期四％と急減するが、十九〜二十期は予科練を卒業したものの、ほとんどが飛行練習課程に進むことなく（一部は進んだが燃料不足で飛行訓練ができず）、水上・水中特攻などの訓練にあたっていたためである。

末期世代（二十一〜二十四期）は、一九四五年三月に予科練教育が途中で中止され卒業できなかった。その後はほとんどが本土決戦用の特攻要員や陸戦隊などになる。入隊時期は、二十一期が一九四三年十二月入隊であり、一九四三年九月にリリースされ翌八月までの一年間で二三万三千枚ものレコード販売数に達し（辻田 2020: 179）群を抜く大ヒットとなった「若鷲の歌」を聴いてから入隊した可能性があるのは、この末期世代のみである。入隊人数は二十一期四千名、二十二期以降は一万名をこえ、二十四期は四万五千名にのぼっている。入隊場所も全国各地に分散しており、転隊も多い。戦没者は四期合計で二五〇名いるが、戦死率でみると各期一％以下である。

社会的上昇移動のバイパスとその破綻

以上の差異を踏まえたうえで、以下では一九六〇年代当時の慰霊碑建立などの諸事業を担ったリーダー層であ

（4）「生徒二二二名、教師一八名が南風原の沖縄陸軍病院に動員されました。そしてそのうち一三六名が戦場で命を落とした」 http://www.himeyuri.or.jp/JP/intro.html 「ひめゆり平和祈念資料館　ひめゆりを学ぶ」（二〇二一年十一月二十三日閲覧）。

（5）なお乙種の、出願年齢資格は、当初は十五歳以上十七歳未満、一九四一年八月から十四歳以上十八歳未満であり、同年齢で入隊するわけではないため、入隊世代は、出生年によって決まる世代と必ずしも対応するとは限らない。

った初期〜中期世代の典型的なライフコースを、予科練の制度的特徴と対応させつつ、ごく概括的にたどる。

第1章でも軽く触れたように、旧軍の少年兵は「特務士官への昇進する可能性はあるものの、もっぱら技術下士官の早期・速成教育を目的とした、それぞれ独自の〝学校〟を備えた制度」であった（逸見 1990: 115）。少年兵の軍学校は、ノンエリートの兵階級よりは上に立つがエリートの士官階級よりは格下の、いわば準エリートを養成する機関と位置づけられる。海軍飛行予科練習生制度は当初から「学資やその他の理由で中学校（旧制）に進学できない少年が地方に沢山いる」（小池 1983a: 44）ことに着目して志願資格を、海軍兵学校より低い高等小学校卒業以上に設定している。一九三〇年代初頭から高等小学校への進学率はすでに七割前後で推移していたが（一ノ瀬 2009: 97）、旧制中学への進学率は一割程度にすぎなかった（原田 2015: 194）。

軍の側も、戦時期においてさえ、単に殉国の尊さだけではなく、「下士官への早道と特務士官へ昇進する可能性を強調」（逸見 1990: 125）し、立身出世へのアスピレーションを加熱する宣伝を行い、少年たちも職業としての軍人に魅力を感じていたといわれる（原田 2015: 208–15）。「後世の眼からみれば、悲壮美に満ちて国難に赴いたかに見える予科練生たちだが、同時代人にとっては平時と同様の、受験と選抜を経ての社会的上昇の一手段という面もあった」（一ノ瀬 2009: 98）ことは否定できない。特に航空兵は、危険に伴う加俸もあり待遇は格別で、「妻帯して立派に生活」の殺し文句で「職業選択の意味からも考慮に」などという文言で勧誘されていた（一ノ瀬 2017: 193–4）。実際、士官養成の海軍兵学校（旧制中学から入学）とは明確に区別されていたが、一般の海軍志願兵よりも進級が早いのも確かであった（白岩 2019a: 43）。特に不況期、就労機会の少ない農家の二三男にとって下士官は魅力的な職業であると同時に、除隊後は恩給ももらえ地域社会で社会的威信のある地域のエリートの仲間入りができた（吉田 2002: 87–90）。

入隊者に関する資料が残されている、受験競争率が七〇倍を超えた予科練第一期生七九名を見てみよう（倉町 1987: 92–6）。入隊時の学歴は、高等小学校卒と、実質的には高等小学校卒相当といえる青年補習学校卒が合わせて五五名と約七割を占める。入隊前に四六名が就業を経験している。親の職業は、兼業も含めて農業が五五名、商業七名、吏員会社員合わせて七名などである。興味深いのは、予科練受験時にまだ十代半ばであるにもかかわらず、両親とも健在な者は五八名で全体の七三％ほど、父親不在一一名、母親不在六名、両親とも不在が四名いる。旧制中学（一二名）や農工商の実業学校（一一名）といった中等教育機関の在学者も約三割いることから、たとえ中層家庭の出身であっても親を失い、学費のかからない進路を選ぶ必要に迫られていた者もいた可能性がある。志願動機についても単一選択で訊ねられているが、「官費で教育が受けられるから」五名、「生活の安定を求めて」三名など軍の調査にもかかわらず率直な回答もあり、「海軍軍人になりたい」二二名にも、職業として軍人を選ぶ意味合いが込められていても不思議ではない。なお最多は「空に憧れ、搭乗員を志望」二五名、ついで「ポスター、雑誌或いは他人の薦めにより」一八名であり、「国の将来を想い、航空に貢献したい」という〝模範回答〟は六名に過ぎない。[6]

旧制中学在学中に受験する甲種予科練出身ではあるが、前田武（甲三期、一九三八年六月入隊、戦後は甲飛会や海原会の会長を務める）は、戦後の座談会で「職業軍人」を目指したと率直に述べている。[7]

　われわれの三期、四期あたりまでは、早くいえば、職業軍人的な意識があったですね。〔中略〕社会へ進

(6)「職業軍人」は戦後に使われた（やや否定的なニュアンスをもつ）俗語である（百瀬 1990: 266）。戦前の制度的な用語としては「(現役)武官」(将校や下士官などのうち本人の意志で軍人たることを職業とする者）に相当する（百瀬 1990: 265）。

(7) ただし座談会でも、戦局が緊迫したなかで入隊した末期世代は、立身出世よりも、純粋に国家の危急を救うと考えていた者が多いという発言も出ている。広田照幸も、陸軍士官学校の志願動機について、「純粋に国の為に献身しようとする動機は、太平洋戦争末期の入校者の回想録の中でしか私には見いだせなかった」と述べている（広田 1997: 60）。重要なのは、入隊者自身の意識はともかく制度として予科練が進学や就職の機能をもっていたことである。

むべき道、何で身を立てるかということを考える余裕が十分あった。それでは、兵学校へ行くと、大砲へ行くか、水雷へ行くかわからない。だったら飛行機にダイレクトに行ったほうがいいじゃないかというのが、われわれまでの考え方だったわけです。つまり、一種の職業軍人的意識というか、それで飯を食おうという考え方と、とにかく飛行機が好きだ、飛行機乗りになりたかった、という考え方の人間が多かったと思うんです。(『週刊読売』一九七〇年五月二十九日、五八頁)

乙種では、たとえば一期生野口克己は、小学校卒業後、農業に従事した体験を、「いくら懸命に働いても其の働いた労力の効果のないのを嘆く」と少年向け飛行雑誌掲載の作文(一九三二年=予科練在隊中)で志願動機として書いている(一ノ瀬 2017: 190–1)。軍隊生活も厳しい「労力」が課されるのはもちろんだが、その「効果」は進級というかたちで社会的上昇として感じられるものだった。民俗学者の喜多村理子は軍隊において、地位が、階級章や勲章の事細かな区別によって明示される点について、「農村にあっては、他者より技術が上でも、他者より知恵が働いても、他者より努力しても、その結果がすぐにモノによって象徴的に表され、社会的地位が上がるということは経験できない」(喜多村 1999: 117)としている。

たとえ実際の地位上昇はささやかなものであっても(末は大将や士官になれなくても)、それは「ささやかな立身出世」と当人たちには理解しえた。というのも「日本社会の地位階統は官僚制原理からは説明できない細分化がおこなわれ」、「少しでも上位にある者は会社に対し「相対的絶対者」(「番付一枚ちがえば虫けら同然」)になる」「身分階層秩序」があったが(竹内 2005: 211)、軍隊こそ最も徹底した身分階層秩序の権化であったからである。(8) いずれにせよ、国家への献身というイデオロギーと、私的な欲求としての立身出世や自己実現は、矛盾せずに両立することが可能であり、イデオロギー的な推進力のみならず、立身出世という欲望も戦時体制を支えていた(広田 1997: 339–44, 354–6)。

〝就職先〟としての意味と合わせて、〝進学先〟としても、中等教育を提供する機能を予科練はもっていた。のちに短縮されるが当初三年間の予科練教育期間では普通学の授業も行われていた（白岩 2019a: 42）。たとえば乙種四期（一九三三年入隊）の安藤健次郎は、一九三〇年に相馬から十勝の開拓に入った一家の出身であり、高等小学校二年で予科練受験のため家を出た際は、まさに「不作続きの不況の嵐の最中」であった。彼にとって予科練とは、「中学にも行けない貧農の者が旧制中学同等の教育を三カ年授けられ、それも東大、京大等出身の教授陣にである」（四期会編集委員会 1983: 178–9）と語られるように、貴重な教育の機会であると同時に、社会的な出自からは考えられないような高い階層の人間との出会いの場でもあった。

このことを、安藤は、予科練教育は「人間尊重のデモクラシーの精神が根底に敷かれている」と、大仰に評価している（四期会編集委員会 1983: 178–9）。軍国主義から戦後民主主義へ移行した日本において、軍隊とデモクラシーの結びつきは荒唐無稽にみえるが、近代的組織としての軍隊とデモクラシー（あるいはメリトクラシー）は無関係ではない。丸山眞男は、座談会で自身の徴兵体験に依拠して、外部社会の学歴や身分に左右されず階級が絶対的な秩序となる軍隊は「疑似デモクラシー的性格」をもっており、国民の軍への親近感や階級差からくる不満の解消に寄与していたのではないかと指摘している（飯塚 1950: 124–5, 128–9）。晩年の丸山はさらに踏み込んで、出自や家柄に関係なく「試験だけがモノを言う」という点で軍隊は帝国大学とも「パラレル」だと語っている（高田 2008: 9）。もちろんこれは「平等神話」（高田 2008: 7）でもあるのだが、軍隊とりわけ軍学校で十代を過ごした少年たちに、そのような側面が感覚されたことは、戦後の集合的記憶に影響を及ぼしている。

（8） 竹内は、講談社の『少年倶楽部』で大人気だった連載漫画『のらくろ』（孤児の野良犬が軍隊に入って活躍し二等卒（兵）から下士官・士官へ進級していく物語）も例に挙げている。「のらくろが上等兵から伍長に昇進する場面がある。のらくろは将官級の超エリートに昇進したわけではない。にもかかわらず、上官は「おい、のらくろ、たいそう出世したなあ、おめでとう」という」（竹内 1979: 50）。

戦争末期に入隊した世代をみても、一九四三年四月に乙種（特）一期生として入隊した長田利平は山梨県の農家の生まれで尋常小学校では副級長（クラスで成績二位）になる学力をもっていたが、岳麓農工学校への進学を父に頼んでも、「うちのような貧乏人が息子を中学へなんかやったら、村で笑い者になる」と言われ断念している（神立 2018: 250）。ライフコース研究者の森岡清美は、「初等教育で終わった人々においては、兵役歴が彼らの学歴を阻害することがなかっただけでなく、彼らにとって一種の研修の場であった」（森岡 2013: 19）と述べたことがあるが、軍学校への入学はその際たるものであった（9）。つまり、無償で中等教育を受け、軍人という俸給生活者への就職を約束された「社会的上昇移動のバイパス」（広田 1997: 163）として予科練という制度はあった。

しかし、実際には入隊前の学歴によって待遇に差がつけられ、「軍隊もまた近代の日本全体がそうであったように、「学歴社会」であった」（一ノ瀬 2009: 113）。海軍兵学校を出ているかどうか、予科練であっても、旧制中学在学中に入隊する甲種か、基本的には高等小学校卒で入隊する乙種かで、軍内部での昇進にさまざまな障壁が設けられていた。具体的な数字を出してみよう。例えば十五歳で乙種に入隊すれば二十九歳で特務少尉になると予定されており、同じ高等小学校卒の学歴においては早い出世にみえる。しかし、旧制中学三〜四年修了で入隊する甲種よりは六年も遅い。なお、海軍兵学校出身者は卒業とともに少尉候補生、練習艦隊と在役軍艦での勤務を経ると少尉に任官できる（百瀬 1990: 359–61）という大きな差がある。

予科練は、航空機搭乗員の特務士官の養成を目的とした制度であった。特務士官とは、海軍特有の制度で、下士官出身の士官である。年齢にふさわしい高い俸給を得るが、士官より明らかに格の低い差別的位置づけがなされる。将校ではなく、特務大尉までしか存在しなかった。特務少尉の下には、准士官（階級は飛行兵曹長）、下士官（階級は飛行兵曹）、兵（階級は飛行兵）と序列が続いていく（百瀬 1990: 357）。

たしかに総力戦の激化に伴い、エリートへの参入障壁は下げられる。予科練出身者については一期生が特務少尉に進級した一九四二年に、制度改正により、特務ではない士官への昇進が可能になる。乙種では七期生までは終戦以前に少尉に進級している（小池 1983a: 145–6）。しかし、士官へ昇進できたのは初期世代の一部であり、大半は下士官・兵階級として日中・太平洋戦争の大部分の期間を戦っていた。

予科練に対する社会的なイメージも確認しよう。主に対米戦争以前に入隊した世代は募集が少数で難関だったにもかかわらず、さほど世間的には目立たなかった。呼称も「少年航空兵」であり、制服も一般的な下級兵士と同じ水兵服であった。しかし、真珠湾攻撃などで脚光を浴び、募集や戦意高揚を念頭においた軍の宣伝によって、予科練は誰もが知っているといっても過言ではない知名度になっていく。「一九四二年以降の少年は、少年兵と り分け少年飛行兵と航空機の情報の渦の中にいた」（逸見 1990: 124）のである。とりわけ、海軍兵学校と類似した「七つ釦《ボタン》」の制服（第一種軍装）が一九四二年に採用され、さらに一九四三年九月公開の映画『決戦の大空へ』の主題歌「若鷲の歌」（作詞西條八十、作曲古関裕而）が流行し、「若い血潮の予科練の七つ釦は桜に錨」の歌詞とともに「予科練」は有名になった。そして、戦争末期には多くの予科練出身者が特攻隊員としてマスメディア上で報じられる。

しかし、これが敗戦後には一変する。復員してきた元軍人に対する民間人からの否定的なまなざしは強く、「とりわけ戦前・戦中はある種のヒーローだったパイロットたちへの反動には大きなものがあったようだ」（吉田 2011: 30）。たとえば予科練甲種十六期生が、敗戦直後に、谷田部航空隊周辺の民間人の群衆から「お前たちがもっと一生懸命、戦闘をしなかったから負けたのだ」という怨嗟の罵声を浴び、投石を受けた（吉田 2011: 31）。他方で、復員した元特攻兵のなかには犯罪に走る者もあり、「特攻くずれ」「予科練くずれ」といった言葉が生まれ、事件が新聞で報じられるなどマスメディアの格好の報道材料となった（福間 2007: 25–6; 白岩 2018）。このような

（9）他に、戦後成功した経済人らの手記などから、軍隊での経験、スキルや能力の獲得が戦後の成功を下支えした側面に注意を促し、軍隊自体を教育機関とみなす立論もある（片瀬 2015）が、軍隊内の階級や出身階層・学歴などによる論じ分けがない点は問題であろう。

否定的イメージの流布は、予科練出身者全体に対するスティグマとなり、犯罪に走らなかった大多数にも負の影響を与えたことだろう。

さらに軍隊の消滅によって、軍人という職業キャリアも断絶し、予科練出身者は、立身出世の階梯を外されてしまう。農家の二三男の場合は、実家の農業経営に一時的に加わるか、実家に余裕がなければ都市に出るほかなかった人も少なくない（常陽新聞社 2002）。特に乙種は、普通学の科目も一定の割合を占めた予科練教育だったが、学歴としては認められず、高等小学校卒など入隊前の学歴となってしまった。

数量的な把握は難しいが、社会階層と社会移動全国調査データから、職業軍人の戦後の職業経歴を、学歴や父職、退役後の職業や転職率から再分析した研究によると、同じ職業軍人でもエリート層と非エリート層とで、前者は安定したホワイトカラーに就く傾向、後者には職を転々とする傾向にあったと指摘されている（渡邊 2017）。制度的には、海軍兵学校や陸軍士官学校は、戦後も専門学校卒[10]程度の学歴が認定されており、職業的なキャリアはともかくとして、学歴的なキャリアは断絶しなかった。また予科練でも甲種は旧制中学在学中の志願入隊のため、基本的に旧制中学卒の学歴を認定されている。

おりしも戦後社会は構造的に学歴の価値が増していた。「戦前においては、出世の尺度は一元的であったが、出世のルートは、官界、経済界などにおける地位登攀以外に軍隊、各種検定試験、裸一貫からの実業家への道、海外移住など多元化していた。ところが戦後は独占資本主義の確立ともあいまって出世のルートが相対的に一元化し、成功（出世）はサラリーマンとしての地位登攀が主要なルートになった」（竹内 1977: 30–1）。この「出世主義のサラリーマン化」という外部環境の変化によって、軍学校というバイパスルートの地位達成はメインルートにおいてうまく位置づけられないことが問題になってくる。

後にみるように、乙種も含めて全ての予科練出身者に旧制中学卒業と同等の学歴が国から認定されるのは一九六四年のことであり、就職の上では「実際は役に立たなかった」（常陽新聞社 2002: 163）という。乙種は敗戦により職業軍人として失業したのみならず、学歴も喪失してしまったことになる。このように彼らの戦後の生活は、キャリアの断絶からはじまったといえる。

戦友会の全国規模化

このような境遇のなかで、予科練の戦友会の全国全期規模での結成は、海軍兵学校出身者を中心とする将校より遅れることになる。海軍正規将校の戦友会として水交会は早くも一九五二年に発足し、一九五四年には財団法人になっている。もちろん、この背景には、海軍正規将校の親睦組織であった「水交社」が一八七六年から米軍占領期に解散を命じられるまで長く存在していたという歴史的文脈がある。とはいえ戦前の前身組織の有無という点ならば、予科練出身者にも、戦前に雄飛会という同名の同窓組織が存在した。一九三三年に当時の予科練習部長市丸利之助の主導で作られ、会則も整備され会報も発行されており、一九四一年に海軍内部に派閥をつくるようなことは適切ではないという趣旨の理由で解散を命ぜられた後も、親睦目的の同窓会は内地でも戦地でもたびたび開催されていたという(倉町 1987: 204–13)[11]。

(10) 陸軍士官学校や海軍兵学校は、すでに戦前から、専門学校令(一九〇三年制定)で規定された専門学校の位置を占めており、文部省令によって一九二一年には正式に専門学校に準ずる学校となった。「すでに確立した文部省系の学校体系に対する制度的な「傍系」」であり、都市部のエリート中学生にとっては「二流の進路」とみなされるようになっていった」(広田 1997: 128–9)とはいえ、学歴の確かな位置づけがあった。

(11) 全国規模の戦友会の設立は将校たちが突出して早いともいえる。一九五一年の陸軍正規将校の偕行社設立の動機には、警察予備隊幹部になるよう求める勧誘に対する組織的対応の必要もあった(木村 2004: 101)。一九五〇年代前半において、反軍感情が強いなかでも、数多くの会員を集めることのできた「最大公約数的な活動」は、軍人恩給の復活(一九五三年に達成)と拡充であり、陸海軍全ての階級の旧軍人が会員になれる全国組織として旧軍人関係恩給復活全国連絡会(のちの軍恩連)が一九五二年に発足している(木村 2004: 104–7)。

図６　十八期の碑（2018 年 9 月 18 日撮影）

それでは戦後における予科練出身者の戦友会組織化の過程を見ていこう。昭和二十年代から予科練出身者の間では、各期ごとのクラス会は持たれていたようである（堺 2011）[12]。そのなかで乙種十八期（一九四二年五月入隊）は、「期別の中では当初から相当に強化された組織」（予科練 140: 6. 1988/5）として一八会《いっぱち》を組織していた。実際一八会は、雄飛会による予科練之碑の計画以前から建立を志していた「十八期の碑」（図６）を、先んじて一九六五年三月二十八日に京都霊山観音にて除幕している（雄飛 12: 5. 1965/3; 雄飛 13: 6. 1965/6）。先述した表１（五六頁）をみれば、十八期の戦死率は二七％という一定の割合に達しつつも、人数としては千名以上が生き残っている。

その一八会の有志が、一九五八年に東京でクラスに限定されない会合を開き、教官や近郊在住同窓に連絡し百名近くを集めた。その席上で第一期生の音頭のもとに、乙種の全クラスを包括する全国的な戦友会として雄飛会が創設された。音頭をとった一期生野口克己（予科練雄飛会初代幹事長）は、のちに『雄飛』の記事で、「昭和八年に一期が卒業して実施部隊に配属された頃には「雄飛会」が故市丸中将（初代部長）に命名されて卒業した各クラスの大同団結を慫慂《ショウヨウ》されていた。この「雄飛会」を再現するにはこの機をはずしては得難いと思った」（雄飛 2: 1. 1963/6）と振り返っているように、戦前にあった同窓会組織との連続性が志向されている。ただし、この連続性は一九四一年までに卒業して戦前の雄飛会活動を経験している、主に初期世代の認識であるとみてよいだろう。この後も牽引役となったのは、首都圏に在住する初期世代である。第一期生は入隊者七九名など少人数教育であり、第５章で詳しくみるように教官などとのコネクションも強かった。

一九六〇年代に入ると本格的に組織化が進んでいく。一九六二年五月には幹事会を開催し、幹事長・事務局長・会計・監査などの役職と事務所を創設して、本部組織を整えた。そして、翌一九六三年五月に会報『雄飛』を発行、十二月には会員六百名弱の参加による第一回慰霊祭を靖国神社で開催した。この慰霊祭に外部の甲種・丙種・特乙種予科練出身者七二名も招待されている。

少し比較の視点を入れておこう。この時点で、旧制中学四年一学期修了程度を有資格者とする甲種の甲飛会が相対的に乙種よりも組織化に出遅れているのである。甲飛会は一九六三年十一月に発足したばかりで、第一回総会・慰霊祭を靖国神社で行ったのも翌一九六四年四月（甲飛だより1: 1-2. 1964/9）である。さらに甲飛会の初期の会報『甲飛だより』をみても、『雄飛』に比べ内容は乏しく、刊行も断続的である。慰霊碑建立についても、「非常に甲飛出身者として考えて頂きたいのは、その潜在人数は多くとも、実働人数が非常に少く、多分にその他の人々に、お世話になる可能性が高い」、「会員諸兄の中に無関心の人々が多い」（甲飛だより3: 1. 1965/11）など、かなり強い表現で危惧されている。この背景には、乙種と比べた教育期間の短さや、一九三七年からという歴史の浅さ（戦前の雄飛会に相当する戦前の同窓会組織はなかった）、旧制中学のほうに出身学校としてのアイデンティティがある可能性などが考えられよう。そして後述するように学歴認定のような利害にかかわるインセンティヴがなかったことも考慮したい。いずれにせよ、予科練之碑建立事業において乙種がイニシアティヴをとっていたことは間違いない。

（12）予科練雄飛会の会計として慰霊碑建立に携った堺周一が著し海原会関係者に配布した冊子『豫科練戦後の歩み』より。手記の存在は白岩伸也氏の論文（白岩 2015）から知り、海原会から複写物を提供していただいた。なお、予科練出身者は、種と期に対応した戦友会があることに加え、居住地の都道府県や、分隊や班といった小集団単位の戦友会が無数にある。

懐古趣味から戦後社会へのアピールへ――形あるものを残そうではないか(13)

一方で雄飛会は、一九六四年春には新宿区に事務所を移転し、常駐事務員を雇い、銀行口座も開設、「予科練戦没者慰霊碑建立委員会」を発足させた。そして一九六五年二月には甲飛会・丙飛会・特飛会との連絡会議で雄飛会が慰霊碑建立への協力要請を行い、乙以外の種別の戦友会も委員会へ合流することとなった。このように乙種は、他の種に先行して組織化が進展し、慰霊碑建立などの事業においても指導的な立場になっていった。

戦友会の先行研究が集団内の「慰霊と親睦」(高橋編 1983)を強調してきたのに対して、雄飛会の組織化からは、戦後社会と向き合った運動体としての側面がみえてくる。会報『雄飛』には、戦友会の会合が単なる懐古趣味にとどまる傾向を批判し、予科練出身者という存在を戦後社会に肯定的に認めてもらうための事業を行おうという「提言」が掲載されている。

> 諸々にみられる会合の実態は、会の美名及び前記〔雄飛会本部諸兄の献身〕の動きにおんぶした、言わば単なる回顧〔懐古〕趣味の域から一歩も出ないのが実態ではないか〔中略〕曰く○○支部結成……痛飲翌朝に及ぶ。――二次会三次会、更に延長戦となる…等々…。惜しいことだ。せめてそれに要する費用の何分の一かは、形あるものとして残そうではないか。〔中略〕限られた集団だけの自己満足、自己陶酔に果して何程の意義があろう。〔中略〕この殻に閉じこもり、これから脱却し得ない限り、やっぱり世間一般の通念は、予科練特攻隊と受け取る域から一歩も出まい――。(雄飛 4: 3. 1963/10)(14)

寄稿者の桑原敬一(十八期)は、その後に雄飛会の会報発行の担当になり、会報の経費が幹部の自腹であることを問題視し会費制の導入を求めている。実際、その後は会費制が導入され、多くの寄付のもとに、この提言の五年以内に、慰霊碑建立(一九六六年)、戦記出版(一九六七年)、記念館建設(一九六八年)などの「世間一般」

に向けた「形あるもの」が残る事業が展開されていく。

このような、戦後社会に向けてアピールする意味も込めた事業が構想しうる社会状況として、一九六〇年代は元軍人が活発に戦友会を組織し始めた時期であり、一九六二〜五年に靖国神社における戦友会の慰霊祭は三倍増加している（吉田 2011: 115）ことも背景にある。そのなかで予科練雄飛会による一九六三年の初の全国大会と靖国神社慰霊祭もあった。

このイベントには、自衛隊高官が多数参加したことに加えて、新聞やテレビなどマスメディアにも報道されたことが、会報『雄飛』で強調されて伝えられている。

> 今大会で特筆すべきことは、関係各方面の方々の並々ならぬ御好意をお寄せいただいたことである。（一）陸上自衛隊音楽隊四十名参加、（一）海上自衛隊飛行機三機及日本飛行連盟飛行機三機弔慰飛行、（一）海幕、陸幕、空幕各幕僚長御出席（防衛庁長官は国会の為御欠席され、清酒三本霊前に奉納）、（一）今大会報道の為に毎日、産経、朝日の各新聞社がトピックス欄を用いて御協力、（一）テレビ会社全チャンネルが昼、夜にわたってニュース放送、日本テレビでは翌九日〝話題を追って〟と題して十分間放送（雄飛 5: 1. 1963/12）

自衛隊との密接な関係性は、一九六〇年代の靖国神社にみられた特徴であるが（赤澤 2017: 168-9）、ここで注目すべきは、主要新聞社やテレビ局といったマスメディアも報じたことを会報が強調していることである。高橋

（13）以下たびたび付される項サブタイトルは全て、資料から論旨にとって重要で印象的な予科練出身者らの言葉を抜き出したものである。引用の「　」は省略した。一部原文の表現を簡略化したものもある。

（14）桑原自身は特攻出撃を経験しているため（桑原 2006a）、これは予科練が特攻隊に限らず戦場で功績を挙げたことを訴えたいわけではなく、後述するように教育機関としての予科練のインテリ性・エリート性を訴えるニュアンスだろう。

由典は、日常生活を分散して別々に過ごしている戦友会の構成員が集合する慰霊祭は、死者に対する「集団的自己呈示」の場であり、参列は「死者とのコミュニケーション活動に参加する」ことにほかならないという（高橋由典 1983: 130–2）。さらに高橋は、死者への志向性のみならず、「外集団、つまり戦後社会になんらかのメッセージを送り続けているのかもしれない」と、「戦後社会全般に対する「集団的自己呈示」」（高橋由典 1983: 141）の意味がある可能性も示唆していた。これに依るならば、この慰霊祭は、死者というオーディエンスだけではなく、戦後社会のオーディエンスへの自己呈示としても意味づけられていたことがうかがえる。

以上みてきたように、大規模な慰霊祭は、戦死者たちへ向けた「集団的負債」（高橋編 1983）の返済にとどまず、生き残った予科練出身者の存在を、戦後社会に向けてアピールする運動としてもあったのである。

2　学歴認定達成のインパクト

慰霊と親睦にとどまらない運動体

この戦友会は、「慰霊と親睦」（高橋編 1983）にとどまらない運動体としての機能を持っていた。特に組織の立ち上げ期において達成された事業であり、乙種のライフコースを考えるうえでも、戦後社会との向き合い方を考えるうえでも、実質的な影響があったのは、予科練卒業者に対する旧制中学卒相当の学歴の認定である。先述したように、乙種の予科練出身者の学歴は、戦後においても高等小学校卒のままであった。また、すでに一九三〇年代初頭から高等小学校への進学率は七割前後で推移しており（一ノ瀬 2009: 97）、同世代のなかで高小卒の学歴はアドバンテージにはならない。これに対して旧制中学への進学率は一割程度であり（原田 2015: 194）、同世代において旧制中学卒業という学歴の価値は高かった。

すでに会報第一号（1963/5）の時点から、この件に関する請願運動の様子が掲載されており、全国規模で組織化されつつあった雄飛会にとってかなりの大きな関心時であったことがうかがえる[15]。予科練の教育内容などを示した三三頁にのぼる学力認定請願書が作られており（雄飛 1: 3）、現存する請願書では以下のように訴えられている。

実質上学歴がありながら唯単に高小卒として取り扱われ、特に国家公務員・自衛官・公社員・地方公務員等として勤務する者は極めて不利な取扱いを受け、生涯に重大な影響を及ぼしている現状であります。しかも一面においては、戦時中同様の境遇又はそれ以下の状態において講習若しくは教育を陸海軍関係諸学校等は詳細に分類の上その学歴が認められているのに独り飛行予科練習生のみ除外されて居ります[16]

このように、他の軍学校と比べても、予科練だけが学歴を認められていない点について強調されている。請願運動に対する会員の関心は高かった。例えば六期の会員は「学力認定の件については絶大な関心を持っており小生の場合は直接影響があるので一日も早く実現することを期待しております」との「会員だより」が寄せ

（15） 学歴請願運動の展開については、教育史学の白岩伸也による一連の研究が詳しい（白岩 2019b: 121–148, 白岩 2019c）。また、本書も依拠する戦友会会報『雄飛』から、学歴認定達成に関する意識に言及し、戦後の「予科練くずれ」などの汚名の返上として意味づけられ、戦友会の慰霊活動のモチベーションにもなった可能性を概括的に指摘している（白岩 2019b: 148–50）。

（16） 「元海軍飛行予科練習生卒業者に対する文部省認定に関する請願」（予科練平和記念館蔵、一九六三年）。なお類似制度の陸軍少年飛行兵は学歴が認められていた（雄飛 6: 2. 1964/2）。桑原敬一によれば、陸軍の少年兵諸学校や海軍工廠の養成所、そして「軍事教練を除けば、他の普通学の授業内容にはまったく見るべきものがなかった青年学校」も中卒扱いとなっていた（桑原 2006a: 270）。陸軍少年飛行兵など各種軍教育機関も含めた戦後の学歴認定に関する制度面な詳細は、白岩伸也（2019b, 2019c）の精緻な実証研究を参照されたい。

られている（1: 3. 1963/5）。幹事会では第一の議題として学力認定請願における文部省・厚生省との交渉の経過が報告され[17]、学力認定を担った元予科練の文官教官の倉町秋次は、「甲種工業学校卒業程度の認定は略々間違いない」と報告している。『雄飛』第二号でも、「学力認定請願について」という記事が掲載され、これまでの経緯として、（一九五八年の雄飛会結成の会合を指すと思われる）第一回会合で倉町元教官と一期の野口幹事長が「どうしてもやろうよ」と声をあげ、主に元教官たちと雄飛会の幹部が、当時の教科書を集めるところからはじまる資料作成の準備実務を担い、一九六二年末から請願運動を展開してきた経緯が述べられている（2: 3. 1963/6）。その後は全国大会の記事が占めるが、倉町元教官の総会挨拶でも、最初に学歴認定の件が述べられている。

雄飛

待望の学歴認定成る！

予科練教程修了者の学歴

旧制中学五年卒業と同等以上と認む

予科練教程修了者の学歴認定について、雄飛会では一昨年十二月以来文部省、厚生省など関係各方面へ請願を続けてきたが、このほど文部省より別記の通り正式に「予科練教程修了者を旧制中学五年卒業者と同等以上のものと認め」ると決定され、本年一月十一日付官報に発表された。

官報

写真は本年一月十一日付官報に掲載された「学歴認定」の告示

倉町秋次

図７　学歴認定を報じる『雄飛』第６号

そして『雄飛』第六号では、一九六四年一月十一日付の官報で、「予科練教程修了者を旧制中学五年卒業者と同等以上のものと認め」ると決定されたことが「待望の学歴認定成る！」（図７）の見出しで一面で大きく報じられている（6: 1. 1964/2）。この学歴は、従来の予科練出身者のなかでは、入隊前に旧制中学三年以上を修了していた甲種にしか認められていなかった。さらにいえば、この認定は、旧制中学在学経験者（甲種）と旧制中学には行けなかった者（乙種）が平等に、旧制中学卒業の学歴を手に入れることを意味した。つまり、大多数が高等小学校卒業の乙種にとっては、中学在学中に入隊した甲種予科練出身者との学歴格差の解消になる、実質的な地位上昇であった。

同号では、前京都大学教授・理学博士の依田和四郎が、予科練の元普通学部長として「ほんとうに嬉しいことだ」と素朴に祝意を示した寄稿をしている（雄飛 6: 2）。「各学科の担任の元教官」が（おそらく普通学の教授内容の証明のため）一方ならぬ努力をしたと記しており、特に初期世代の文官教官たちも相当数が関わっていたようだ。

インテリの仲間入り——出身校は？　予科練です

会員たちからは、昇給などの実利の観点にとどまらず、自らの人生における大きな達成として意味づけられるような、大きな反響があったことが会報の「会員だより」欄からうかがえる。例えば一九四七年に村役場に勤め課長の職位にあり、比較的安定したライフコースを歩んできた十八期生も、「この十七年間学歴がないためあらゆる苦盃をなめ」てきたが「お蔭様にて戦後十九年目にしてようやく一人前に社会に立たれそうです」（9: 6. 1964/8）と述べている。およそ一九一〇年代後半から一九二〇年代に生まれている予科練出身者は、社会の中堅になりつつあった。そして兵士だった世代は、敗戦から二十年ほどを経て精神的打撃から立ち直り、自己の世代に対する自信と自負を獲得しつつあった時期にあたる（吉田 2011: 94–6）。

学歴認定は予科練出身者個人だけではなく、家族の関心事でもあった。十七期の妻からの会員便りには、認定の喜びを語ったあと、「学歴のないばかりに肩身のせまい思いをし、旧中学出身の方と明らかに区別された職業内容、給料、昇給等に、かつて若き日お国の為にと大志を抱き予科練に入隊して様々の苦労をして来た話を聞きます毎に、悔やんでも悔やんでも余り有る青春時代を恨めしく思い続けて来ました」（7: 7. 1964/4）と切実に、予科練で得られたはずの立身出世の階梯を外された恨みが語られている。そして、彼の中高生の子どもたちも、「どうしても大学に行きたいと親の無念の姿を見る度にファイトを燃やして居りますが、この度の朗報にお父さ

（17）　甲種工業学校の入学資格は高等小学校卒業程度で、修業年限は三年である（百瀬 1990: 382）ことから、予科練乙種とは類似性がある。

んお目出とうと心から喜んでくれました」(7: 7)とあるように、ちょうど子どもたちが進学に直面するようなライフコース上の時期に学歴が認定されたことは、父親としての元軍人たちにとって、単に給与が増えるという以上の自己のプライドに関わる意味を持ったようだ。

五期で雄飛会本部役員の大多和達也も「子供の進学の都度書かされる保証人の学歴の欄では縷々泣かされた」(雄飛 19: 7. 1967/2)と語っており、[18] 親となった予科練出身者は子の進学との関連において、自身の学歴の問題にしばしば直面していた。日本社会における学歴の価値構造に位置づけても、一九七〇年代以降の大衆教育社会とは異なり、一九六〇年代前半は、高校進学率や大学進学率の爆発的拡大期にあたり、学歴のアウラ(輝き)ないし学校進学への憧憬が高まっていた時代であった(竹内 2011)。

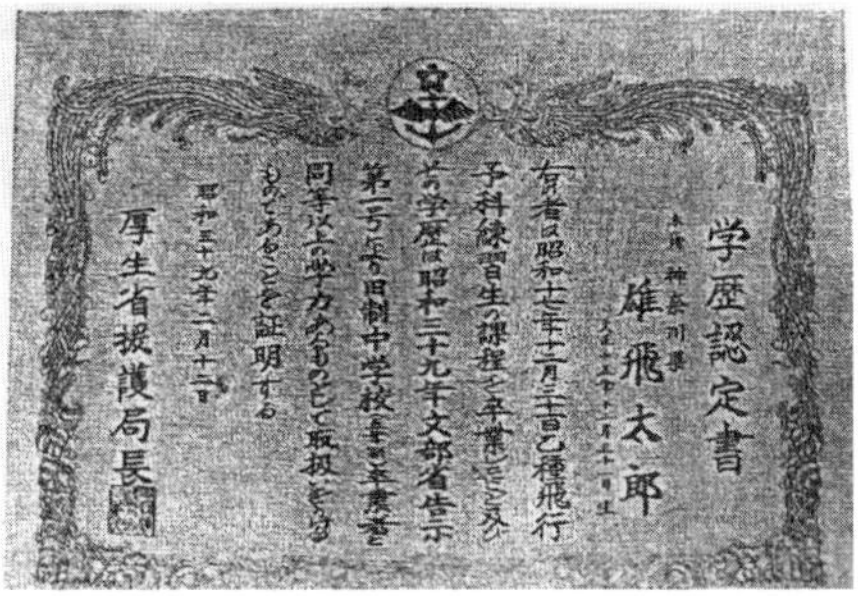

図８ 『雄飛』第６号に掲示された学歴認定書（サンプル）

こうしたなかで、雄飛会は、職場などへの提出用とは別に、厚生省援護局長名の「保存用で縦三十センチ横三センチの卒業証明書形式の」学歴認定書の発行も請け負っているのである(雄飛 6: 3 強調は原文)(図８)。すでに運動中の段階から、「若し現在生活に直接必要性のない者でも予科練出身というプライドに大きな誇りを加えるのです」と、雄飛会事務局長の長峯(後述・自営業)は書いている。

学歴認定達成に関する、予科練というキャリアをめぐる意味づけについて最も雄弁に語っているのは、以下に引用する十八期の桑原敬一の文章だろう。すでに新制大卒の学歴を獲得していた桑原は、学歴認定をめぐる予科練出身者の意識が露頭した一つの極限例であろう。桑原は大卒となった自身が得る実利はないにもかかわらず、予科練出身者に対する旧制中学卒業程度の学歴認定を、これ以上ないほどの「誇り」だと興奮気味に語る。

〃あなたの出身校は？〃
〃N大学です〃
社会の知識人の間では、初対面か、あるいはいくらか親しくなると、必ず交す話題のひと駒である。〔中略〕
厳しい選抜の挙句、伝統に輝やく〃予科練〃に入学出来たときの感激！……。〔中略〕
〃予科練〃！　それは吾々の長い生涯、影のようにつきまとって離れない懐かしい想い出の母校なのだ。
戦後、栄光の座から落ちた吾々は、〃予科練〃の名のもとに、世間から嘲笑と侮蔑の中にあった。だが、じっとそれに耐え抜き、今日「予科練雄飛会」の名のもとに渾然一体となって集っていることを考えるとき、今更乍ら母校のもつ偉大な意義を感じさせられる。
待望久しい学歴認定問題も、関係者の献身的な御尽力により、旧中卒と同等以上という形で日の目を見た。諸兄！　この裏付けを自覚しよう。そして高い誇りに胸を張って、躊躇なく答えよう。
〃あなたの出身校は？〃
〃予科練です〃　――と。（雄飛 7: 4 1964/4「〃あなたの出身校は？〃」）

まず「社会の知識人の間では」学歴が必ず確認される事項だというように、学歴社会という戦前から戦後にかけて強固になった社会構造を背景として、学歴認定は意味を持っていた。ここで、認定前の高小卒と、認定後の旧制中学卒が「知識人」であるか否かの境界として認識されている。たしかに大卒には及ばないとしても、先述

(18)　別の文章では、転職の際に、学歴に引け目を意識したことも述べている。「就職先が変るときや、海上自衛隊入隊後の転勤のたび、子供達の入校先に提出する父親の学歴欄に「〇〇小学校高等科卒業」と記入するのに引け目を感じた」（大多和 1986: 43）。

したように同世代で約一割程度だった旧制中学の学歴認定は、「知識人」の仲間入りと感じられる体験だった。

実際、一九五〇年代においても地方では、義務教育の尋常小学校卒や高等小学校卒が「下積みの庶民」、中等教育を修了した人は、読書やローマ字の読み書きもできる「地方のインテリ」であった（竹内 2011: 10）。予科練出身者たちが農村を出身基盤としていたとされることを考えれば、「知識人」という実感は桑原個人の誇大なものではない。ゆえに一五年しか歴史を持たず、海軍兵学校とは歴然たる格差のあった予科練も、「厳しい選抜」の「伝統に輝く」名門旧制中学校のように語られている。ちょうど旧制中学卒業者が母校に対して抱くようなプライドに似て、彼にとって大学に進もうが予科練という「母校」は疑いなく人生における「誇り」であった。

丸山眞男の「亜インテリ」論（第一章）を受けて服部之総は、中間階級第一類（＝亜インテリ）と中間階級第二類（＝インテリ）は、「教育のために子弟を「大学」まで送ることのできる階級と、中学校だけで満足しなければならない階級とのちがいである」（服部 1967a: 231）と、学歴を基準とした明確な類型を提案している。これに従っても、やはり旧制中学か高等小学校かは亜流なれども「インテリ」になれるかどうかの境界である。

丸山はインテリが「岩波文化」に属するのに対して、「亜インテリ」は「講談社文化」に属するといった（丸山 1964: 68）。その講談社の雑誌は、戦前に立身出世を看板にしており（たとえば『のらくろ』。注8参照）、広く庶民に読まれた立身出世読本を残した社長野間清治の口癖は「中等学校に入らなくとも偉くなれる」だった（竹内 1979: 53）。高等小学校卒だった乙種予科練出身者にとって、たとえ丸山のような旧制大卒のインテリからみれば「亜インテリ」だったとしても、旧制中学卒はささやかながら重要な、準エリートへの出世・成功と意味づけられたといえる。

ゆえに当時の大衆娯楽の代表格であった映画で、予科練が（亜インテリでもない）非インテリとして表象された場合、予科練出身者は敏感に反応している。「14期予科練が14期予備学生に物申す」と題された、ある会員の投稿では、大学生出身の海軍予備学生たちを主人公としてヒットした一九六七年公開の映画『あゝ同期の桜』について、予備学生に対比されて予科練出身者が「無教育の乱暴者」と描かれていると抗議する。たとえば「搭乗の際、五〇糎《センチ》もあるだろうかと思われる人形を腰にぶら下げて走る様、誰が見たって予備学生の紳士に対して無学な（童心と言えばそれ迄だが）ところを極端にさらけ出している」などと指摘し、「他を貶すことによって自己を強調するような事は学問のある者のすべき事ではない」と憤慨している（雄飛 23: 9. 1967/11）。注意すべきは「学問のある者」を劣位に置いて序列の転倒を図るわけでも、予備学生と予科練は同等だと主張するわけでもなく、「学問のある者」の序列内への包摂を求めている点である。ここにも、学歴認定を背景に高まった、大卒には及ばずとも、自分たちもインテリであるという自負が現れている。

以上のように、学歴認定は金銭的というよりも地位アスピレーションを充足する意味をもっていた。少年兵の軍学校に選抜された準エリートとしての地位達成は、敗戦後に剝奪され否定視されるが、「予科練卒」が「旧制中学卒」となる学歴認定によって、準エリートないし「インテリ」としての自己像が人生の意味づけの核になる。その実態はもちろん、「非エリート内の小さな上昇移動も出世であるという〈ささやかな立身出世〉」（竹内 1978: 86）に過ぎないともいえる。大卒はもちろん、同じ軍学校出身者でも、「旧専三卒」（旧専門学校三年生卒業相当）が認められていた海軍兵学校出身者には及ばない。しかし、そもそも旧制中学進学をあきらめざるをえなかった高等小学校卒の農村出身者を中心とする出身階層を考えれば、「ささやかな」という以上の立身出世と感じられたにちがいない。

以上みてきたように、学歴認定は、（卒業できなかった末期世代——第3章で取り上げる——を除く）初期世代と中期世代へ、実利的なだけではなく精神的なアイデンティティの充足を与えるものであった。また、学歴認定は、戦場での戦歴・体験とは関係なく、予科練という軍学校を卒業し教育を受けたことによって戦後社会のなかで認められるという点で、戦争体験の差異を越える集団の共同性の基盤を与えたといえよう。

規模拡大の求心力──我々自身の事なのに協力出来なかったのが残念です

学歴認定の達成は、全国規模の戦友会である雄飛会の組織率の向上にもつながった求心力の一つだった。実際、学歴認定の反響として、新入会員が増えていると会報で述べられている。学歴認定が報じられた直後の会報第七号の時点では会員は現在「三千名を突破した」と報じられているが（雄飛 7: 1 1964/4）、早くも二カ月後には四千名突破と記載される（8: 3. 1964/6）。約一年後には、会誌発行部数が五千部を突破したという記事がある（12: 3. 1965/3）。九カ月で会員数は約二千名も増加したことになる。

この会員数増の要因として、雄飛会から学歴認定の証明書類のためという実利的な理由をまずは想定できる。しかし、学歴認定四年後の一九六八年三月十五日に、予科練雄飛会本部で代行申請をした学歴証明書を交付者の総数は、一一一一名に過ぎない（25: 12. 1968/6）。既述の通り一九六五年にはすでに会報発行部数は五千を超えており（12: 3）[19]、会員のなかで実際に学歴証明書類を職業上の必要から早期に受け取ったのは会員のごく一部と推定される。実際、十八期は一九六三年一月二十日発行の「時報」第二号[20]の時点で、八四八人の消息が判明しているが、一九六八年時点でも、雄飛会を通じた学歴認定書類の申請者数は一八八人にとどまる（25: 12）。結局は学歴認定の実利といっても、俸給生活者以外には無関係である。そして、年間一千円の会費を支払う必要も生じる。だとすれば、実利を得るために入ったという合理的選択よりも、戦友会の運動によって実利や精神的満足を与えられたことの返礼、という説明も立てられる。

学歴認定達成以前の雄飛会の組織運営にさかのぼると、当初は、少数の幹部が実質的に会の財政を支えていた。会員全員が一定額の会費を納入する会費制を取り始めるのは、学歴認定を達成した一九六四年からであった。一九六二年以降しばらくは、全国規模での組織率の向上を優先し、会費納入に関係なく乙種出身者にメンバーシップを付与し会報を郵送したうえで、寄付と事業余剰金で運営をする時期が続いた。「目算のある経済とは言え、個人の負担に頼って運営を続けて行って良い性質のものか」（2: 2. 1963/6）と野口克己も述べているように負担は均等なものではなかった。

会の財政を個人的に支えた幹部をみてみよう。雄飛会事務局長／予科練之碑建立委員会委員長の長峯良斎[21]（乙十二期、一九二三年生）は、海産物の卸会社を経営しており、発足当時の雄飛会の事務所を会社の一角におく、会報『雄飛』第一号の発行資金は自腹を切るなど、戦友会組織の資金が少ない初期に私財を提供していた。また一九七〇年代には「信用度が抜群の三和銀行頭取に話を進め《ママ》」（予科練全種を統合した戦友会である）海原会の財団法人化の資金を借り入れた（堺 2011: 36）というエピソードにあるように、事業家としてのコネクションを持つ人物であった。また、彼の右腕であった会計の堺周一（十八期）も、喫茶店チェーンの経営で成功を収めた人物であり（堺 2011: 30）、自営業で自由時間が確保しやすいこともあって事務方として尽力した。自身の手記には記載していないが、かなり私財も投じたようである[22]。つまり、この時期の負担を負ったのは、初期〜中期世代の一部有志であった。

このように会費制導入以前、一部の会員による喜捨によって運営されていた時期に、学歴認定運動が大きな成果を上げていた。これに注目するならば、後続で入会していった会員たちが、その〝借り〟を返そうとしてもお

---

(19) その後はしばらく会員数の情報に言及する記事がない。

(20) 「時報」は、同年五月発行の『雄飛』第一号に先立つ時期に会員に配布されていた短いニューズレターである。雄飛会本部事務所で保管されていた『雄飛』バックナンバーとともに綴じられていた第一〜二号が手元にある。第一号の発行日は同年一月一日である。

(21) 良斎は筆名。遠くウルシー泊地へ特攻隊を誘導し不時着したメレヨン島で深刻な飢餓に苦しみつつも生き延びた（長峯 1976）。森岡清美も、戦後に生き残りの負い目にもとづき戦友の慰霊顕彰を使命とした者として長峯の名前を挙げている（森岡 1993: 214）。

(22) 雄翔園の現地管理担当者を一九六〇〜七〇年代に務めていたY氏（十五期）に対する二〇一六年四月十四日のインタビューより。Y氏は、乙種中期世代の典型的なライフヒストリーをたどっている（清水 近刊A）。

かしくはない。例えば長崎県の十六期からの投稿では、「我々自身の」問題を解決してもらったという心情が現れている。

学力〔学歴〕認定その他の活動感謝に堪えません。知らなかったとはいえ、我々自身の事なのに協力出来なかったのが残念です。〔中略〕右から見ても左から見ても、文句のつけようのない誇るべき我が雄飛会微力ながら力を注ぐ心算です。（雄飛 8: 7. 1964/6）

ほかにも栃木県在住の十六期から戦後に「貧乏開拓」のすえに開いた田で収穫された米を神饌米としてお供えしたいなどの助力の意思を示す投稿が多々寄せられている（8: 7）。他方で、自営業の水産問屋の一角を雄飛会事務局に提供し、雄飛会発足以来「商売そっちのけ」で本部事務を切り盛りしていた事務局長の長峯が病気で倒れ、静養するという記事が出ている（8: 5）。組織化が不十分な時期に生じた犠牲に対して、学歴認定の恩恵を受けた人々は負い目をもったことだろう。さきほどの長崎県の十六期も、文末で長峯と事務局への感謝と回復祈願を述べている（8: 7）。編集後記には、「大予科練雄飛会が国民に再認識させ〔れ〕る日も間近です。力を合わせて頑張りましょう」（8: 8）と、戦後社会へのアピールのためにも団結を求めるメッセージが掲げられる。

以上は、先行研究（高橋編 1983）が強調する戦争中に死んだ戦死者への負い目・「集団的負債」だけでなく、このような戦後の戦友会組織運営の負担をめぐって生き残り同士に生じた借りと返礼のモーメントも、戦後の戦友会の組織率向上・集団統合のうえで重要であったことを示唆する。

従来の戦友会研究は、戦友会が戦争体験によって強固に統合されていることが前提とされるか、大部隊戦友会よりも小部隊戦友会のほうが強く統合されているという、規模による類型論（伊藤 1983）であった。これに対して、本章が明らかにしたのは、戦後社会における諸事業の達成を通して、戦友会の求心力が徐々に高まり大規模化していく動態的過程である。

3　碑にみる「エリート」としての自己像

碑文に刻まれた選抜と教育

これまでの記述を踏まえて、一九六六年に建立された予科練之碑の碑文を解読してみよう。まずは、碑文の冒頭と末尾に、選抜されたエリートとしての予科練表象が提示されていることに着目したい(23)。碑文冒頭には、「俊秀なる大空の戦士は英才の早期教育に俟《ま》つとの観点に立ちこの制度が創設された」と教育の質の高さをアピールする文言が置かれている。末尾は以下のとおりである。

> 祖国の繁栄と同胞の安泰を希う幾万の少年たちが全国から志願し選ばれてここに学びよく鉄石の訓練に耐え、祖国の将来に一辺の疑心をも抱かず桜花よりも更に潔く美しく散って、無限の未来を秘めた生涯を祖国防衛のために捧げてくれたという崇高な事実を銘記し、英魂の万古に安らかならんことを祈ってここに予科練の碑を建つ。

(23) 他方で、碑文の中央部は、戦場について書かれている。戦局の展開に合わせて、一九三七年の中国への「渡洋爆撃」という「初陣」以来、「予科練を巣立った若人たちは幾多の偉勲を重ね」てきたと、彼らが戦場の兵士として達成してきた功績（「偉勲」）を誇示する。さらに太平洋戦争では「航空戦力の中核」となり、やがて「特別攻撃隊員」として、「名をも命をも惜しまず何のためらいもなくただ救国の一念に献身し未曾有の国難に殉じて実に卒業生の八割が散華した」と、最終的には〝戦果〟に対して払われた犠牲の多さも強調される。一見これは、素朴なナショナリズムの発露のようにもみえる。しかし、竹内洋の〈功名型立身出世主義〉という概念に照らすとまた違ってみえてくる（詳細は清水 2021b）。

図９　「予科練誕生之地」の碑（2016年11月13日撮影）

戦死者慰霊碑一般によくみられる死に至る戦場での姿が描かれているだけでなく、傍線部のように、「選ばれて」「学び」という文言が挟まれている。特に、「選ばれて」という言葉は、彼らに対して予科練教育中に実際に呼びかけられたものでもあった。会報をみれば、たとえば十一期会の九州における会合の報告記事は、「入隊当時の司令の訓辞にあったように「諸子特に選ばれて……」全く予科練出身者の優秀であったことの自信と誇りを得た」（雄飛 4: 3. 1963/10）との文言でおわる。

つまり、碑には全国から志願し受験した同世代のなかで選抜されたという体験が誇らしく明記されており、戦後の学歴認定の記憶とも結びつくような、選抜され学力を身に着けたエリートという自負の意味合いがさりげなく添えられている。この碑文の起草者は、学歴認定に尽力した元予科練文官教官の倉町秋次（当時は雄飛会副会長）であることを考えると筋違いな解釈ではないだろう。

実は、予科練出身者について語る碑文には異版があり、選抜の意味づけがさらに強調されている。一九八一年に初期世代が入隊した横須賀海軍航空隊の追浜神社跡地に、初期世代（第一～十期）によって建てられた「予科練誕生之地」の碑の碑文をみよう（図9）。

同じく倉町秋次撰文で、「俊秀なる大空の勇士は英才の早期教育に俟つ」や「鉄石の訓練」などの文言がそのまま使われているなど予科練之碑の碑文をベースとしつつ、さらに文言が追加されている。いくつか抜き出せば、「海軍少年航空兵の教育機関として　横須賀海軍航空隊予科練習部　が誕生し」（空白は碑文のまま）、「全国五千九百余名の志願者から厳選された七十九名が第一期生として」、「予科練の歴史は　十五年三カ月のうち　実に八

年九カ月は　ここ追浜の地で教育活動が行われたのである　そこで目指したものは　優れた搭乗員としての人間形成と基礎教育であった」、「旧学び舎の丘の上にこの碑を建つ」。この初期世代の碑には「教育機関」としての予科練、および「厳選された」エリートとしての予科練出身者の意味づけがより明瞭に誇られている(24)。

集団の鏡としての銅像——どうだ？　東大卒にこんな芸当はできねえだろう!!

予科練之碑に対する予科練出身者の反応をみても、死者に対する慰霊や顕彰の意味づけにとどまらず、戦前から戦後にかけての達成を確認するようなものが会報にみられる。たとえば五期の事務局長大多和達也は「学歴認定」と題された文章で、戦後に学歴が認められなかった苦労と学歴が認定された喜びを縷々語ったうえで、完成した予科練の慰霊碑を仰ぎ見て「男泣き」したときの心情を、

> 立派なもんだ。コレ見てくれ!!　俺達の碑ができたんだぞォ。これが予科練魂と言うもんなんだ。どうだ？　東大卒にこんな芸当はできねえだろう!!（雄飛 19: 7. 1967/2）

と高揚を隠しもせず書き綴る。ここにおいて慰霊碑は、生き残りの負い目から生者が死者に捧げ、戦争体験を想

（24）類似例として、海上自衛隊横須賀教育隊内に建てられた海軍特別年少兵の「海軍特年兵之碑」（一九七三年建立）の碑文は、「全国から選抜された」、「幹部としての教養を身につける必要から、特に普通学教育も施された」など、選抜されたエリート性を強調している（吉富明治『横須賀と海軍』二六頁、私家版、刊行年不明）。ただし、協賛に映画会社や新聞社の名が連ねられた、東郷神社の「海軍特年兵之碑」（一九七一年建立）には、選抜に関する文言はなく、「殉国」の意味づけが前面に出ている（二〇二一年五月二十三日現地調査による）。期別・種別・入隊場所別の集団が建てた予科練関係の碑も、選抜の意味づけの有無や現れ方はさまざまであり、対応する集団の戦前から戦後にかけての経験や、建立時点に作用した社会的な諸力を解読しなければならない。

図10　予科練之碑

図11　わだつみ像
東京大学五月祭で展示された際に撮影された写真（日本戦歿学生記念会機関紙『わだつみのこえ』第7号，1951年6月，1頁）

起するためのみならず、戦前から戦後にかけての自らの達成の歩みを確認する場ともなっている[25]。つまり、生き残って戦友会活動を通して学歴を認めさせ（わざわざ東大卒という学歴に関する言葉を使用している）、碑を建てた生者が、死者と共に（＝「俺達の碑」）、戦友会による建碑という「立派な」達成を誇るものになっている。

碑文の考察も踏まえつつ、予科練之碑の本体にあたる銅像をみてみよう（図10）。エリートコースの海軍兵学校生徒と類似した予科練の七つ釦《ボタン》の制服（左）と、卒業後に航空兵となった際の飛行服（右）をまとった二人が肩を組み胸を張って空を見上げている。「予科練習生は十七才前後、搭乗員は二十五、六才の猛者に想定して制作された[26]」（雄飛 15: 1. 1965/12）とされる。「二十五、六才前後」の年齢に敗戦までに到達するのは、乙種の初期世代である（五六頁表1参照）。「予科練習生」は、七つ釦の制服を着ているため、入隊世代としては、中期世代の十六期以降から末期世代までを包摂する表象である。

この銅像を学徒兵が仮託された著名な「戦没学生記念像「わだつみの声」」(わだつみ像)と比較してみると興味深い。空を見上げアスピレーションに満ちた予科練像の視線とは対照的に、「考える自由も学ぶ権利も奪われ、なつかしい校門から戦場へ送り出され[27]」た学生を象徴するわだつみ像の視線はうつむき、苦悩をにじませる(図11)。軍隊への社会的下降移動を強いられ、立身出世の可能性を閉ざされた〝不本意な〟死を悼まれる死者を象徴する男性裸体彫刻だ[28]。おおむね学徒兵にとって、志願であれ徴兵であれ、軍人となることはかりそめの姿であ

(25) もちろん死者に対する負い目を前面に出した文章も掲載されている。一期生野口幹事長は「許せ」と死者に訴える(雄飛 18: 10. 1966/11「慰霊碑に想う」)。また五期生小林熊一本部長は、「率直なところ慰霊碑に手を合わせるたびに、怒りをこめた若鷲の像が「貴様たちは何をしているのか」と、何か、にらみつけているような感じをうけることがあります」(雄飛 24: 3. 1968/2)と記す。しかし、彼らは戦死率の高い初期世代であり、全体として死者に対する負い目がどれほど強く共有されていたかは検討を要する。予科練之碑除幕間近の一九六六年二月の靖国神社における慰霊祭後に行われた、漫談家徳川夢声の「得意の話術」による講演について、「大変に驚いたのです。予科練がこんなに生きていようとは、予科練は全部靖国神社に祀られているものとばっかり思っていました。(一同爆笑)」(雄飛 16: 3. 1966/4)と会報は記している。生き残りの負い目が支配的であれば笑いごとではないはずで、少なくとも会報にわざわざ「(一同爆笑)」と記載しないだろう。ライフストーリー研究では、凄惨な戦場体験を持ちながらサバイバーズ・ギルトが希薄な少年兵の存在も指摘されている(渡辺 2019)。生き残りの負い目は研究の前提ではなく、集団内における強弱や偏在を分析すべき対象であろう。

(26) 制作者は当時日展審査員の堤達男(一九一八年生)。東京美術学校(東京芸大)を卒業後一九四三年に応召されラバウル、ニューアイルランド島を転戦した(雄飛 13: 3)。「私も陸軍で南方の激戦に参加した経験をもっている。〔中略〕同じ年輩の人達たち〔人たち〕が青春を犠牲にして国に殉じたあの純粋な気概を後世に遺す、ただそれだけの気持で全心〔身〕全霊をこの制作にブチ込んでいます」との語りが掲載されているが(雄飛 15: 1)、碑のデザインの意図や決定経緯については全く触れられていない。

(27) 立命館大学におけるわだつみ像建立除幕式で表明された「不戦の誓い」より(日本戦歿学生記念会機関紙『わだつみのこえ』第六一号、一九五三年十二月、一頁)。

り、稀有な高学歴をもとに、市民エリートとして立身出世を遂げる本来の人生があった。

銅像は、軍服はもちろん、学生服さえまとわない裸体は、自己の何を誇るでもない。学帽・学生服は、学生生活のみならず、一九四三年の明治神宮外苑競技場で催された出陣学徒壮行会で、小銃を担いで行進した際の衣装でもあった（木下 2012: 64）。日本戦没学生記念会は、一九五〇年に完成したわだつみ像を、当初東京大学構内に建立しようとしていたが、東京大学側は「学術上及び教育上本学に対し特に顕著なる功労のあった者」ではないなどとして拒否する。「なるほど、誰とはわからない全裸の男が「顕著なる功労のあった者」であるはずはなかった」（木下 2012: 61）。

これに対して、予科練之碑は、死者と向き合う媒介であると同時に、自己の達成を確認する鏡である。軍隊を（七つ釦《ボタン》が象徴する）学校、かつ（飛行服が象徴する）職業として選んだ予科練出身者にとって、軍人としてのキャリア抜きに自身の人生を意味づけることは困難であった。しかも高倍率のなかで選抜され、自力で勝ち取った社会上昇を伴う立身出世の達成経験でもあった。そのような自己を確認するために、エリートコースの海軍兵学校生徒と類似した「七つ釦」の制服が着せられ(29)、明確に予科練出身者に限定された集団のみが慰霊顕彰される。その意味で、二人像は一種のステータス・シンボルなのである。

国民からの卓越を志向するエリーティズム——無名戦士の墓ではない

以上の記述を第1章の議論を踏まえて考察するならば、予科練の慰霊碑の核は、国民的同一性を基盤とするナショナリズムというよりも、一般国民から選抜された集団としてのエリーティズムだともいえる。このことは、野口克己幹事長が建立する慰霊碑について「無名戦士の墓ではない。予科練出身戦没者の慰霊碑である」、ゆえに戦死者一人一人の詳細な調査が必要だと力説する点に最も端的に現れていよう（雄飛 7: 2-3. 1964/4）。こうして予科練の戦友会自身が、予科練出身者という集団の入隊者数や戦死者数の全体像を把握しようと調査を進めていく。そうして作られていった統計が、本章冒頭の表1である。それは、国民という共同体から抜き出で自立した集団としての自己像の輪郭を作り上げていくうえで必要な作業だった。

これは、一九六〇年代における戦争体験の風化・抽象化（小熊 2002; 福間 2009）による「大衆ナショナリズム」や、戦後派と戦中派のジェネレーション・ギャップの反動（福間 2007: 91–3）といった見方だけでは十分に捉えきれない側面であろう。彼らはネーションでもジェネレーションでもなく、海軍兵学校でも予備学生でもない予科練出身者という特定の集団のキャリアにおいて自己を肯定しようとしていた。

これに対して、ナショナリズムと相性の良いカテゴリーは、特攻隊だろう。海軍兵学校出身のエリート軍人や学徒兵も、予科練出身者のような下士官・兵も（比率はともかくとして）交ざっている点で、特定の集団に還元されないからだ。たとえば、二〇〇〇年代以降に特攻隊戦没者慰霊顕彰会が、靖国神社遊就館や各地の護国神社に建立してきた、特攻勇士之像（図12）は、陸海両軍の特徴を取り入れた（つまり歴史上実在しない）飛行服をまとい、背後には翼に書かれた日の丸がある。特定の集団をこえたフィクショナルで抽象的なデザインが、ナショナリズムの想像力と符合している。これに対して、予科練之碑は、当然ながら飛行服も制服も、入隊世代の差

（28） 生者であった時の社会的地位を示す衣装を脱ぎ捨てた裸体像は、最も純粋に人間としての死者を象徴するかたちともいえる。「死者たちの集合的な記憶をこめるのであれば、どんな衣服も似合わないだろう」（木下 2012: 65）。うつむく姿勢ではないが、東京駅前に建立されたBC級戦犯の慰霊碑「愛（アガペー）」（一九五五年）なども男性裸体彫刻である。

（29） 予科練の制服は創設以来水兵服であったが、一九四二年に七つ釦の詰襟制服に変わった。その背景には海軍兵学校に相当するかのような宣伝が行われた甲種予科練による服装改善要求があった。甲種八期（一九四一年四月入隊）の赤星景一が以下のように語るように、七つ釦の制服は〝故郷に錦を飾る〟衣装としても重要だった。

中学を修了して、兵学校と同じ学歴で行くんですから、みんな、兵学校と同じ制服だと思っていたから、はいって、がっかりしましてね。休暇のときにも、みっともなくて帰れないといって、帰らなかったヤツがだいぶおったですよ。（一九七〇年五月二十九日『週刊読売』六〇頁）

はあれど予科練出身者が実際に着たデザインであり、日の丸はなく、七つ釦などの集団固有の象徴が目立つ。

図12　2012年に京都霊山護国神社内に建立された「特攻勇士之像」
（2018年9月18日撮影）

より広い歴史社会的文脈をみれば、第1章で述べたように、徴兵制を背景に、戦争のモニュメントにおいて戦没兵士は階級・身分などによる差なく記念される傾向が強まり、特に第一次世界大戦以降、「すべての戦死者によってシンボル化された国民なるものを核とする民主主義的神話」を体現する記念碑が主流になった（Mosse 1990=2002: 105）。戦争をめぐる記念行為においては戦死者の階層や階級が捨象され、エリートの記憶から国民国家の記憶へとシフトしていく（Camacho 2011=2016: 17）。そのようなかで無名戦士の墓が国民をつくりだす記憶として象徴性を帯びる（Anderson 1991=1997）。

ところが、予科練出身者は、国民一般のなかに単純に合流することを拒み、志願し選抜された自分たちの集団のための記念空間を独自に作り上げることで、〝卓越〟を目指したといえる。たしかに、一般に戦後日本の戦友会の構成員は、「国のために働い」た「戦死者や自分たちの体験にたいする意味づけが一般社会においてなされていないことに対する不満」をもっており、「社会にむかって自分たちのかつての集団の存在意義を、そして自分たちの体験の承認を求めようとする」ため、慰霊のみならず顕彰を志向すると論じられており（新田 1983: 223）、「国」の意味づけは重要である。しかし、「国のため」は軍隊内の特定の集団を意味づける言葉ではない。しかも総力戦体制のなかで「国のため」に該当するカテゴリーは軍隊さえも越えて動員された国民のほぼ全域に拡大していき、さまざまな集団が「国のため」と碑文に書けるようになる。

それに対して、選抜された「エリート」としての意味づけは「自分たちのかつての集団の存在意義」の固有性・特有性に対応しているのである。文化人類学者の田中雅一は、軍隊研究を「文化的に影響力があるエリートたち、政治的または経済的に力を有する「他者」の研究」であり、文化集団としての軍隊には、（他者から表象されるばかりではなく）「みずから表象する力がある」（田中 2015: 4）とする。これは軍隊という組織全般のエリート性について述べたものだが、本書のような軍学校出身者の戦友会という組織にもあてはまるだろう。碑を建てることは「みずから表象する力」の一つの誇示である。そこで表象される「みずから」は国民という抽象ではない。戦死者の扱いにも、無名の兵士・国民ではなく、予科練出身者というカテゴリーへのこだわりがみえる。

そして、学歴認定や慰霊祭、慰霊碑建立を行った戦友会は、戦争体験や死者を意味づける慰霊の場であるのみならず、生き残りの戦後の人生を含めた全体を意味づける場でもあった。それは、戦時中の戦争体験を共有資源とした仲間内の相互承認の場というだけではなく、新たな共同的な事業の達成を通して、現在の戦後日本社会の担い手としての自分たちの実力を、戦後社会に向き合って顕示しようとした場でもあったのだ。

ただ、予科練出身者という巨大な集団における記憶の共有は自明ではない。本章冒頭で確認したように、入隊世代によって、同じ予科練出身者といっても戦争体験の違いは大きいのである。とりわけ戦争末期に大量に採用され、予科練課程を卒業できなかった「末期世代」は、戦後の学歴認定の恩恵にもあずかっておらず、「エリート」性は希釈されている。続く第3章では、それにもかかわらず予科練出身者において全体的に共有されていた集合的記憶とは何か、その共有を可能にした媒介は何かという問題を掘り下げていく。

第3章　メディアを介した戦友会の統合

本章は、全国全期の乙種予科練出身者を包摂した雄飛会という集団が、いかにして、いかなる集合的記憶[1]を共有しえたか、を解読する。全国規模の戦友会は、対面的な会合・慰霊祭への参加以上に、会報というメディアを介した参与が重要な意味をもった（1節）。また入隊世代ごとの差異に関して、第2章でみた予科練を卒業し学歴認定を受けた初期・中期世代に対して、第3章では予科練との関わりが最も薄い末期世代がいかに戦友会に包摂されていったかを明らかにする（2節）。そして、戦友会による戦記の出版や、映画製作への介入といった、戦後社会に向けた予科練表象の構築を通した集団統合について論じる（3節）。これらの戦友会活動の諸達成と、会報による共有は、戦時中の個別的な戦争体験の層に加えて、戦後の戦友会の集合的記憶という第二の層を形成していく（4節）。

（1）　集合的記憶の定義は、さしあたり金瑛による定義「他者や集団のエピソード記憶を、自己のエピソード記憶と同じ資格で想起すること」（金 2020: 124）に依拠する。金によれば、そのような想起によって、「類似した『われわれ』であるという意識が自己にもたらされる」（金 2020: 124）のだが、実証研究が明らかにすべきは、そのような想起の効果を可能にする仕組みの解読である。

1　戦友会のメディア的形態

全ての入隊世代を包摂した全国規模の戦友会は、戦争体験の隔たりが大きいうえに、大多数の会員とは面識を伴わない、巨大で抽象的な集合体である。そのような集まりを、集団として統合する媒介として、戦友会の会報というメディアがある。

イベントの記憶を共有する会報の視覚的想像力

従来の戦友会研究（高橋編 1983）は、慰霊祭や宴会などの会合に着目して、戦友会という集団の、いわば〝対面的形態〟を論じてきた。本章は、このモデルを相対化し、会報という定期刊行物によって媒介されたコミュニケーションによって結合される、戦友会の〝メディア的形態〟とよびうる社会形態を明るみに出したい。

たしかに、会合という対面的相互作用の場は、特に小規模な戦友会において重要である。研究上も、理論的には集中・分散論（高橋 1983）や、参与観察調査による戦友会内部のコミュニケーションの観測（溝部 1983）が成果をあげてきた。しかし、そのコミュニケーションの分析は、会合という場に時間的・空間的に限定されていた。

はたして、戦友会という組織の一員であることは、戦友会の会合の参加者であることとイコールだろうか。たしかに小規模な戦友会においては、そうであろう。しかし、全国に会員をもつ大規模な戦友会はどうだろうか。たとえば九州に住んでいて、東京の会合には参加できないけれども、会費を払い、慰霊碑建立などの募金をし続ける人々がいる。彼らも会費を払い、会報を読み、時には記事を投稿し、何年かに一度は慰霊祭にも足を運ぶだろう。傷痍軍人のなかには移動がままならない人もいたことだろう。対面的な相互作用からなる小集団という枠組みからは零れ落ちる営みがある。以上の理由により本章は、先行研究が分析対象としてこなかった戦友会の会報というメディアを介した非対面的な——社会学用語を使うならば局所的な文脈から時間的・空間的に引き離された「脱埋め込み」(Giddens 1990=1993: 35-6) 的な——相互行為の場に光をあてる。

第2章でみた学歴認定や慰霊祭・慰霊碑建立の記憶を、雄飛会全体の予科練出身者に共有させたのが、会報というメディアである。会報という写真付きのメディアによって、戦友会の戦後の諸事業の達成の記憶は、その場に居合わせたという時間的・空間的限定性をこえて共有される。さらにイメージのみならず、イベントを意味づけ、集団を統合するための物語も記事の文章のかたちで供給される。慰霊祭や慰霊碑除幕式といったイベントの重要性は、現地において時間と空間を共有する人々の再結集すなわち「集中」(高橋由典 1983) だけではなく、時間と空間に制約されない会報というメディアを通した共有にもある。

そもそも、全国規模の戦友会における会員数と、イベント出席者数との間には大きな開きがある。一九六三年十二月の靖国神社での全国大会でも会員の出席者数は五七七名である (雄飛 5: 1. 1963/12)。これに対して、同時期の全体の会員数は、これより大幅に多い。大会から約十一カ月前の一九六三年一月二十日発行の「時報」第二号における消息判明数は一三〇五名であり[2]、約五カ月後に発行された会報第七号の時点では会員は現在「三千名を突破した」という (7: 1. 1964/4)。その間の会員数の推移はわからないが、大会時点の会員数を少なめに見積もって一五〇〇名と仮定したとしても、全国大会出席者は三人に一人程度にすぎなかったと推定される[3]。

(2) ただし「時報」第一号発行時すなわち一九六三年一月一日時点の会員数は三百名だったと、のちに記載されている (雄飛 7: 1. 1964/4)。しかし、会費制導入以前は、消息判明者には会報を送付していたと考えられるため、大会出席者数と会報の読者数との割合の議論は成り立つだろう。

(3) 一月の学歴認定によって新入会員が増えている (雄飛 7: 1. 1964/4) と報じられていることを考慮し、一九六四年に入って以降に一五〇〇名程度から三千名へと倍増したと想定した。大会時の会員数が約二千三百名だと仮定すると、大会参加者は全体の約四人に一人となる。ただし、一九六四年の会費納入者は全体の四割弱でしかない (雄飛 14: 10. 1965/9) 点は注意が必要である。

世紀の除幕ここになる

予科練戦歿者慰霊碑除幕式 参千余名が集い盛大に挙行

昭和四十一年五月二十七日、午前十時四十八分〃純白の絹布に包まれた慰霊碑横に進まれた高松宮喜久子妃殿下が、引き綱を力強く引かれた。――白布は静かに除かれ、そこには青銅の予科練戦歿者慰霊像が姿をみせた。飛行服姿の先輩が

写真上は除幕された慰霊碑の正面で左は高松宮妃殿下の御歌碑。下の右は土浦駅前に建てられた除幕式典祝賀の塔。左中は早朝から開設された土浦駅前受付、左下は武器学校隊門のアーチ

七ツ釦の後輩の肩をガッチリと抱き、ともに大空の一角を凝視している雄大な武人の像。日展審査員の堤達男氏が真心と祈りをこめて制作にあたり、完成された作品であり、全国の生存同窓を始め、遺族、それにわれ〳〵の希いに賛同してくれた数多くの人達の善意と、強い協力によって、この慰霊碑建立がなし遂げられたのである。

除幕式は、〃世紀〃という言葉にふさわしい、盛大、荘厳裡に執り行われ、高松宮殿下、同妃殿下の御臨席と北海道から九州にいたる亡き友の御遺族八百名が参列、それにわれ〳〵予科練同窓約二千防衛庁、陸、海、空三軍の高官を始め、旧海軍関係者、地元茨城県知事を始め土浦、阿見町の地元の方々、その数しめて参千人余百名。そして靖国神社の御好意により池田権宮司を斉主に、靖国神社の幹部神職六名が、祭神に御奉仕を頂いたのである。権宮司始め幹部の方々がこう多く神社から出て祭典を営まれたのも、同神社としては始めてのことと承わった国家の危急に敢然として立ち上り、死を惧れず、莞爾として国のいしずえになった武人の誉れを讃えての、善意の御奉仕を頂いたのだとわれ〳〵は解釈をさせて貰ってよいだろう。

五月二十七日、紺碧の空は、さらに澄みわたり、夏を思わせるような暑さの快晴。前日の決定にもとずいて各部所に配された常任建立委員と、同窓の応援隊。土浦駅前の受付けは午前七時から開始された。常磐線上り、下りが到着するごとに集まる地方の同窓、遺族たち、手際よい接待と案内で、貸切バスが陸上自衛隊武器学校の式場へとピストン輸送。そのバスの車腹には日章旗と軍艦旗が貼られ、「予科練戦没者慰霊碑除幕式」と大書されていた。土浦を卒業して二十数年、

報じる『雄飛』第18号（1966年11月）

ー3ー　第18号　雄　飛　昭和41年11月11日

写真右上ー定刻午前十時全員着席して待つうち、式典係の先導により斉主靖国神社池田権宮司以下神職入場。右中ー同十時二十分高松宮両殿下が御参着この時式典上空を日本飛行連盟機が慰霊飛行をする。右下左下ー暑い日ざしの中、遺族は緊張した面持ちで、式典を見守っていた。中上ー午前十時二十五分、遺族の手により碑右横の献火台に点火される。中下ー殉没同窓一万二千柱の霊璽簿が、碑前に供えられる左上ー高松宮妃殿下が碑前に進まれ慰霊碑の白布を強く除幕される時、午前十時四十八分

いま始めてこの地に来ることが出来たという同窓。バスの車窓からみる沿道は、どの家々にも日章旗が薫風に翻えっていた。この軒並みの日の丸に「地元の人達の暖かい心遣いに涙が出ました」という年老いた御遺族の言葉……。

式場は、正門と南門にアーチを作り受付の準備は完了されていた。午前八時受付開始、門前に開門を待っていた人達は一斉に入場、極めて短い時間に数多くの人達の受付を行うため担当同窓は、二十数年ぶりの懐しい友との邂逅にも挨拶を交わす暇のない有様。

午前十時、全員着席、碑を中心に前例左側に遺族席、右が来賓席、その後方が予科練同窓の席、広い庭園は全く立錐の余地なく参列者で一杯。やがて式典係委員の先導で斉主靖国神社池田権宮司以下神職が入場。十時二十分、高松宮、同妃殿下が御入場、式場最前部の御席に着座される。こゝで正装の自衛隊員にかゝげられて聖火が運ばれ、遺族の手により献火台に点じられる。これを合図に全員起立陸上自衛隊東部方面音楽隊と茨城県警察音楽隊によって国歌が演奏され、全員斉唱。この時同窓塔乗の日本飛行連盟機、続いて海上自衛隊機が編隊も鮮やかに上空に飛来し、亡き友の霊を空から祈る。見上げてハンカチを打ち振る遺族、その胸中には亡き児を、夫を見送った思い出が去来したことであろう。

修祓が行われ、神職の御先導で高松宮妃殿下が白布に包まれた碑前に進まれ、同時に碑横の同妃殿下が詠まれた献歌の歌碑前に、一期故遠藤幸男中佐の遺児幸子さんが進み出る。

高松宮妃殿下は引綱をもたれて暫らく黙祷されたのち、一気に除幕、続いて遠藤幸子さんもこれに合わせ歌碑を除幕、爽やかな五月の空の下に、ガッチリとし

図13　予科練之碑除幕式を

写真右上—除幕のあと慰霊祭典に移る。斉主池田権宮司の祝詞奏上、右中—桑原会長の祭文朗読、左上—高松宮両殿下が碑前に進まれ御手ずから玉串を捧げられた。左下—高松宮殿下が同亡き人達を讃え、そして遺族に暖かい御言葉を述べられる。右下—遺族代表の玉串奉奠、同下—故山本元帥、故大西中将、故市丸中将三未亡人が揃って玉串を捧げられる。左下—全国各地同窓代表の玉串奉奠、同下—生存者代表として一期野口克己氏が[illegible]合わせて拝礼する。

た慰霊像が姿を現わし、式場から拍手の渦が高鳴る。このあと慰霊碑の清祓い、殉歿同窓一万二千柱の霊名を記入した霊璽俸が碑前に安置され、一同黙禱、静かに音楽隊の「海征かば」が式場に流れ、厳粛、荘厳な雰囲気に包まれる。

続いて入魂式に移り、幽界の亡き友を呼ぶように招魂の儀が執行われて、海の幸、山の幸が碑前に供えられたのち、斉主池田権宮司が祝詞を奏上、日本国誠会々長荒国誠氏が高松宮妃殿下の御歌を謹しんで献詠した。続いて桑原会長が碑前に進まれ祭文を奏上、一言一言朗読されるその言葉は、遺族、同窓の胸に響き、ことに遺族席からは吾が子よ、夫よ、父よと万感胸に迫る憶いが、しのび泣きから嗚咽の声とかわり、高松宮妃殿下もハンカチで眼頭を押えられておられた。

饒式は、玉串奉奠に移り、高松宮殿下同妃殿下がまず碑前に御手ずから玉串を捧げられ戦歿者の冥福を祈られた。このあと桑原会長、防衛庁長官代理、来賓、碑制作者堤達男氏と相次いで玉串を捧げられたが、予科練にもっともゆかりの深かった、故山本五十六元帥、故大西滝次郎中将、故市丸利之助中将の三未亡人が進まれ、静かに祈りをこめて参拝、遺族代表、生存同窓全国代表がそれ〳〵玉串を奉奠、一期野口克己氏に合わせて列席同窓一同が拝礼、亡き友よ安らかにと慰霊の誠を捧げた。

こうして式典はとどこおりなく進み、高松宮殿下の御言葉に移り、戦歿同窓の勲を讃え、そして遺族に心からねぎらいの言葉があり、感激の言葉に接した遺族席からは再び涙の声がもれていた。

このあと、碑横に、椿の若木を高松宮殿下が御手植されたのち、御退出、時午前十一時四十分。祭典終了の挨拶ののち、斉主以下神職一同が退出し、われ〳〵の

昭和41年11月11日　雄飛　第18号　－5－

写真上―高松宮喜久子妃殿下の御歌碑、中―庭園中央に置かれた佐藤栄作総理揮毫の「雄飛」右―前防衛庁長官松野頼三氏書の「桜花」、碑の右手前に置かれている。下―前陸幕長書の「雄翔」、庭園入口にある。

写真右下から―慰霊祭典、記念式典の終了のあと、遺族全員により碑前に生花が献じられた。亡き子への祈りをこめて手を合わす人達、泉下の友もさぞ御満足のことであろう中―午後一時、記念会食が湖畔の元格納庫で盛大に開催された。下―昼食後校庭で記念行事が行われたが、当日の圧巻は生存同窓による軍歌演習。桑原会長（下の中央）が指揮をとり、歌声は高らかに往年の予科練時代を再現、満場の拍手を受ける。

[illegible]式典は、こうして空前の盛儀のうちに終了した。

引続き午前十一時五十分から同所で記念式典に移り、慰霊碑建立の経過を長峯委員長が報告、来賓各氏の祝辞ののち、桑原会長より、陸上自衛隊武器学校、碑制作者、施工者、献木者、地元婦人会などへそれぞれ感謝状と記念品を贈呈、そのあと慰霊碑、庭園の贈呈式に移り、桑原会長から岡新次土浦駐屯地司令へ目録が手わたされ、拍手のうちに贈呈式を終了、会長の挨拶と謝辞ののち、記念式典は十二時三十分終ったのである。このあと碑前に供えられた生花を、参列された遺族が一輪づゝ碑前に捧げたが、式終了のあとも遺族は碑のまえを去らず、涙ながらに伏し拝み、想いを亡き子らにはせていた。

午後一時、会場を霞ヶ浦湖畔の元格納庫に移し、高松宮両殿下を中心に記念会食が行われ、茨城県知事ほかの挨拶もあり、盛宴が張られた。

午後一時半から庁舎前の練兵場で記念行事として鼓笛隊行進、儀仗隊の閲兵などあったのち、参列同窓全員が輪を作り、桑原会長の指揮で軍歌演習が始められた。戦後二十年の空白はあったがこの日集まった同窓達は、二十年の昔にかえり、昔通りの若々しく、規律のとれた軍歌を合唱、遺族はもとより一般来賓から盛んの拍手を受け、午後四時、感激的な除幕式、記念行事を終えたのである。

このあと地方同窓と遺族を迎えたそれぞれの級では土浦で、あるいは東京などで同期の会合を開き、希望叶ったこの喜びをともにわかち合った。

図13（つづき）

つまり、残りの出席できない／しない会員にとっては、慰霊祭の模様を写真付きで詳しく報じる会報が、イベントの様子を追体験する主要な手段であった。全国規模の雄飛会における慰霊祭などの事業の記憶は、会報を通して共有されていく。もちろん慰霊祭出席者も後に届いた会報を自宅で読むことで、同じイメージを共有していく。

慰霊碑の除幕式についても、『雄飛』第十八号（1966/11）の二～五頁にわたって二七枚もの写真を配置して伝えられている（図13）。文字は少なく紙面スペースの四分の一か五分の一程度であって、視覚的なイメージが重視されている。除幕式には、防衛庁、陸海空自衛隊の高官、旧海軍関係者、茨城県知事、地域住民など含め三千余名が集まったが、うち同窓（乙種以外も含む）は約二千名であり、すでに『雄飛』第十二号（1965/3）時点で、会誌発行部数は五千部を突破したことを考えると、やはり参列できたのは会員のごく一部である。

たしかに、地方の支部会合やさらに小さい単位の戦友会会合でも、参列者から話を聞くことはあっただろう。しかし、会報では視覚的なイメージをともなって、慰霊祭などのイベントに関する記憶が形作られることになる。写真という視覚的なイメージがなければ、集合的記憶と呼べるほどの共有の度合を持ち得ないだろう[4]。

予科練内部では戦争体験の差異が大きい一方で、戦後の戦友会の事業の集合的記憶は会報を通して共有される。さらに、第2章でみたように、事業の達成を予科練出身者のキャリアの肯定的再評価とつなげるといった意味づけを付与する文章が組み合わせられ、会報によって共有されていく。集合的記憶を通して集団が存続されるためには、「[全ての信者が聖地を巡礼できるわけではないが］それらの場所を想像し、それらが存続していることを知るだけで十分なのである」（Halbwachs 1950=1989: 204）とアルヴァックスが述べている通りだ。

このように全国規模の戦友会という場は、慰霊祭や会合という出来事の場にリアルタイムで居合わせることのみならず、会報という定期刊行メディアによる出来事の事後的でオンデマンドな共有・意味付与を通して「想像の共同体」（Anderson 1991=1997）[5]として成立するものであった。会報という定期刊行物を読むという参加によって、雄飛会は、単なる各種事業の実行委員会組織でも、イベントに参加可能な一部の人々の対面的な集まりでもない、予科練出身者全体を包括する共同体として想像されうる。

双方向的なメディアとしての会報

その想像を可能にするメディアである会報『雄飛』について確認しておこう。会報『雄飛』は最初期には、予科練雄飛会の名簿に住所が載っていれば届くというものだった。ただ、一九六四年以降は年会費の滞納が多いことから、滞納が続くと「予備役」になり届かなくなることに決まった。その代わりに、会費納入をすると紙面に会費納入者の名前が載るようになり（図14）、会費の対価としての会報という性格が強まった。

会費納入者名欄のそばには、戦友会への寄付や慰霊碑建立、記念館建設事業への募金者名が掲載されている。会報は、対面的なつながりが弱い大規模戦友会において、各会員の組織や事業達成への貢献を可視化する装置でもあった。

（4）これ以外の視覚メディアとして、予科練戦没者慰霊碑建立委員会が作成した『予科練之碑序幕・慰霊祭式典報告書』（予科練平和記念館所蔵）も関係者に配布されていた。また、靖国神社慰霊祭・全国大会の記録映像フィルムもあり、茨城雄飛会の水戸の会合では本部から借りて上映会が開かれ、参加者一七名とある（赤とんぼ 2: 2. 1964/9）。地方支部でどれほど上映会が行われていたのかは不明だが、少なくとも雄飛会本部は、写真や映像などの記録を残し、イベントに参加できなかった人々や大会後に会員となった人々も共有できるように力を入れていたことがうかがえる。

（5）「想像の共同体」論の意義は、共同体の構築性自体の指摘ではなく、構築を可能にしたメディア的なメカニズムの発見にある。「アンダーソンがこの書物のなかで強調しているもっとも重要な認識論の逆転は、印刷資本主義が定着させたメディア空間のなかで、人びとが固有の形態における想像力をもつと同時に、想像を共有することができるようになったという点である。〔中略〕印刷という複製技術が、市場と結びついて生み出したメディア空間のなかで、想像するという実践がいかに構造づけられ形づくられたかの叙述に、オリジナルな視点の転換があった」（佐藤 2010: 374–5）。

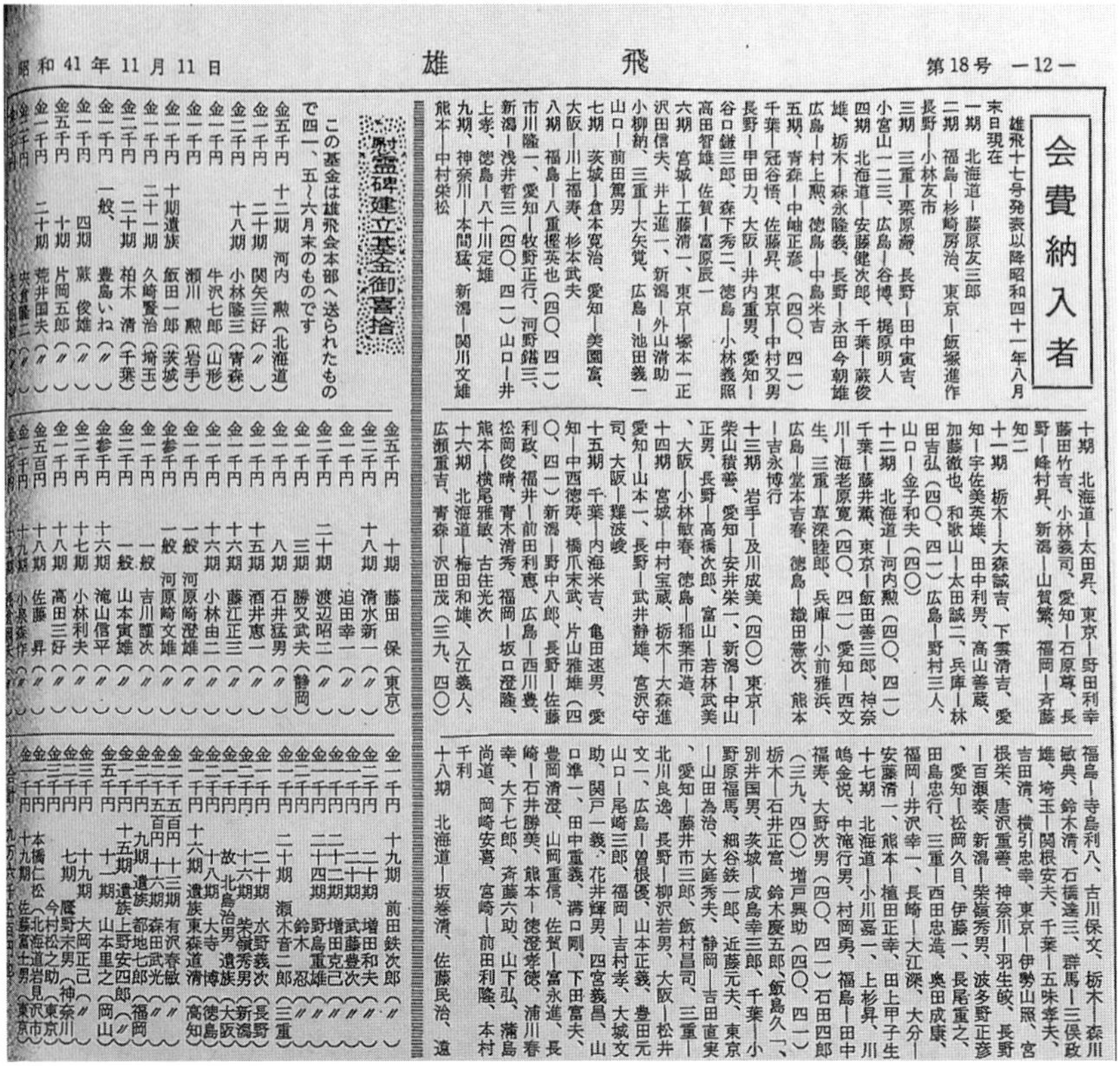
昭和41年11月11日　雄飛　第18号　—12—

会費納入者

雄飛十七号発表以降昭和四十一年八月末日現在
一期　北海道—藤原友三郎
二期　福島—杉崎房治、東京—飯塚進作
長野—小林友市
三期　三重—栗原瀞、長野—田中寅吉、
小宮山一二三、広島—谷博、梶原明人
四期　北海道—安藤健次郎、千葉—蕨俊
雄、栃木—森永隆義、長野—永田今朝雄
広島—村上煕、徳島—中島米吉
五期、青森—中岫正彦、（四〇、四一）
千葉—冠谷悟、佐藤昇、東京—中村又男
長野—甲田力、大阪—井内重男、愛知—
谷口鐡三郎、森下秀二、徳島—小林義照
高田智雄、佐賀—富原辰一
六期　宮城—工藤清一、東京—塚本一正
沢田信夫、井上進一、新潟—外山清助
小柳納、三重—大矢覚、広島—池田義一
山口—前田篤男
七期　茨城—倉本寛治、愛知—美園富、
大阪—川上福寿、杉本武夫
八期　福島—八重樫英也（四〇、四一）
市川隆一、愛知—牧野正行、河野錯三、
新潟—浅井哲三（四〇、四一）山口—井
上孝、徳島—八十川定雄
九期、神奈川—本間猛、新潟—関川文雄
熊本—中村栄松

十期　北海道—太田昇、東京—野田利幸
藤田竹吉、小林義司、愛知—石原尊、長
野—峰村昇、新潟—山賀繁、福岡—斉藤
知二
十一期　栃木—大森誠吉、下雲清吉、愛
知—宇佐美英雄、田中利男、高山善蔵、
加藤徹也、和歌山—太田誠二、兵庫—林
田吉弘（四〇、四一）広島—野村三人、
山口—金子和夫（四〇）
十二期　北海道—河内煕（四〇、四一）
千葉—藤井薫、東京—飯田善三郎、神奈
川—海老原寛（四〇、四一）愛知—西文
生、三重—草深睦郎、兵庫—小前雅浜、
広島—堂本吉春、徳島—織田憲次、熊本
—吉永博行
十三期　岩手—及川成美（四〇）東京—
柴山積善、愛知—安井栄一、新潟—中山
正男、長野—高橋次郎、富山—若林武美
、大阪—小林敏春、徳島—稲葉市造、
十四期　宮城—中村宝蔵、栃木—大森進
愛知—山本一、長野—武井静雄、宮沢守
司、大阪—難波峻
十五期　千葉—内海米吉、亀田速男、愛
知—中西徳寿、橋爪末武、片山雅雄（四
〇、四一）新潟—野中八郎、長野—佐藤
利政、福井—前田利恵、広島—西川豊、
松岡俊晴、青木清秀、福岡—坂口澄隆、
熊本—横尾雅敏、古住光次
十六期　北海道—梅田和雄、入江義人、
広瀬重吉、青森—沢田茂（三九、四〇）

福島—寺島利八、古川保文、栃木—森川
敏典、鈴木清、石橋達三、群馬—三俣政
雄、埼玉—関根安夫、千葉—五味孝夫、
吉田清、横引忠幸、東京—伊勢山照、宮
根栄、唐沢重善、神奈川—羽生皎、長野
—百瀬泰、新潟—柴嵜秀男、波多野正彦
、愛知—松岡久目、伊藤一、長尾重之、
田島忠行、三重—西田忠造、奥田成康、
福岡—井沢幸一、長崎—大江深、大分—
安藤清一、熊本—植田正幸、田上甲子生
十七期　北海道—小川嘉一、上杉昇、川
嶋金悦、中滝行男、村岡勇、福島—田中
福寿、大野次男（四〇、四一）石田四郎
（三九、四〇）増戸興助（四〇、四一）
栃木—石井正宮、鈴木慶五郎、飯島久「、
別井国男、茨城—成島幸三郎、千葉—小
野原福馬、細谷鉄一郎、近藤元夫、東京
—山田為治、大庭秀夫、静岡—吉田直実
、愛知—藤井市三郎、飯村昌司、三重—
北川良逸、長野—柳沢若男、大阪—松井
文一、広島—曽根優、山本正義、豊田元
山口—尾崎三郎、福岡—吉村孝、大城文
助、関戸一義、花井輝男、四宮義昌、山
口準一、田中重義、溝口剛、下田富夫、
豊岡清澄、山岡重信、佐賀—富永進、長
崎—石井勝美、熊本—徳澄孝徳、浦川春
幸、大下七郎、斉藤六助、山下弘、蒲島
尚道、岡崎安喜、宮崎—前田利隆、本村
千利
十八期　北海道—坂巻清、佐藤民治、遠

慰霊碑建立基金御喜捨

この基金は雄飛会本部へ送られたもので四一、五～六月末のものです
金五千円　十二期　河内　煕（北海道）
金一千円　二十期　関矢三好（〃）
金二千円　十八期　小林隆三（青森）
金一千円　牛沢七郎（山形）
金一千円　瀬川　煕（岩手）
金一千円　十期遺族　飯田一郎（茨城）
金一千円　二十一期　久崎賢治（埼玉）
金二千円　二十期　柏木　清（千葉）
金一千円　一般、豊島いね（〃）
金一千円　四期　蕨　俊雄（〃）
金五千円　十期　片岡五郎（〃）
金一千円　二十期　荒井国夫（〃）
金二千円　[illegible]

金五千円　十期　藤田　保（東京）
金二千円　十八期　清水新一（〃）
金一千円　迫田幸一（〃）
金二千円　二十期　渡辺昭二（〃）
金一千円　三期　勝又武夫（静岡）
金一千円　八期　石井猛男（〃）
金一千円　十五期　酒井恵一（〃）
金一千円　十六期　藤江正三（〃）
金一千円　十六期　小林由二（〃）
金一千円　一般　河原崎澄雄（〃）
金参千円　一般　河原崎文雄（〃）
金一千円　一般　吉川謹次（〃）
金二千円　一般　山本寅雄（〃）
金参千円　十六期　滝山信平（〃）
金二千円　十七期　小林利夫（〃）
金一千円　十八期　高田三好（〃）
金五百円　十八期　佐藤　昇（〃）
金一千円　十九期　小泉森作（〃）

金一千円　十九期　前田鉄次郎（〃）
金二千円　二十期　増田和夫（〃）
金一千円　二十一期　武藤豊次（〃）
金一千円　二十二期　増田克己（〃）
金一千円　二十四期　野島重雄（〃）
金二千円　鈴木　忍（〃）
金一千円　二十期　瀬木音二郎（三重）
金一千円　二十期　水野義次（長野）
金二千円　十六期　柴嶺秀男（新潟）
金一千円　故北島治男遺族（大阪）
金二千円　十八期　大寺　博（徳島）
金一千円　十六期遺族　東森道清（高知）
金二千五百円　十三期　有沢春敏（〃）
金二千五百円　十六期　森田武光（〃）
金二千円　九期遺族　都地七郎（福岡）
金一千円　十五期遺族　上野安四郎（〃）
金五千円　十一期　山本里之（岡山）
金三千円　十九期　大岡正己（〃）
金二千円　七期　鷹野末男（神奈川）
金二千円　今村松之助（東京）
金三千円　本橋仁松（北海道岩見沢市）
金一千円　十九期　佐藤富士男（東京）
[illegible]

図14　『雄飛』の「会費納入者」欄

これまでの立論は、会員が会報の熱心な読者であることを前提としているが、実際、会報が届くことが、特に地方在住者の会員にとって関心の高い事項であったことがうかがえる。会報を発行する雄飛会本部事務局は、「全国幹部会で雄飛がおそいおそいと皆様からお叱りを受け恐縮です」（雄飛 11: 8. 1965/1）、「連日本部には〝雄飛十九号はいつ出すつもりか〟との問い合わせが殺到しており」（19: 10. 1967/2）、などと報告している。会報の熱心な読者なしには、このような抗議も起きないであろう。この抗議に対応して、特に地方会員と遺族の要望により『雄飛』の隔月定期発行が確約された（11: 4）。

本部事務局の手弁当という不安

定な刊行体制は承知のうえでなお、会報の遅配に対してかなり厳しい声があがるのは、それだけ会報が会員にとって関心事だったということを意味する。雄飛会東海支部大会では「地方同窓の唯一のつながりは機関誌雄飛である。隔月発行を確約できるか」といった要求が、東京の本部に対して突きつけられた（雄飛 21: 6. 1967/6）。こうした状況は会報刊行から五年を経ても変わらず、地方から『雄飛』の遅配の声が多数あり、支部脱退や解散を叫ぶ声もあるということが「事務局だより」で言及されている（25: 12. 1968/6）。会報の定期刊行は、単に情報伝達の遅れだけの問題ではなく、「地方同窓」をつなぎとめる「想像の共同体」の持続性に関わる問題だった。

さらにいえば、会報は、単に情報を受け取る一方向的なメディアだけではなく、一般会員からの投稿も掲載されるという点で双方向的な参加性をもっていた。「会員だより」のような会員投稿に基づくコーナーがあるだけではなく、第2章で引用した桑原敬一による「懐古趣味」批判のような長文の記事も掲載される。他にも、靖国神社における第一回全国大会が真珠湾攻撃の十二月八日開催と決まったことについて「世間から誤解の恐れあり、英霊も十二月八日は喜ばれますまい」との意見を二、三受けた、ということが雄飛会本部側の記事で報告されている（雄飛 4: 7. 1963/10）。結局十二月八日開催は会場確保などの事務的な事情もあって覆ることはなかったものの、反対意見も会報に載せていたことになる。このように会報は、批判的問題提起の場となりうる性格をもっていた。会報遅配についての本部へのクレームも掲載していたことなどをみても、一定程度は、集団内の多様な意見をくみ上げる媒体だったといえよう。

そしてなによりイベントに出席できなくとも、投稿というかたちでの参加が、大規模戦友会の会員にとっての戦友会活動になりえた。参加性という点で興味深い事例として、投稿欄には、〝特攻くずれ〟とみられかねない服役者からの匿名の手紙まで紹介されている。彼は「生きる希望を失くしていた」一九五〇年に喧嘩の仲裁に入ったことをきっかけに、なんらかの犯罪を起こしてしまい無期判決を受けたが、一～二年で出所の見込みで「出所の暁は雄飛のため微力ながら協力いたすことをはっきりお誓いしておきます」と述べる。「〝特攻くずれ〟などと先輩の名を損っては」と、特攻隊員として訓練を受けていたことは一切話さなかったが、「諸先輩の名誉を傷つけたこと、また私の現状から創建期のもっとも大切な時期に何らお力にもなれず、反って負担だけをおかけする存在であることを恥じると共に心からおわびもうしあげます」という詫びの言葉で手紙は締められる（8: 7. 1964/6）。おそらく戦後の人生を強く恥じる彼は、たとえ出所したとしても、戦友会の対面的な会合に堂々と顔を出すことは難しかったことだろう。しかし、本来なら戦友会に参加できない部類に入る彼でも、会費納入や慰霊碑・記念館のための募金といった大規模戦友会特有の非対面的な参与ならば「微力ながら協力いたす」ことは可能だっただろう。彼の投稿に対して、編集室は、「新光明のもとで、昔の様に日本の柱として活躍される日の一日も早からん事をみんなで祈っています」（8: 7）と強く励ましの言葉を添えて、会員として包摂しようとする姿勢で対応している。

以上から、全国規模の戦友会において、会報は、地方居住者をはじめとして、東京や関東で開催される会合・慰霊祭出席が難しい人々も含めて事業達成の記憶を共有して集団をつくりだし、それを通して次なる事業への募金を広く集めることにつなげるシステムをつくっていたといえよう。この意味で、多くの資源を必要とする碑や記念館などの大規模な事業の達成にとって、戦友会のメディア的形態は、対面的形態以上に重要だろう。

さらに言えることとして、戦友会の会報のようなメディアは、戦後社会のさまざまな集団にとって重要な役割を果たしていたことだろう。たとえば戦後の満州関連の同窓会的な諸集団においても、会報が多く発行され、想起の場を形作っていた（佐藤・菅野・湯川編 2020; 坂部 2008: 76–80, 88–93）。あるいは全国的な公刊物としては、一九五〇年代後半から六〇年代初頭にかけて隆盛した大衆教養主義を基調とする人生雑誌が、読者投稿を通して、地理的・時間的制約をこえた見知らぬ者同士のコミュニケーションを可能にし、定期刊行に基づいた持続性をもつ「想像の読者共同体」を生みだしていた（福間 2017: 75–8）。人生雑誌の投稿欄は、読者同士の批判の応酬や編集部への批判を許容する「討論の場」であった（福間 2017: 81–2）。特に一九五〇年代の人生雑誌の主な読者層は、戦争体験世代の低学歴勤労青年であり、中期〜末期世代の乙種予科練出身者の社会層とも重なる。さすがに雄飛会の会報は、「討論」の場とまではいえないが、単なる公式的な情報の伝達にとどまらず、双方向性や批判的な問題提起および暗部に触れる話題を許容する場として、一定の深みをもったコミュニケーションが実現していた。

2　末期世代の包摂

大規模戦友会における集合的記憶の形成にとって大きなハードルは、戦争体験の違いである。第2章でみたように、雄飛会の中心的な担い手は、予科練を卒業でき、飛行機乗りとしての戦争体験をもつ初期〜中期世代であった。これに対して、周縁に位置するのが、予科練卒業前に終戦を迎え、学歴認定の範囲外になってしまった末期世代である。

死者の少ない大所帯──エリートなんかで、あるもんか

乙種の入隊者はのべ八万七千名（うち戦没者五千名）にものぼる。しかし、そのうち教育課程を卒業できた者（一〜二十期）は九千名程度に過ぎない。残りの八万弱の人々は戦争末期に入隊し、予科練教育も短い場合は一年未満で中断されている。しかも人数の増加に伴い訓練場所も複数に分かれ、同じ入隊世代でも体験の差異は大きくなっていた。同期の戦死者も割合としては非常に少ない（五六頁表1参照）。

戦死率一％程度の末期世代の会合において、生き残りの負い目や集団的負債はあまり強くなかったと推定される。時代は下るが一九九二年の二十二期全国大会時の宴会について、ある二十二期生は「飲むことにも話すことにも騒ぐことにも、とくに意味があるわけではない。同期生がいて、仲間がいて、友人がいて、みんなでかもし出すすべてが、楽しくてたまらないのである」と屈託なく記す（矢沢 1992: 237）。戦後は矢沢昭郎も中央大学を

卒業して新聞記者になるが、同期生には、国会議員や自衛隊の陸将、医者、大学教授、著述家、警察署長、社長などもいたという（矢沢 1992: 242-3）。彼らは一九四四年六月入隊で、軍隊にいたのは一年強にすぎず、敗戦後に比較的人生の再構築をしやすかった世代といえるかもしれない。宴会の席では、「戦争末期の予科練なんて、一般水兵にもなれなかった奴がなったんだ。エリートなんかで、あるもんか」、「予科練なんて、ガラが悪くて、無教養で、無作法で図々しくて、頑迷で、そのうえ手前勝手で、変になれなれしい。まあクズの方に入るだろうな」などと悪くいう人々もいるというが、矢沢自身もこれを咎めるわけではない（矢沢 1992: 242）。このような朗らかな自嘲ができるのも、戦後の再出発後のキャリアに比べて、予科練という集団に自己が深く埋め込まれていないからであろう。

一九六〇年代前半の雄飛会においては、末期世代の会員把握にまでは手が回らず後回しになっていた面もあるようだ。この時期には、各県や地方で雄飛会支部が結成される動きが相次いでおり、実際に会員を把握しているのは雄飛会本部よりは各支部であった。そのなかで茨城雄飛会は、事務局長のM氏（十二期）が復員名簿を入手し、乙種出身者にコンタクトをとっていたが、二十一期以降の者は呼びかけの対象になっていない。二十期までで約二八〇名おり、そのうち住所未確認が約四〇名もあったなかで、二十一期以降は他の種の復員名簿も交じり兵籍番号も十万をこえるため、一応二十期をテールエンドとしたが加入の意志があれば拒まない、との対応であった（赤とんぼ 1: 2. 1964/6）。

そもそも入隊世代を問わず、呼びかけても戦友会参加を拒否する人々もいた。たとえば戦後の予科練出身者の座談会で、入隊者二百名の五期の大多和達也は、「生き残りのなかで一人、どうしても出てこないのがいる。捕虜になったのを恥じて絶対に出てきません。彼もつらいが、われわれもつらい」と語っている（安食ほか 1986: 76）。吉田裕も指摘するように、このような参加拒否は戦友会に広くみられる現象で、背景としては軍隊内での暴力の体験なども挙げられている（吉田 2011: 120-4）が、予科練にも罰直と呼ばれる制裁が存在した。

入隊者約三千名の二十期で、茨城雄飛会副会長の河田久米雄は、「今さら予科練時代を思出してなんになるといわれる輩もたまにはみかける」、「第一回の総会の連絡でも、一部にはなんの音沙汰なき人達がありました」と不満を述べている。しかし、「気合抜けも甚だしいときめつけたいくらいですが、これも世柄故強制的な勧誘は避けねばなりません」と対応している（赤とんぼ 1: 3. 1964/6）。大人数で入隊した期は、どうしても少人数の初期世代のような濃密な絆はもとから存在しないため、たとえ深刻な事情がなくとも戦友会に出ない人々もさほど珍しくなかったことだろう。五期の大多和は予科練出身者の社会関係の世代的変化について、「私なんかは予科練がそんなに大所帯になっているとは知りませんでしたからね、戦後に予科練出身者の集まり「雄飛会」があって、それに顔を出すと同期生同士が〔初対面なので〕名刺を交換しているのに、すっかり驚きましたよ」（安食ほか 1986: 71）と語っている。このような関係性は末期世代に最もあてはまるといえよう。

言葉とかたちによる包摂——二十四期生が居たればこそ

それでも、むしろ会費や寄付を集めるためには、数万人単位の大量入隊者からなる末期世代の包摂は無視できない課題だった。慰霊祭や学歴認定に対して、予科練之碑の建立や記念館建設は、戦友会における募金による資源調達が重要となる事業であった。慰霊碑・記念館への寄付者の名前は会報に掲載されるため、自らが参与したことが会報上に記録され公表されていく（図15）。募金というかたちで、入隊世代にかかわらず等しく参加することができる戦友会活動として、慰霊碑建立・記念館建設があった。

ちょうど一九六六年の慰霊碑建立の頃から、二十一期以降の末期世代の姿も、寄付者の氏名や投稿者として会報上にまとまった数で現れてくる。『雄飛』第二号時点で雄飛会が住所を確実に把握している人数は、二十一期五名、二十二期一名、二十三期〇名、二十四期一名という少なさであり、一九六五年までは寄付者や会費納入者も数人単位であった（2: 6. 1963/6）。そもそも末期世代は期別戦友会の組織化も遅れていたが、予科練之碑が建立

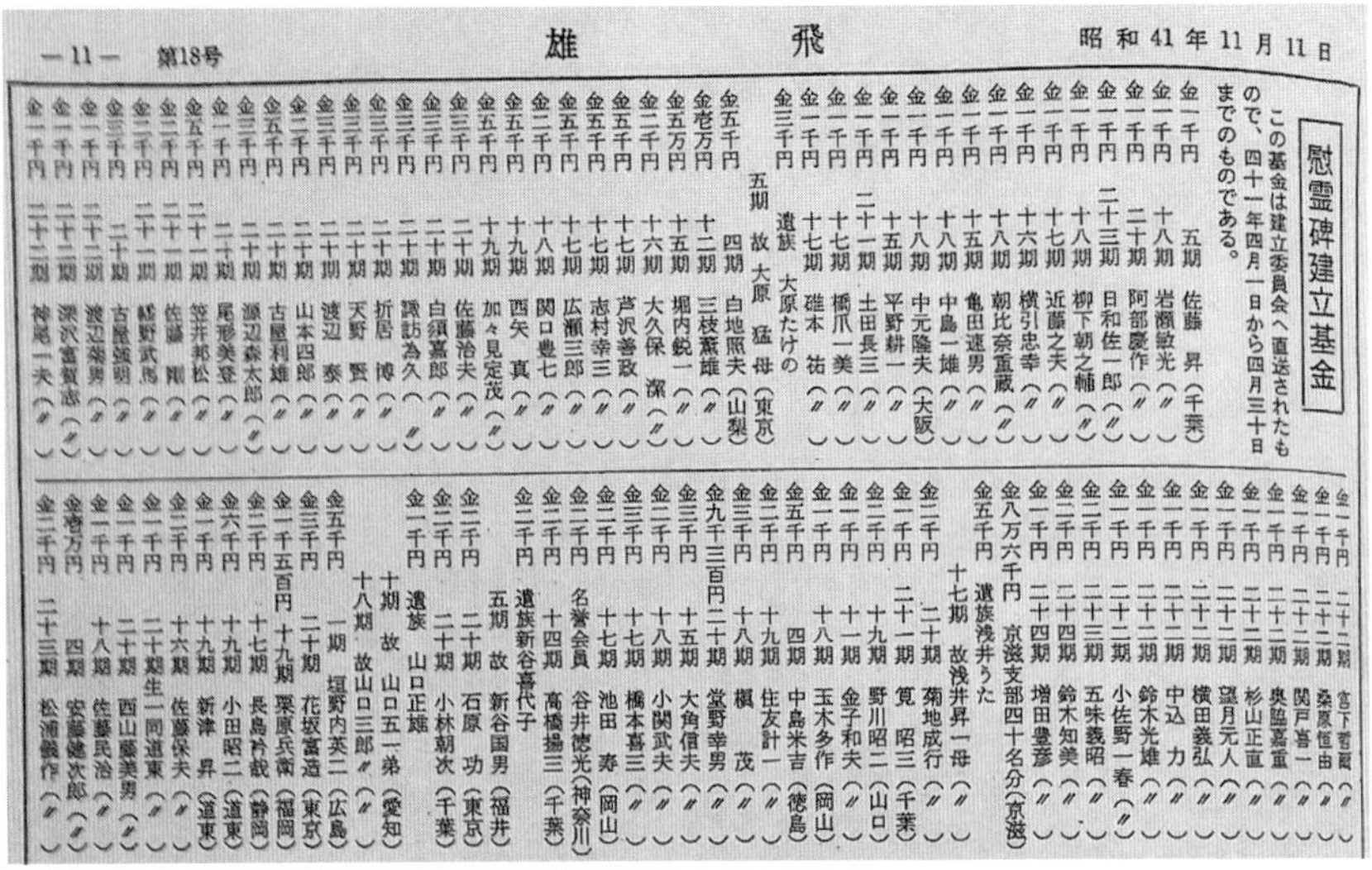
—11— 第18号 雄飛 昭和41年11月11日

慰霊碑建立基金

この基金は建立委員会へ直送されたもので、四十一年四月一日から四月三十日までのものである。

金一千円 五期 佐藤 昇（千葉）
金一千円 十八期 岩瀬敏光（〃）
金一千円 二十期 阿部慶作（〃）
金一千円 二十三期 日和佐一郎（〃）
金一千円 十八期 柳下朝之輔（〃）
金一千円 十七期 近藤之夫（〃）
金一千円 十六期 横引忠幸（〃）
金一千円 十八期 朝比奈重蔵（〃）
金一千円 十五期 亀田速男（〃）
金一千円 十八期 中島一雄（〃）
金一千円 十八期 中元隆夫（大阪）
金一千円 十五期 平野耕一（〃）
金一千円 二十一期 土田長三（〃）
金一千円 十七期 橋爪一美（〃）
金一千円 十七期 礎本 祐（〃）
金三千円 遺族 大原たけの 五期 故 大原 猛 母（東京）
金五千円 四期 白地照夫（山梨）
金壱万円 十二期 三枝薫雄（〃）
金五万円 十五期 堀内鋭一（〃）
金二千円 十六期 大久保 潔（〃）
金五千円 十七期 芦沢善政（〃）
金五千円 十七期 志村幸三（〃）
金五千円 十七期 広瀬三郎（〃）
金二千円 十八期 関口豊七（〃）
金五千円 十九期 西矢 真（〃）
金五千円 十九期 加々見定茂（〃）
金三千円 二十期 佐藤治夫（〃）
金三千円 二十期 白須嘉郎（〃）
金三千円 二十期 諏訪為久（〃）
金三千円 二十期 折居 博（〃）
金三千円 二十期 天野 賢（〃）
金三千円 二十期 渡辺 泰（〃）
金二千円 二十期 山本四郎（〃）
金五千円 二十期 古屋利雄（〃）
金三千円 二十期 源辺森太郎（〃）
金一千円 二十期 尾形美登（〃）
金五千円 二十一期 笠井邦松（〃）
金二千円 二十一期 佐藤 剛（〃）
金二千円 二十一期 輿野武馬（〃）
金三千円 二十期 古屋強明（〃）
金一千円 二十二期 渡辺栄男（〃）
金一千円 二十二期 深沢富賀志（〃）
金一千円 二十二期 神尾一夫（〃）

金一千円 二十二期 宮下哲爾（〃）
金一千円 二十二期 桑原恒由（〃）
金一千円 二十二期 関戸喜一（〃）
金一千円 二十二期 奥脇嘉重（〃）
金一千円 二十二期 杉山正直（〃）
金一千円 二十二期 望月元人（〃）
金一千円 二十二期 横田義弘（〃）
金一千円 二十二期 中込 力（〃）
金一千円 二十二期 鈴木光雄（〃）
金一千円 二十二期 小佐野一春（〃）
金二千円 二十三期 五味義昭（〃）
金二千円 二十四期 鈴木知美（〃）
金一千円 二十四期 増田豊彦（〃）
金八万六千円 京滋支部四十名分（京滋）
金五千円 遺族浅井うた 十七期 故浅井昇一母（〃）
金二千円 二十期 菊地成行（〃）
金一千円 二十一期 筧 昭三（千葉）
金二千円 十九期 野川昭二（山口）
金一千円 十一期 金子和夫（〃）
金一千円 十八期 玉木多作（岡山）
金五千円 四期 中島米吉（徳島）
金二千円 十九期 住友計一（〃）
金三千円 十八期 槇 茂（〃）
金九千三百円 二十期 堂野幸男（〃）
金三千円 十五期 大角信夫（〃）
金二千円 十八期 小関武夫（〃）
金三千円 十七期 橋本喜三（〃）
金二千円 十七期 池田 寿（岡山）
金二千円 名誉会員 谷井徳光（神奈川）
金二千円 十四期 高橋揚三（千葉）
金二千円 遺族新谷喜代子 五期 故 新谷国男（福井）
金二千円 二十期 石原 功（東京）
金二千円 二十期 小林朝次（千葉）
金一千円 遺族 山口正雄 十期 故 山口五一弟（愛知） 十八期 故山口三郎〃（〃）
金五千円 一期 塩野内英二（広島）
金三千円 二十期 花坂富造（東京）
金一千五百円 十九期 栗原兵衛（福岡）
金二千円 十七期 長島衿武（静岡）
金六千円 十九期 小田昭二（道東）
金一千円 十九期 新津 昇（道東）
金二千円 十六期 佐藤保夫（〃）
金一千円 二十期生一同道東（〃）
金一千円 二十期 西山藤美男（〃）
金一千円 十八期 佐藤民治（〃）
金壱万円 四期 安藤健次郎（〃）
金二千円 二十三期 松浦儀作（〃）

図 15 『雄飛』の「慰霊碑建立基金」欄

された頃からようやく大会や慰霊祭を開催するようになる。一九六七年五月二十七日に二十一期は三重海軍航空隊跡地で第一回全国大会を開催し二百余名参列、同日二十三期は土浦で第二回慰霊祭を開催し五十余名が参列、二十二期会は四月九日に二十二名が三重に集まっている（雄飛 21: 9. 1967/6）。とはいえ、二十二期以降は一万人以上の入隊者がいるにもかかわらず会合参加人数は少ない。末期世代の期別の戦友会は立ち上がってきたばかりの時期に当たるようだ。

会報をみると、たとえば二十三期からは次のような投稿がある。彼は「世に生を享ける時期が遅く」、一九四四年八月に入隊し一年余「戦列に参加すべく、懸命に努力しましたが」、「遂に羽搏《ハバタ》き得ずに再び帰らじとあとにした故郷へ帰った」と、自身の経歴を回顧している。末期世代にとっては、たとえ卒業できなかったとしても、人生の通過点として、予科練に選抜されて入隊し、教育を受けたという経歴がなくなるわけではない。そのうえで予科練における教育を次の観点から評価する。

今なお、私の五体に脈々と流れるものは〔中略〕三重空時代に受けた教育であり、そして身につけた海軍精神です。不倒不屈の攻撃精神、率先躬行の犠牲的精神と倒れてのち止むの責任感を三本柱とし、それに信と和を合わせて、今日まで社会生活に生かして参りました。（雄飛 21: 4. 1967/6）

この言説のポイントは、軍隊教育で得たものを、普通学のような学力やモールス信号などの実技ではなく、「精神」に求めていることである。これは、一見すると戦前の精神主義的な価値観の継続のようにみえる。しかし、当初は三年間あった予科練教育がもはや一年に満たず中断された末期世代にとって、自らが受けた教育の価値で、初期・中期世代と肩を並べて誇りうるものは「精神」であったということではないか。予科練教育から得たものとしての「精神」は、戦後の戦友会においては、世代間の体験の差異にかかわらず、予科練出身者という共同体の構成員全員が共有するとみなすことができる。つまり、末期世代にも伝統の継承者としての集団内地位を与え、入隊世代による戦争体験の分断線を弱める機能をもつ言説だったと解釈できる(6)。

実際、内容を特段指定しない「予科練魂」・「予科練精神」といった言葉は、入隊世代を越えた会の団結に関する会報中の記述にたびたび登場する。例えば初期世代の五期の小林熊一の本部長就任あいさつでも、

(6) 敗戦によって、それまでの価値観は一変し、それぞれの人生や社会を語る言葉が一大転換を遂げた。とはいえ、小熊英二によれば、新しい価値観を示した物語や語彙は作られればすぐに人口に膾炙するわけではなく、人々は既存の語彙に新しい意味を付与することもあった（小熊 2002）。「精神」もこれに該当するだろう。

政治や経済の状況が変動しても、それが社会構成員の生活状況を変え、やがてその言葉づかいが変動してゆくのはやや遅れる〔中略〕人びとは、社会や経済の状況が変動しても、過去の社会を支配していた言語体系から容易には脱出できない。〔中略〕言説構造の変動は、多くの場合、まったく新しい言葉を創造するというかたちではなく、既存の言葉を読みかえ、その意味を変容させることによっておこる。（小熊 2002: 19）

人格の形成期とも言うべき時代に、今日の土台ともなるべき予科練精神をたたき込まれたことを、今更ならが終生の誇りと自負しております。そこで吾々会員は、この誇りの下に更に団結を強くして一層の親睦を保ち、予科練魂の高揚を計って世の中に打って出ようではありませんか。（雄飛 19: 3. 1967/2）

と、会員の団結の基盤は、「予科練精神をたたき込まれた」「誇り」にあると主張する。入隊世代ごとの戦争体験の差異や、学力を基準とした学歴認定の溝を打ち消し、集団を統合する役割をもつものとして、予科練における精神教育という語彙が現れている。

同じく五期の大多和事務局長も、別の記事で「二十四期が居たればこそ」と、末期世代を伝統の継承者として包摂しようとする。

一期生が在ってこそ予科練が生まれ、二十四期生が居たればこそ、予科練の伝統が築かれたのであって、素裸になって男同志が話合える会の筈である。日本全土の津々浦々で、あらゆる職域で予科練魂を発揮して活躍されている同窓の諸兄も、私と同じ考えであろうと思います。（雄飛 19: 4. 1967/2）

ここでも、「予科練魂」という、可視化も数値化もできない要素を「伝統」として共有しているというかたちで、世代間の差違を極力なくそうとしている。

以上のような「予科練精神（魂）」という言葉は、戦争体験の世代的な差異をこえて、予科練出身者全体に共有されうる意味づけであった。これが会報というメディアによって共有されていき、末期世代の募金者の名前も掲載されていく。もちろん末期世代で入会したり事業に寄付したのは、末期世代全体からみればごく一部であっただろう。それでも、母数の大きさを考えると無視できない人数であり、末期世代の参加を可視化することに意味があったといえる。

また、慰霊祭をみても、模擬店が立ち並び、クラス基金をつくるための記念品の販売などがなされた第二回慰霊祭は、「呼び声もどうして堂に入ったもの。予科練さん、なかなか商才もあると考え思わず楽しくなった。いいお祭りだ。こんなお祭りは何時までも続けたい」などとレポートされている（雄飛 21: 2. 1967/6）。前掲の雄飛会本部保管アルバムの写真をみても「雄飛会23期事務局」の模擬店で「記念時計バンド　桜に錨のマーク入」や「想い出の予科練写真集」が販売されている。死者への負い目に基づく慰霊のみならず、同窓が母校に集まるホームカミングデイのような場でもあり、末期世代にも入りやすかったことだろう。

以上を踏まえて、予科練之碑が、二人像というかたちをとっていたことを思い返そう。予科練の代名詞となった七つ釦《ボタン》の制服は、一九四二年十一月の採用である。よって入隊時から着たのは、ほとんどパイロットになれなかった十九期以降であり、十六〜十八期が入隊後半年〜一年半時点で水兵服から七つ釦制服に切り替わっている。つまり、七つ釦の制服とパイロットという予科練の典型的イメージにぴたりとあてはまるのは、乙種では十六〜十八期の約四千名に限られていた。

初期世代はもちろん十五期までの戦死率が五〜八割にのぼる世代の予科練出身者は、水兵服や飛行服に袖を通していても、七つ釦の制服に袖を通したことはなかった。ゆえに初期世代にとって七つ釦の制服は、戦後の事業に参加してくれた「後輩」たちの表象である。末期世代にとって、飛行服姿は実現しなかった憧憬の対象であり、「先輩」と肩を組んでいる七つ釦の制服像に自身を重ねることができる。よって、たとえ飛行服か七つ釦の制服のいずれかに袖を通していれば、予科練之碑は自己の像として受容しうるのである。

つまり、予科練之碑が二人像なのは、集団内の視点から「先輩」「後輩」世代のバランスをとったものだといえよう。予科練出身者は、この二人像の少なくともいずれかには自己を投影できる。さらに、当初案では七つ釦の制服が飛行服の両脇に一人ずつ立つ「三人の群像」だったことも興味深い（雄飛 13: 1. 1965/6、ただし九月の第

図16　三人像だった「予科練戦歿者慰霊碑建立予定図」（『雄飛』第13号時点）

十四号では二人像になっている）（図16）。同じ図は、寄付金を集めるべく一九六五年六月に発送された予科練戦没者慰霊碑建立趣意書（第5章参照）の冒頭にも掲げられている。

飛行服と七つ釦制服の比率が一対二というデザインは、予科練出身者の総数に占める末期世代の多さを考慮すれば、十分に理解できるものである。予科練之碑は、予科練出身者全てが共有していた戦争体験・記憶の反映というよりも、相異なる記憶を包摂し集合化しようとする試行錯誤のなかでつくられた装置なのである。

3　戦友会がつくりだす「予科練ブーム」

これまでは戦友会の内部を記述してきたが、以下では戦友会外部の戦後社会との関係形成、特に一九六〇年代後半における出版や映画などのメディアへの戦友会の関与をみていこう。碑・記念館の建設と同時期に出版・公開された戦記や映画は、戦後社会への対外的な予科練表象の構築という点で、予科練出身者たちにとって大きな意味をもっていた。

そもそも、一九六〇年代前半までは、『きけわだつみのこえ』や『雲流るる果てに』といった学徒兵に関する書籍や映画が数多くあり広く知られていたのに対して、十五歳前後で入隊した予科練習生の場合はそもそも残された日記が少なく、残されていても検閲下の隊内で執筆されたものが多いという事情から、まとまった予科練の遺稿集の出版は極めて少なかった（福間 2007: 126-8）。もちろん、個々人単位であれば、すでに一九五〇年代半ば頃から、航空機搭乗員を多く含む、志願兵出身の下士官を中心的な書き手とする戦記が、『丸』や『今日の話

題 戦記版』といった雑誌などに目立って現れ始めていた（吉田 1995: 90-6）。

しかし、予科練出身者という集団単位でのまとまった書籍の出版（『あゝ予科練』予科練雄飛会編、一九六七年十二月二十五日刊行、『青春の遺書』毎日新聞社編、一九六八年六月一日刊行）が相次ぐのは、ようやく一九六〇年代後半である。(7) ちょうど予科練之碑が完成した後、予科練記念館建設へ向けた募金活動の最中にあたる。さらに、一九六八年六月一日に東映映画『あゝ予科練』も公開され、比較的良好な興行成績を上げた（福間 2007: 128-31）。重要なのは、これら予科練出身者というまとまりでつくられた表象の背後には、まさに一九六〇年代に組織化を急速に進めた雄飛会が関与していたことである。

戦記出版と入隊世代──何か物足らなく感じます

まずは、一九六七年の戦記『あゝ予科練』出版に至るプロセスを、入隊世代の差異にも注意しつつ見ていこう。「予科練奮戦記」という戦記を雄飛会が編集・出版する計画自体は、雄飛会設立当初から、慰霊碑建立と並んで構想されていた。「会員有志のみに配布のことも検討したが時機的にも絶好であり広く一般の人々に読んで貰うこととする」と市販の方針も、一九六三年一月発行の「時報」第二号で早くも記されている。編集委員も決定し一九六三年四月三十日締切で原稿募集も行っているが、この時点では出版社は未定だった。結局、出版が実現したのは一九六七年で、題名も翌年の映画タイトルと同じ『あゝ予科練』となった。おりしも、一九六〇年代後半は戦記ブームの最中で、特に海軍ものの人気が高かった（福間 2007: 95-8）。

なぜ慰霊碑と並ぶ計画として、戦記の公刊があったのか。これも予備学生や海軍兵学校などのエリートだけではなく、予科練出身者の存在も戦後社会のなかで認めてもらいたいという欲求を背景にしていた。木村八郎とい

(7) これら以前の戦後に公刊された一般向け書籍は、中村房一『予科練』（一九五七年）のみであるようだ（高野 2010: 489）。

う作家から届いた『雄飛』創刊を祝す手紙の一部を編集部は紹介している。

> ヂャーナリズムは戦争記録を追及《ママ》するうえで、各階層の軍人を網羅する必要を感じております。ところが士官の方には水交会なる整備した組織があり、同会に訊ねれば諸戦闘の参加者がすぐにわかる状況になっており、従って、記録体験発表も士官に頼る現状です。そこで今後はマスコミ界にも雄飛会の存在をPRし、努めて予科練歴戦者の紹介を図られてはいかが。（雄飛 2: 4. 1963/6）

奮戦記の原稿を募集していた編集部はこれを「我が意を得たりの感」と述べ、「事実上、航空戦の中堅は全く予科練出身者であったこと」を広く世間に伝えるべきとする。さらに記事は海軍兵学校出身者だけではなく学徒出身の予備学生も支配的だと言及している。ここには、士官クラスに対する下士官クラスの対抗意識が見え隠れする。

引用にある「各階層の軍人を網羅」については、すでに下士官・兵クラスを中心とする『戦没農民兵士の手紙』（岩手県農村文化懇談会編 1961）が出版され話題を呼んだ後であることも留意したい。また、戦記の編集委員会に関する記事では、予備学生の『雲流るる果てに』『あゝ同期の桜』のみならず、陸軍の少年兵制度である少年飛行兵出身者の戦友会・日本雄飛会が出した『不滅の少飛魂』（一九六二年）、『あゝ少年航空兵』（一九六七年一月）に比べて「いささか出おくれの感もありますが」と書かれている（雄飛 19: 10. 1967/2）。同じ下士官クラス同士の競争意識もあったということだろう。

しかし戦記出版は、旧軍出身者の内輪の対抗意識のみならず、広く戦後社会に対して戦後初期に否定された予科練の再評価を求める欲求にも裏打ちされていた。原稿の追加募集の際の趣意書には、その点が以下のように書かれている。

戦後巷間に、「ヨタレン」とか「ヨカレンクズレ」等の暴言が流布された時があった。而も、この言葉たるやかつて戦いを謳歌し、予科練を賛美した人たちの、その同じ口から事の真偽を確かめもせず発せられたのである。我らは心に煮え立つ無念さをこらえ、殉国の英霊に我らの不甲斐なさを詫びながら、かつて大空の死闘に耐えた如くその罵倒に耐えて一言の抗議もしなかった。(雄飛 8: 3. 1964/6)

戦前の肯定的評価から手のひらを返したように戦後社会が与えた理不尽な否定的評価をくつがえそうというモチベーションがうかがえる。本書の観点から特に重要なのは、「ヨカレンクズレ」などの蔑称に関する戦後の体験は、予科練出身者の戦争体験の入隊世代による差異を越えて共有されることである。そのため名誉挽回につながる事業は、戦場体験をほとんどもたない末期世代も含む関心事となりえたことだろう。

また、追加募集にあたっては、「戦斗場面のみ〔に〕とらわれる事無く予科練生活に力を入れた原稿を改めて募集致します」と強調され、題名も「予科練奮戦記」から「予科練の記」へ改められている(8: 3)。いわゆる戦記ものらしい戦闘場面は初期世代の独壇場であり、中期世代も特攻隊などの戦場体験が執筆可能だが、末期世代には出る幕がない。しかし、戦闘するパイロットではなく、予科練生活という、軍学校生徒としての体験は、入隊世代による教育内容の違いこそあれ、全世代が体験しているものであった。

しかし、実際に出版された『あゝ予科練』を見てみると(予科練雄飛会編 1967)、末期世代の手記は一つもない。一番下は飛行練習課程を終えた十八期までである。しかも大半は初期世代であり、中期世代は三一篇のうち七篇のみに過ぎない。そもそも中国大陸での戦闘から真珠湾攻撃、ミッドウェー海戦など戦争の時系列に沿って編集されており、二〇五頁中の一三三頁まで読んでようやく中期世代の十六期がでてくる。また、初期世代には同一人物から二篇の手記が選ばれているものもある。たしかに冒頭には「予科練の生い立ち」(七〜一四頁)という箇単な予科練生活や入隊世代的差異などの全体像の説明と、慰霊碑建立の経緯や碑文も掲載されている。しかし結局は、原稿の集まり具合や頁数のかねあいもあってか、どの手記も記述は戦場にフォーカスしており、予科練生活にあたる手記はほとんどない。おそらく戦友会の内部においても戦記を読む外部の読者にとっても、戦闘体験のほうが、単なる入隊体験よりも高い価値の序列に置かれている構造を背景に(8)、卓越した戦場体験をもつ初期世代中心の戦記物になったのであろう。

だが、出来上がった出版物自体よりも重要なのは、先述したように批判的問題提起の場としての性格をもつ会員投稿欄において、期別の編集を求めた、十七期の人物からの率直な意見が掲載されていることである。

——戦記に終始し、予科練の真髄を伝えていない——

「あ、予科練」早速拝読致しましたが、何か物足らなく感じます。

例えば〇期生は昭和何年に何名入隊し、どの戦で何名戦死し、生存者は何名というような資料を挿入し、また予科練生活・飛練生活・実戦部隊の内容(教練・学科目等)を系統立てて、できるだけ多くの期生を写真入りで説明紹介し、その期毎に先般掲載された方々の手記を載せれば、迫力もあり、私達も大いに興味を抱き、又、資料としても貴重なものとなったのではないかと思われます。(雄飛 24: 12. 1968/2「迫力不足は覆い難い」)

もちろん「戦記に終始」したものよりも、期ごとの編集が一般読者にとって「迫力」があるとは思えない。その「迫力」は一般読者にとってというよりも、人数的には大多数を占める初期世代以外の予科練出身者である「私達」にとってのものなのだろう。戦後社会に対して「予科練の真髄を伝え」るためには、入隊世代による偏りがなく「できるだけ多くの期生」が包摂されねばならないと、中期世代の彼は考えたわけである。

この意見で提案されていることは、その後、続々実現する。後述するように、雄飛会も協力した映画『あゝ予科練』では冒頭の主題歌の後に、予科練之碑を背景映像としながら、入隊年度ごとに全ての期の生死の人数がテロップとして流される。予科練記念館には、入口に「海軍予科練習生入隊状況」として甲乙丙特乙という全種の全期の入隊生死のデータが掲げられ、展示も期別ではないがそれに近い入隊年別で作られる（常陽新聞社 2002: 83-4）。最終的には、すべての期を取り上げた『海軍飛行予科練習生』（小池 1983ab）という分厚い上下巻の巨大な記録がまとめられていく。刊行物などの自己表象も、全ての入隊世代を包摂した戦友会という集団の輪郭に対応するようになっていくのである。

映画製作への介入

さらに先述した東映映画『あゝ予科練』は、フィルム中には「予科練之碑顕彰会協力」の文字が入っているが、実際には、雄飛会の事務局長大多和達也や元教官倉町秋次が、東映の担当者と折衝して出来たものである（雄飛 22: 9. 1967/8）。詳細の紹介は省くが、一九六七年の『あゝ同期の桜』のヒットを受けて予科練映画を作りたいという東映担当者に対し、事務局長は、「学識もあり、年令、環境等の全く異なる予備学生」と予科練は違う、「〝お涙頂戴〟式の映画を作ることはできないだろう」といって一度は突っぱねている（22: 9）[9]。もともと大学生エリートの予備学生には対抗意識があったうえに、会員からの投稿では、映画『あゝ同期の

（8） このような「戦争体験の序列」については、第一次大戦後のアメリカ退役軍人会の研究が、ジェンダーの視点も加えてモデル化し、動態的な分析を展開している（望戸 2017）。
（9） 学徒兵と一緒くたにされることへの反発に関しては、たとえば、森岡清美が「既刊手記に相互補完的利用に耐えうるものが少なかったため」として下士官搭乗員の手記を取り上げていない（森岡 1995: 6）ことに対して、十八期の桑原敬一は怒りをあらわにしている（桑原 2006b: 113）。

桜』では、「無教育の乱暴者」、「予備学生の紳士に対して無学な」ように予科練出身者が描かれていると憤慨している（雄飛 23: 9. 1967/11、「14期予科練が14期予備学生に物申す」）記事もある。匿名の『あゝ同期の桜』の論評（雄飛 22: 6）も、「お涙頂戴格好の」、「ウェットなドラマ化」に対して、予科練の同種の映画をつくるとしたら「うんとドライなものになると想像する」と、予備学生との差異化を期待している。予科練は少年期からのスパルタ教育によって「死に直面する際の人生百般との絆の断ち具合にドライな面が鍛錬されており」、遺書がほとんど残らないほど「よくもまアあっさりと死んでくれたものだ」と評し、「戦後の雄飛会の集りにも、討議発言の内容にもそんな向う意気の強さが溢れていていてはち切れそうなドライさがともすれば出てきそうなところなど、育ちの程が判ろうというもの」と記す点は、準エリート集団の階層文化的な自己認識として興味深い。

このような背景から、雄飛会は、東映がどのように予科練を描くかに強く関心をもち、関与していく。シナリオをめぐって東映との折衝は続けられ（雄飛 24: 4. 1968/2）、ついに公開に合わせた会報第二十五号冒頭には、自分たちの要望を取り入れてもらった満足を示すように、「映画『あゝ予科練』より」と出典を示された文章が掲げられる（雄飛 25: 1. 1968/6）。その文章は、「予科練はおびただしい血を要求された」、「理屈はなかった」、「女々しい言い訳はなかった」、「逃げなかった」、「「純粋さ」を「単純さ」と嗤うことは容易である、だが嗤うだけの人間は歴史を創り得ない」といった表現が並ぶ文章で「予科練出身者の英霊に捧ぐ」で締められる[(10)]。総じて学徒兵とは異なる対抗的な価値観に依拠した予科練出身者の像を提示していると解釈できるだろう。

映画では冒頭に予科練の概略を紹介するナレーションが流れつつ、予科練之碑が大写しになり、入隊年度ごとの戦死者数などが掲示されるシーンから始まる（図17）[(11)]。また、入隊世代の点では、映画『あゝ予科練』は特攻出撃する中期世代を主人公にしたものである。さらに映画のほぼ前半分が、予科練教育の丁寧な描写（普通学の古典の授業も含む）に充てられている。この点で、全ての入隊世代を包摂しうる表象であった。

さらに、戦友会は映画とタイアップしていく。映画の公開に合わせて、都内デパートで、翌年完成する予科練記念館に収蔵される遺品を用いて、予科練遺品展を開催する計画を立てた（雄飛 23: 12. 1967/11）。これは、「予科練雄飛会本部からの強い要望で東映側と種々折衝を続けて来た」もので、映画にさきがけ一週間、有楽町そごうデパートで開催され、「連日引きも切らない見学者が押すな押すなの盛況、会場に派遣された当直練習生は、その応対や整理に嬉しい悲鳴」だったという（雄飛 25: 3. 1968/6）。地方巡回もあったようで、青森市のデパートで開催され、会期延長の盛況だったとの記事がある（雄飛 26: 9. 1968/9）。

このように、マスメディアの予科練表象は他者が一方的につくったわけではなく、予科練の戦友会が関与し、協力し、介入してつくりだされた側面もあった。そして重要なのは、自らが戦記をつくり映画に関与した顛末を、直接関わった会員だけではなく、会報というメディアを介して大規模な戦友会の全員に共有させていき、参加感覚をもたせたことである。戦後につくられた予科練や特攻隊の戦争映画についての従来の研究は、映画の表象分析（中村 2017）あるいは映画をめぐる言説の分析（福間 2007）に限られていた。戦友会という集団がいかに自己

（10） しかし、現在東映から市販されているＤＶＤ『あゝ予科練』（DUTD02478、一一一分）では、再生開始冒頭に、「謹んでこの一篇を太平洋戦争に於いて散華された予科練出身者の霊に捧ぐ」という文言が、八秒間、黒背景に白字で掲示されるだけで、会報に掲げられている長文全体はどこにもみられない。「霊に捧ぐ」の文言は、会報の文章の最後の一段落分とほぼ同じだが、「英霊」が単なる「霊」に改められている。当時の劇場公開フィルムにはあったがＤＶＤ収録の際に他の文言がカットされたか、最終折衝の段階では全文が入ることになっていたが、公開前に東映側がカットしたのか、不明である。なお同ＤＶＤ収録の予告編では「理屈はない」、「言訳もない」、「ただ戦って死ぬ」、「純粋な少年達」という似たような文言が次々と掲示されるが、背景映像は「精神注入棒」で尻をたたかれる「罰直」に耐える予科練習生たちの姿であり、戦友会側の意図とは異なるものだろう。

（11） ＤＶＤ『あゝ予科練』（DUTD02478）より。入隊年度ごとの人数は、乙種だけではなく、同じ年度内に入隊した甲種など他の種も合計した全体数を掲示したようだ。なお、まだ十分な調査がなされていなかったためか、入隊者数・戦没者数とともに五六頁の表1とは大きく異なっている。

図17　映画『あゝ予科練』冒頭シーン

を表象する映画に関わったかという点は、このような戦友会の会報の分析からみえてきたものである。

一九六八年の「予科練ブーム」——俺たちは「与太練」ではない

映画公開の反響について会報は、戦後社会において「予科練ブーム」が起きていると報じていく。五期の事務局長大多和は、「本が出て、レコードの声[12]が巷に流れ、映画が上映されて〝予科練〟はブームの波に乗ろうとしている」（雄飛25: 4. 1968/6）と述べる。会報の編集者が書いたであろう「〝あ、予科練〟ブームに乗る」と題された記事では、「東映々画の封切りと前後して〝あ、予科練〟は正にブームになりつつある」として具体的に、「東映のハワイマレー沖海戦が再上映されたとたん雄飛会の編集・発行した「あ、予科練」の売れ行きがグーンと延びたため、サンケイ出版局自体も増刷か、再版かと頭を痛めている」、「自民党会館で催された東映々画『あ、予科練』には、佐藤〔栄作〕総理をはじめ福田〔赳夫〕幹事長他の面々が列席、興味深げに若鷲達の姿に見入っていた」（雄飛25: 8）などと新聞記事風の文体で伝えられている。

時まさに大学紛争がピークに達する一九六八年に、「予科練ブーム」と呼びうる光景が広がっていた。地方からの記事でも、山口県分会が、徳山で大会を催した際に、同一九六八年公開の東映映画『人間魚雷　あゝ回天特別攻撃隊[13]』の舞台大津島があるゆかりもあって、「他所に見られない予科練ブーム」、「徳山の町も『あ、予科練』一色に塗られている」、「行くところ町角に等身大の西郷輝彦の予科練姿が目を引く[14]」、「巷で予科練ということばをよく聞く様になった」などと町の様子が描写され、大会後の懇談会でも軍歌の合唱は西郷輝彦の『あ、予科練』（の主題歌「若鷲の歌」）ではじまったという（雄飛 26: 9. 1968/9）。

このように予科練が戦後社会において、好意的に受け入れられる（かのようにみえる）現象が起きたことは、必ずしも予科練出身者として自己を意味づける必要はない末期世代にとって重要な意味を持った。二十三期会報『23飛』創刊号（一九六八年八月一日発行）[15]には、「創刊に寄せて」という会長の文章が掲げられている。

慰霊碑が建てられ、「ああ予科練」が本になり、映画化され記念館建設事業が同窓だけではなく、多くの国民の協力を得て、慰霊像の傍らに力強い槌音を響かせている。

予科練の正しい姿が、戦後二十三年を経て、社会から正しい目で認められた。

俺たちは「与太練」ではない。「土科練」でもない。

大空に向かって大声で叫ぼう。

俺達は「海軍飛行予科練習生」だと。

ここには、戦後初期において末期世代も等しく受けた、予科練という経歴に対するネガティヴな評価を肯定的に捉え返すことが、慰霊碑、戦記、記念館などの事業によって可能になったと意味づけられている。末期世代に

（12）西郷輝彦がカバーした「若鷲の歌」（＝戦時下の流行歌となった予科練映画『決戦の大空へ』の主題歌）を指すと思われる。映画『あゝ予科練』主題歌として用いられた。

（13）これと『あゝ予科練』と海軍飛行予備学生を扱った『あゝ同期の桜』はすべて、毎日新聞社刊行の手記を原作とし、東映が一九六八年に映画化したものであった（福間 2007: 126）。

（14）映画『あゝ予科練』で西郷輝彦は主題歌を歌うと同時に主人公格の予科練習生（和久一郎）を演じている。

（15）現物は入手できていない。『23飛』第一〇〇号（二〇一七年六月一日発行）の一頁に転載されているものから引用した。

とって、戦後における戦友会の諸事業の達成や「予科練ブーム」があってはじめて、予科練出身者という経歴が自己のプライドの源泉になりえたという側面もあるのだろう。

4　会報を媒介とした集合的記憶の二重性

以上みてきたのは、戦争体験は多様であっても、戦後に戦友会の達成した事業が会報によるイメージや言葉の「共有」を通して集合的記憶をつくりだし、次なる事業へと結び付いていくプロセスであった。特に末期世代にとって、募金などによって事業達成の一翼を担うことは、〝不完全燃焼〟に終わった戦前の予科練時代の戦争体験の不全感を埋め合わせられるものであったことだろう。

戦友会は、戦時中の戦争体験を詰め込んだ「記憶の貯蔵所」（高橋 1992）を開いて仲間内で語り合う過去志向の側面のみならず、事業の達成という戦後の体験を新たにつくりだし戦友会の集合的記憶として共有する現在志向の側面をも求心力としていた。たしかに『共同研究・戦友会』で伊藤公雄も「戦友会という場」における体験の共有を示唆していた。戦前の対面的関係が薄い大部隊戦友会のなかでも、最初期の昭和二十年代に形成された歴史の長い大部隊戦友会の出席率が一九七〇年代末の調査当時でも高いという集計結果を以下のように解釈する。

体験縁という概念を、戦中という一時期に限ることをせず、戦後をも含むタイム・スパン（時間の幅）で眺めれば、こういうこともできる。戦後の四〇年近い戦友会活動は、彼らに戦後の生活の中で、戦友会という場を通して相互に共有の体験を形成させたのだ、と。〔中略〕戦後の戦友会活動は、彼らに、戦後形成された「体験縁」を生み出させはしなかったか。あまりうまい言葉ではないが「戦後の戦争」を、戦友会という場で戦った仲間、という意味での共有体験が彼らの現在の結びつきを強化している。（伊藤 1983: 185–6）

ただ、これはあくまでデータの仮説的な解釈である。本書は戦後の「体験縁」の実証分析を行ったことになる。予科練戦友会において、戦後の事業達成を集合的記憶として、戦友会幹部や大会出席者の範囲をこえて共有し、大規模戦友会を「想像の共同体」として成立させたのが、会報というメディアであった。会報の読者は、そこに掲載されている写真や会員のリポートによって当日その場のイメージを共有することができ、同じ言葉によって事業の意味づけを共有していく。大規模戦友会は、寄付のような非対面的な手段も含めて事業に参加し、会報を読み、時に記事を投稿することによって、集合的記憶に参与していく場であった。彼らは、戦争体験とは別に、(再)集団化の核となる戦後の体験・記憶を自分たちで創造し、共有していったのである。

時間軸からみて、予科練の戦友会は、戦中と戦後という時間的に二重の構造をもつ集合的記憶を基盤としていたことになる。予科練時代および戦場などにおける戦争体験が第一の集合的記憶の層をなすが、第2章でもみたように予科練出身者の戦争体験は世代的にも共有されない要素が多い。これに対して、戦友会活動を通したイベントや学歴認定、慰霊碑建立などの達成といった戦後の体験は、第二の集合的記憶の層をなしていた。重要なのは、いくら戦時中の体験・記憶がバラバラであっても、戦後の戦友会の記憶は、会報というメディアの媒介によって、より広く共有され、集合性を拡大しえたという点である。

集合的記憶の二重性は、戦後の第二の層によって戦争中の第一の層が上書きされて抹消されるわけではない。また、戦後の現在の視点から、戦争中の記憶が再構成・変形されるという図式とも異なる。[16] 入隊世代や戦友会への参与の度合いなどによって、二つの層の厚みの様態や比率はさまざまであり、ライフコースや集団化過程にも目配りしつつ分析することが重要である。このような集合的記憶の二重性のモデルは、戦友会に限らず、他の戦

---

(16) このような集合的記憶の「現在主義」(浜 2007: 184-5) 的解釈には、すでに理論的な観点からの批判 (金 2020) や実証研究の観点からの批判 (野上 2009: 2) がなされている。

争体験に関わる諸集団にも応用可能ではないだろうか。

第4章　地域婦人会の記憶と行動――軍隊と地域の歴史的文脈から

事業達成のための資源調達という点では、集団の大規模化だけではなく、予科練出身者以外の人々から寄付や支援を求める手もある。『共同研究・戦友会』執筆陣の溝部明男も、戦友会当事者たちは「会員」という言葉を使わず、会員の要件もはっきりしないことが多いため、組織機構というよりも「ネットワーク」と捉えるほうが有効であるとし、「軍隊体験をもたないが何らかの縁によって参加してくる人びとも部分的ではあるが存在する。したがって、戦友会ネットワークは拡大していこうとする傾向を潜在的には内包している」（溝部 1989: 257）と指摘している。たとえ会員になることはなくとも、募金などの支援は、緩やかな参加を可能にする。第4・5章では、文化的・政治的・経済的なものを含んで戦友会の外部に広がるネットワークを明るみに出していく。

1　なぜ地域住民は戦友会を支援したか

本章で焦点を当てるのは、慰霊碑が建立された地域の住民との関係性、特に支援者の存在である。そもそも、全国に散らばる元軍人にとって慰霊碑や記念館という不動産の日常的な管理は、立地地域の住民や組織に委ねざるをえないため、戦友会は立地地域に支援者を見出し依頼する必要に迫られる。建立地に住む戦友会員は、数が多いわけではなく、しかも働き盛りの年代なのである。

そして会員たちが高齢になる将来は、碑という不動産の管理を現地に依頼せざるをえない。慰霊碑は、頻繁に人の手を加えなければ老朽化し草に覆われてしまう。新田光子が、慰霊碑に関する戦友会へのアンケート調査データから明らかにしたように、慰霊碑の建立場所設定に関しては以下の四つのファクターが当事者たちによって考慮されている。簡潔にまとめると、①由縁の地、②関係者が集まりやすく、日常の維持管理に便利なところ、③未来永劫にわたって慰霊の継続が可能なところ、④（戦友・遺族以外の）部外者にも参拝され、後世にも伝えられるところ、である（新田 1983: 245）。②〜④の点から、建立・所有主体にとって、慰霊碑が確実に管理され続けることが重要視されていることは明らかである。

とはいえ、地域住民からすれば、慰霊碑は、必ずしも歓迎される存在とは限らない。新田光子によれば、「騎兵二十連隊」碑は、軍隊や戦争の賛美につながり、子どもたちに悪影響を与えるという理由から、公園となっている市有地への建立計画が地域住民の反対を受けたという（新田 1980 : 79）。また、一般に慰霊碑は死にまつわる空間を構成するため、地域に配慮して、極力明るいイメージに変換する試みがなされることもある（西村 2011 : 140–4）。

戦後社会における予科練の戦死の物語も、例えば原爆犠牲者のように平和主義につながるという国民的なコンセンサスができている対象とはいえない。しかしながら、予科練之碑に関しては、地域婦人会という組織が、当事者の戦友会に対し、慰霊碑誘致や内部対立の調停をはじめとして積極的な動きを展開した。その影響力の大小はともかくとして、地域住民は、戦友会に働きかける介入性を持っていたといえる。

地域住民は、なぜ予科練出身者の事業を積極的に支援したのか。この問いについて本章は、地域の歴史的文脈を踏まえて明らかにする。

分析に入る前に、この問題について先行研究はどのような説明を展開してきたか検討しておこう。

第一に、戦死者慰霊をめぐる、宗教社会学的研究がある。戦死者慰霊の研究の出発点には「靖国問題」があり、国家や靖国神社との政治的関わりが主な主題となって展開してきたが、近年は多様なディシプリンから実証的研究が行われている（藤田 2008; 西村 2013: 272–3）。特に、地域の担い手に着目した、宗教社会学者の孝本貢による一連の研究がある（孝本 2006, 2009a, 2009b）。孝本は、出撃基地の所在した地域社会における特攻隊戦死者慰霊の事例調査を通して、戦後における慰霊は、戦前と異なり、「戦友会、遺族、地域社会など様々なレベルでそれぞれ独自の枠組みを持って戦死者慰霊への対応が噴出してい」き、「一元的に靖国神社を基軸にして組み立てられていたものから、多様な様相を示すことになる」（孝本 2006: 467）という新たな展開を指摘した。

このような孝本の研究を、戦前と戦後の連続／断絶論に位置づけてしまうこともできるだろう。しかし本章は、「従来の慰霊研究の枠組みが、国家と家族を二項対立的にとらえがちであったのに対して、第三項として「地域社会」を提示している点は大きく評価されるべき」（西村 2013: 277）という方向性で、地域住民への着目という問題提起をさらに深めたい。

この点に関して「慰霊碑の建立や慰霊祭の執行において、家族や戦友たちではなく、慰霊祭祀の対象となる死者たちと「直接的関係を持たない地元住民」こそが中心的役割を担っている点」（西村 2013: 277）が重要である。そして問題は、家族などの血縁や軍の部隊などの第一次集団などではなく、「直接的関係をもたない」地域の人々がなぜ関与するかである。この点について既存の地域慰霊論は、比較的単純な説明で済ませてきたように思われる。例えば、死者や生き残りたちへの共感を背景として、「霊魂を慰め、しずめなければという思い」（孝本 2009b）を、戦友や遺族と同じく共有したこと、によって一括されて説明されてしまう。他の論考においても、この負い目などの思いが端的に触れられるだけである（孝本 2006, 2009a）。

この説明の第一の問題点は、慰霊に参加する人々はみな単一の思い（意識・記憶）を共有しているというイメージを挿入してしまうことによって、地域の主体の固有の関心の分析を素通りしてしまうことである。地域の主体の関心は、死者への思いなどの共有部分をもちながらも、地域で生活してきたわけではない生き残りの戦友や遺族とは異なる部分をもつであろう。たしかに、地域社会という第三項の描き出しが不十分であったのは、孝本の研究目的が、あくまで靖国神社（ないし国家）に対する独立性・独自性を主張しようとするものだったからであろう。しかし、孝本の研究を「地域」慰霊論として発展的に継承するためには、第三項としての地域社会を、特定の主体・集団（本書では地域婦人会）のレベルで分析し、その地域特有の戦争体験を背景にした生活史上の経験を把握したうえで、慰霊へのコミットメントという行為を説明することである。

第二の問題点は、地域住民と戦死者や生存者との戦時下における関係形成が分析対象とされていないことである。戦時下において地域住民が特攻隊員などを見送った（孝本 2006）などの概況が簡単に言及されるだけで、具体的な歴史資料の分析は行われていない。

この第二の問題点は、第一の問題点をクリアしている戦争の記憶研究においてもネックとなっている。『「知覧」の誕生』（福間・山口編 2015）や『戦跡の戦後史』（福間 2015a）は、戦後の各時点におけるメディアや観光の作用に注目することで、死者への思いといった戦争体験論的な視座とは異なる研究展開を切り開いた。戦争体験者だけではなく、地域住民や行政などの戦争の記憶を見出す側の戦後の諸主体の「欲望」や利害も描き出している。

しかし、戦友会やマスメディアなどの外部の主体による戦跡の「発見」と、そこから構築された記憶を地域住民が「内面化」（福間 2015b: 62）するという図式においては、地域の各担い手の戦前からの歴史的文脈はさほど深く掘り下げられない。その際には、戦前において軍隊と地域社会の間でどのような相互関係が形成されてきたのか、「対立と妥協、相互利用など、地域の「主体性」や関係の多様さを明らかにする」視座から[1]二〇〇〇年代以降実証研究を蓄積してきた歴史学の「軍隊と地域」研究（中野 2004: 41）が取り組んできた課題に、いかに生活史的・社会学的視座からアプローチできるかが問われよう。[2]

以上の先行研究の検討を踏まえたうえで、2節では地域婦人会の慰霊碑建立における支援活動に焦点を当て、3節では、その支援の背景にある、地域住民と予科練習生との戦時下の関係形成を探究する。

郵 便 は が き

恐縮ですが、
切手をお貼り
下さい。

101-0051

（受取人）

東京都千代田区神田神保町三—九

幸保ビル

新曜社営業部

行

通

信

欄

通信用カード

■このはがきを，小社への通信または小社刊行書の御注文に御利用下さい。このはがきを御利用になれば，より早く，より確実に御入手できると存じます。
■お名前は早速，読者名簿に登録，折にふれて新刊のお知らせ・配本の御案内などをさしあげたいと存じます。

お読み下さった本の書名

通 信 欄

新規購入申込書 お買いつけの小売書店名を必ず御記入下さい。

(書名)	(定価) ¥	(部数) 部
(書名)	(定価) ¥	(部数) 部

ご氏名《ふりがな》　　ご職業　（　歳）

〒　Tel.
ご 住 所

e-mail アドレス

ご指定書店名	取次	この欄は書店又は当社で記入します。
書店の住　所		

2　地域婦人会の構想と行動

慰霊碑が建立された茨城県の霞ヶ浦の南岸、土浦市の南東に隣接する阿見町の地域婦人会は、戦友会が慰霊碑建立地を同地に決定する以前から、独自に慰霊碑建立の構想を持って活動していた。彼女たちは戦友会の慰霊碑建立事業にどのように関与していき、いかなる役割を果たしたのだろうか。(3)

母に対する子どもとしての予科練の記憶——観音像と裸像を併立するならば

まずは、建立地選定の時点からみよう。戦友会側でも建立候補地は複数検討されていたが、主に将来的な管理の観点から土浦海軍航空隊跡地へ絞り込まれていったことがわかる。

(1)　文化人類学も、米軍など現代社会のフィールドのなかで、「生活者としての兵士、地域社会に生きる兵士のあり方」に注目し、「軍隊とそれを一部とする外部世界との相互関係」(田中 2015: 1–2) について論じる視座を提示している。

(2)　歴史学からのこの事例へのアプローチとして、阿見町における海軍航空隊や予科練の集合的記憶の形成過程を、占領期から一九六〇年代まで地方紙記事などの地域資料から概観した論文がある (白岩 2015)。また阿見町の海軍航空隊跡地への警察予備隊・保安隊・自衛隊誘致に関しては別稿を参照 (清水 2022)。「軍隊と地域」研究でも、『軍隊と地域』(荒川 2001) など以来、航空隊と地域の関係は取り上げられており、航空隊と関連産業が集中した「空都」の研究もある (鈴木 2012)。

(3)　地域の婦人組織が、一九六〇年代に戦争に関する記念碑の建設を行った類似事例として、舞鶴市連合婦人会が主要な担い手となった引揚に関する「あゝ母なる国」碑 (一九六三年建立) がある。これは地域の女性たちの引揚者に対する湯茶接待などの活動の記憶を基盤に、舞鶴連合婦人会会長や市議を三期一二年務めた田端ハナという女性リーダーの主導でなされている (上杉 2010: 272–4)。戦後社会のなかで社会的な力をつけてきた女性たちが、組織を通じて、地域の戦争の記憶の形成に関与していくことは、おそらく各地にみられた現象であろう。

建立約二年前の『雄飛』第七号では、以下のように建立委員会における慰霊碑建立地をめぐる議論が報告されている。まず、「参拝や行事その他諸々の事情から言って第一番の地」ということで靖国神社が第一候補となっていたものの、「他の団体との関連が生じて極めて困難」であるとされる[(4)]。そして第二候補は、幹事会では、土浦（海軍航空隊跡地）への希望が「圧倒的に多かった」という。この記事の寄稿者野口克己も一期生であり、自身が予科練教育を受けた予科練発祥の地の追浜（横須賀海軍航空隊跡地）に「未練がないではない」とは述べる。しかし、追浜は「建立場所としては種々の問題があ」って「条件が不備である[(5)]」と、必ずしも発祥の地に固執しない考えを率先して示し、「結局慰霊碑は土浦の武器学校（予科練跡）や地元民の強い希望など、爾後の祭事やその他のことも考え合わち〔せ〕て土浦に決定される公算が大きい」と述べている（7: 3. 1964/4）。

第2章でみたように予科練内部の世代的な差異により、初期世代は横須賀海軍航空隊、中期世代は土浦海軍航空隊など、そして戦争末期には同期であっても多数の航空隊にバラバラに分かれていき、予科練の体験は訓練場所という点でも多様であった。そのなかで、土浦海軍航空隊跡地を推す理由として、歴史的な正統性や全国的な知名度のような戦前に根拠をおく理由だけではなく、地元の自衛隊の存在と地域住民の「強い希望」という、戦後の地域状況が理由に挙げられている。

それでは地域住民の動きを追跡しよう。戦友会が予科練戦没者慰霊碑建立委員会を発足させたのは、一九六三年の第一回慰霊祭であったが、その二年前の一九六一年には予科練関係者が武器学校を見学し、婦人会役員や地元有力者と面会し、それを契機に、婦人会の中心メンバーによって十円募金が始まっていた（堺 2011: 10）。さらに商店経営者の組織「商榮会」が賛同し、募金活動に加わるなど、防衛庁の認可前から地元の住民有志の支援の声が上がっていた（阿見町 2002: 145）。ついで『雄飛』第八号でも、「なお土浦は地元婦人会を始め、土空〔土浦海軍航空隊〕跡に出来た陸上自衛隊武器学校も、この慰霊碑建立に非常に大きな好意と期待を寄せており」と地元の強い支持が報じられている（8: 1. 1964/6）。さらに、雄飛会の県支部の茨城雄飛会の結成大会が武器学校講堂で行われ、町長も参加し、「慰霊碑を土浦に誘致の動議があり、歴史的条件、地理、維持管理、地元での熱烈な支持などの面から最適であるとの説明が行われ満場一致で可決」されたと報じられている。

自衛隊については後述するとして、なぜ地域住民、特に地域婦人会が誘致に動いたのだろうか。

実はそもそも婦人会は、予科練の慰霊碑をつくる構想を独自に持っていたのである。以下では、『雄飛』第十号を参照しよう。まず一九六四年九月末の建立委員会で建立地が土浦海軍航空隊跡地と決定され、十月には慰霊碑建立委員代表が現地へ行き、「阿見更生保護婦人会会長古谷りん女史宅をはじめ阿見町役場、自衛隊武器学校などをそれぞれ訪問、各所で慰霊碑建立に積極的に協力すると力強く伝えられ」た。特に婦人会長の古谷りんは、「この慰霊碑は、私達が全国の母親に檄を飛ばして建立しようとも考えていた。全面的に協力する」と、すでに集められていた十万円の寄付金を小林熊一委員長に手渡したという（10: 1. 1964/10）。募金運動の呼びかけの対象は「母親」であり、「先ずは阿見町婦人会、稲敷郡、県連、全国主婦連と拡げてゆき、全国のお母さん達に」（予科練 140: 4. 1988/5）と考えていたと後に古谷自身も回想している。

古谷との会見については、会報に以下のように報じられている。興味深いので全文を引用する。

> 現在町会議員である古谷りん氏は嘗ての予科練生いたち〔予科練生たち〕の姿を良く知っておられ、大戦中予科練の果した功績に対する何等の顕彰碑もない事を歎かれ、早くから予科練生の慰霊を日本の母親達の手によって建立すべく、郷土新聞等を通じて運動を始めておられた方であり、その熱意には全く頭の下る思

（4）「靖国神社境内への慰霊碑建立は、神社側の意志で制限され、戦友会が希望してもほとんど許可されないことになっているので少ない」（新田 1983: 242）。

（5）横須賀海軍航空隊跡地は、日産自動車追浜工場に転用されていた。「予科練誕生之地」の碑（第2章）が市有地に建てられたのは、一九八一年のことであり、土浦海軍航空隊跡地の「予科練之碑」から実に一五年も遅れている。

いであった。

雄飛会が存在し慰霊碑建立計画のある事を知ってからは全面的な賛同は勿論、協力の一端として厚生〔正しくは更生〕保護婦人会十名の方々の浄財拾万円（水道料の徴収等で得た報酬）を基金にと既に集めて居り、雄飛会に寄付したいとの申出に会見した小林委員長は固辞したが、介添御二方と共に説かれる熱意に一応御預りする事とした。

尚古谷氏は全国婦人会七百万の会員に呼びかけ、国に殉じた紅顔の空の戦士に対して浄財を集め母親の気持を表現したいとの誠意溢れるお話に、会見した委員一同頭の下る思いであった。

雄飛に発表した観音像の案(6)についても若い予科練生の像、姿を以て碑型とするべきとの考えをもっておられ、観音像は慈母を象徴するとして、予科練生の裸像等を併立するならば意義がある等々の発言には未だ原案すら出来ていない委員会代表として誠に汗顔の至りであった。（雄飛 10: 1. 1964/10）

注目すべきは、婦人会が、「母」に対する、「紅顔の」「若い」いわば〝子どもとしての予科練〟のイメージを前面に出していることだ。ゆえに支援者として想定されている「全国婦人会七百万の会員」（人数規模的に「更生保護婦人会」ではなく「地域婦人会」〔全国地域婦人団体連絡協議会〕であろう）は、「日本の母親達」なのである。そして「母親の気持を表現」するために、「慈母を象徴する」「観音像」(7)とセットの「若い」「予科練生の裸像」の案が出されている。なんと、七つ釦の制服も飛行服もまとわない、わだつみ像と同じ裸像なのである（第2章参照）。また、観音像は戦前戦後の日本において戦争死者慰霊や平和のモニュメントとして数多く建立されてきた（君島 2021）。

さらに一九六五年一月には、陸上自衛隊武器学校（校長以下一〇名）と阿見町役場（助役ほか）、阿見町婦人会（古谷りん会長ほか三名）との正式な第一回会談が行われた（雄飛 12: 1. 1965/3）。武器学校側が「現隊員の精神教育にも大いに役にたち」という自衛隊員への教育という観点から意義づけを行ったのに対して、婦人会は「母親を恋しい頃の少年達が巣立って大空に散華した。この方々を想えば私達は胸がしめつけられる思いである。母親の立場として、私達は雄飛会と別個に県内はもとより、全国の婦人会に呼びかけ、募金をしたい」と、やはり母親と子ども（少年）という対比を打ち出している。それと同時に、古谷が更生保護婦人会長を兼務していることもあってか、「この趣意書を世に広く発表することにより現青少年の善導に大きな成果があがることを信じる」とも述べたようだ。

更生保護婦人会は、更生保護の関連団体のなかでは、「比較的地域性の強い」組織であり、「結合力・凝集力が強」い組織だとされているが、それは「既存の地域婦人会の衣がえ」（古賀 1982: 374）が多いことと関連がある。つまり『雄飛』上では更生保護婦人会長と紹介されているが、実際は地域婦人会会長とほぼ同じだと考えてよい。ただ、重要なのは、組織の公式目的としては、「犯罪者に対して、母親のような愛情をもって援助を行うことを

（6） 第七号で、京都在住の二十一期生が、慰霊碑の「私案」として「雄飛観世音菩薩」を提示している（雄飛 7: 6. 1964/4）。画家の広瀬貫川が描いた、台座を蓮花ではなく（雄飛を表す）上り竜にした構想図や、土浦市に寄贈して霞ヶ浦湖畔に雄飛公園をつくるといった計画が記載され、清水寺管長・大西良慶や広瀬が賛同のメッセージを寄せている本格的なものだった。しかし、おそらく甲種などと合同し自衛隊駐屯地に建立することになったため、乙種の「雄飛」を強調し宗教性も帯びる観音像案は没になったのだろう。関連はないようだが、予科練の慰霊碑では、米軍の機銃掃射で戦死した八二名の予科練習生（甲種）を慰霊する慈母観音像が一九六七年十月に淡路島に建立されている。住友銀行頭取・堀田庄三が『日本経済新聞』に「まだいたいけな十四、五才の少年であって見れば、その最後に母を慕（偲）ぶ気持ちもひとしおであったと察せられる。若し、この地に少年達の墓をやさしく見守る慈母観音像が建立されるならば」と寄稿し火付け役となった（雄飛 23: 5. 1967/11）。堀田は予科練記念館建設委員会顧問でもある（一八四頁図28）。

（7） なお雄飛会の現地担当者だったY氏も、古谷が「観音様か何か」を建てようと考えていたことを、筆者に質問されたわけではない文脈で語っており、よく覚えていた（二〇一五年六月二十五日インタビュー）。

目標にして」おり、「女性らしい行き届いた思いやりに根ざした多様な計画が実践されることが望ましい」とされていることである（監野 1982: 363）。実態はともあれ、少なくとも公式的には疑似的な「母親」役割を求められている組織のようである。

このような婦人会の動きを戦友会は歓迎しており、慰霊碑の原像完成の際の会報記事では、募金者として全国の予科練出身者と旧海軍関係者、遺族に加えて、「予科練を愛し吾が児のように想いを寄せてくれる一般の方々」をわざわざ挙げている（雄飛 15: 1. 1965/12）。「愛し吾が児」という記事の文面からは、予科練戦友会側も、自分たちが婦人会からどのような存在として記憶されているかを把握しているようである。

以上のような、子どもとしての予科練の記憶が形成される歴史的文脈については後述するが、予科練出身者という集団の自己表象とは異なる、地域住民の予科練表象が提示されていたことをまずは押さえておきたい。

現場における組織的な行動力

婦人会の支援活動の特徴は、自らの手足を使った組織的な行動力にあった。第5章でみるように中央の政財界の支援が、主に金銭などの非対面的な支援であったのに対して、地域婦人会の女性たちは、現場の対面的関係のなかで労力を提供する支援者であった。

具体的には、地域婦人会内で募金を呼びかけ、自ら水道料金徴収を行ってマージンを募金し（阿見町 2002: 147）、これが先述した十万円もの募金になっていく。碑の除幕式（第一回慰霊祭）では会場のテーブルに生け花を飾ろうとリヤカーを引いて近所を訪ねて、一日で百個の水盆を集めた（常陽新聞社 2002: 205）。彼女たちは、甲種九期生がデザインした七つ釦や錨をあしらった浴衣を作成（販売もされ益金は慰霊祭に寄付）、着用して慰霊祭に参列し、割烹着を着て(8)湯茶接待や会食会場の準備・片付けはもちろん、浴衣姿で予科練踊りを披露した（図18・19）。第一回慰霊祭当時の記念写真には、浴衣姿の五七名（うち二名は着物）の婦人会有志が写っている（阿

図 18　婦人会の湯茶接待の様子（1967 年第 2 回慰霊祭）[9]

図 19　割烹着の下に浴衣を着ている婦人会の人々
（1967 年第 2 回慰霊祭）

見町 2002: 145-6）。さらに日常的には、雄翔園の清掃を婦人会の活動に組み込んだ。

　このような〝部外者〟の組織的な行動力は、戦友会からも一目置かれ、受け入れられていた。『予科練』『雄飛』『甲飛だより』の各会報には婦人会への感謝が複数個所で表明されている。特に『予科練』創刊号の表紙には「阿見町婦人会の清掃奉仕」の写真が大きく掲げられている（予科練 1: 1. 1967/4）（図20）。戦友会の現地管理担当者Y氏（十五期）も、「婦人会の団体がものすごく、もう本当に、雄翔園の草を自分の手で取って手入れしてもらいました」[10]と語り、自らの手足を使った行動力に感謝を惜しまない。そして、慰霊碑の除

（8）　割烹着は、入営兵士への湯茶接待に始まり、労力奉仕によって婦人の家庭外の活動の現場をつくりだした国防婦人会のシンボルだったことが想起される（藤井 1985: 66–9）。地域婦人会の行動力を培った歴史的文脈を、国防婦人会を含め仮説的に考察した別稿（清水 2018: 417–9）も参照。なお、当時すでに地域婦人会と戦前の婦人会の組織的連続性自体は認識され論じられていた（田辺 1971）。

（9）　雄飛会本部が保管していたアルバムより。図19・21・22も同様。

予科練

No. 1

昭和42年4月5日

予科練之碑保存顕彰会

事務局

東京都新宿区舟町5の8

事務取扱所

東京都世田谷区三軒茶屋町17

堺 周一 方

5月27日慰霊祭挙行

はるかなるみ空に

＜阿見町婦人会の清掃奉仕＞

詳細5面参照

図20　『予科練』創刊号に掲載された婦人会の清掃奉仕写真

幕式では、婦人会に感謝状と記念品が贈呈されている（雄飛 18: 5. 1966/11）。

『雄飛』から確認する限り、少なくとも第一・二回の慰霊祭では、土浦駅から武器学校への沿道にある大半の家々が、国旗を掲げていたという（そのものの写真はないが、歓迎の雰囲気を伝える写真として図21）。「バスの車窓からみる沿道は、どの家々にも日章旗が薫風に翻えっていました。この軒並みの日の丸に「地元の人達の暖かい心遣いに涙が出ました」という年老いた御遺族の言葉……」（雄飛 18: 2-3. 1966/11）、「沿道の家々はみな国旗を出して我々を迎えてくれる。二十数年の年月を経ても変りない予科練の町、何時もながらの町民の方々のご好意に唯感謝」（雄飛 21: 2. 1967/6）といった記述がある。

これは背後に何らかの地域組織的な動員があったことによって可能になっていたと思われる。婦人会以外の組織については商工会や行政が記事には登場する。それ以外に町内会などの組織の協力があった可能性もあるが、手持ちの資料ではよくわからない。ただ重要なのは、地域の諸主体のなかで、自らの手足を使った行動力で活躍する地域婦人会がスポットライトを浴びる位置に立っていたということである。

リーダーの政治力――皆さん甲も乙も無いでしょうよ

このような地域婦人会の活動は、古谷りんという傑出したリーダーによって牽引されていた。彼女は地域にお

図 21　「予科練戦殁者慰霊祭参拝御遺族」を「歓迎」する阿見町・阿見町商工会の横幕

ける政治力をもっていると同時に、戦友会への働きかけも行った。まず、地域における政治力をみよう。古谷は数多くの役職を兼職していた。地域紙は次のように紹介している[11]。

> 連合婦人会長、司法保護司などのほか十指に余る役職をとおして地域婦人の教養をたかめ、青少年の補導に、或いは社会福祉事業に連日飛び回っている多忙な人。「社会の母」として町内各層から広く慕われている。こうした日常の努力と永年の功績が認められてこんどの調停委員選任となった。（常陽新聞　一九六四年二月八日　二面「水戸地裁調停委員に阿見町の古谷りん氏」）

古谷は茨城県水海道《みつかいどう》市に一九〇八年に生まれ、郵便局職員の夫の転勤に伴って一九四〇年から阿見町の新町地区に移住してきた。クリスチャンとして洗礼を受け、水戸高等女学校を卒業し教師となったのち結婚して専業主婦となったが生涯子どもに恵まれなかった（阿見町 2010: 55–8）[12]。たしかに学歴もあり出身階層も中層以上だと推測されるが、よそ者の古谷が得た地域の役職は、伝統的な地方名望家的な権威や経済力ではなく、「連日飛び回っている多忙な人」、「社会の母」として町内各層から広く慕われて」いるという、行動力に対する評価によって得た社会的地位であった。

そして、ほどなく女性として初の阿見町議に「婦人層の代表として「タスキ」をかけた「紅一点」……悠々上

（10）　二〇一五年六月二十五日のインタビューより。

（11）　他に阿見町の民生委員として名前が挙がっている（常陽新聞一九六八年十二月十日二面）。

位当選する」（常陽新聞一九六四年三月二十八日）。唯一の女性議員となることを可能にしたのは、先述した行動力によって残した実績からであろう。地域の政治家という、単なる婦人会長という地位以上の政治力をもった主体が、慰霊碑建立の大きな助けになったことがわかる。

図22　婦人会長古谷りん（中央）

予科練の戦友会組織の動きとは独立に、慰霊碑建設の構想をあたためていたのも古谷である。古谷自身の回想によると、予科練の跡地である陸上自衛隊武器学校で開かれた盆踊り大会[13]に参加した際に、「ただワイワイ踊るだけではなく、この地はかつて予科練の地であり若人達がここから戦場へ出て行って命を捧げて散ったわけですから、英霊を慰める盆踊りの催しにしたらいいんじゃないか」と考え、「それには予科練の何か記念になるものを建てたら、と云う思い」がわいたという（予科練140: 4. 1988/5）。ただし、古谷自身も「反対やら賛同やら誤解など、いろいろなことがありました」（140: 5）と回顧しているように、予科練の慰霊碑建立には反対の声もあり、地域住民の間でなかなかコンセンサスがとれるものではなかった様子もうかがえる。

古谷は当時、阿見町の婦人会長であり、かつ武器学校の当時の校長と懇意であった。そのため、婦人会員に呼びかけて賛同が得られると、武器学校へ話を持ち込み、武器学校の仲介で古谷は、慰霊碑建立に動いていた乙種十八期の戦友会と接触し、戦友会との連携が始まる[14]。ここからも、古谷の積極的な行動力がうかがえる。資料には明確に現れていないが、地元行政の阿見町やさまざまな地域組織とのパイプ役であったのだろう。

第二に、予科練の戦友会の内部対立の調停に動いたという、戦友会に対する政治力もある。

そもそも学歴や選抜・昇進制度の違い（第1章）から、予科練内部では甲種と乙種の間で激しい感情的対立が生じていた。双方の間で制裁の応酬や喧嘩が絶えず、時には倶楽部《クラブ》（一四七頁以下参照）への殴り込みや死亡事故も起こった。頭を悩ませた上層部が、一九四四年三月には甲種を土浦海軍航空隊、乙種を三重海軍航空隊へと分離する対策をおこなったほどであった（下平 1990: 88–102）。

慰霊碑建立は乙種が立案しリードした案件であったため、甲種からは不満の声も出たという。古谷は、甲種の戦友会本部の人物に対し、「皆さん甲も乙も無いでしょうよ。一般の人達は甲も乙も全然わからないことで、一つの予科練として大同団結して成しあげ《ママ》なければならないことではありませんか」と説得し、さらに請われて東京での甲種の集会に参加して、同様の趣旨のことを訴えるという役回りを担ったという（予科練 140: 5. 1988/5）。

---

(12) なお類似の人物として、陸軍の航空隊基地のあった鹿児島県知覧で特攻隊員を世話し見送り、戦後は慰霊に尽力した鳥濱トメが有名である。しかし、一九〇二年生まれのトメは女中奉公の母の私生児で、小学校に入学するも八歳で子守奉公に出されるような下層の出自であり、軍指定食堂の女将として少年兵と関わった（赤羽・石井 2001: 242–5）。たしかに同世代の移住者という共通性はあるが、トメが地域住民のリーダーとしての地位・役職にいた形跡はない。

(13) この慰霊盆踊り大会については、「「昔予科練いま武器学校　ともに栄えて阿見の町」と阿見音頭にうたわれる陸上自衛隊武器学校（阿見町青宿）の一角に建てられた予科練記念碑脇の広場で、〔中略〕二日間第八回慰霊盆踊り大会が催される」と『常陽新聞』（一九六八年八月三日二面）が報じており、毎年開催とすれば一九六一年から始まったと推定される。先述したように、同年に予科練関係者が古谷たちに初めて会っている（堺 2011: 10）。一九六四年に十九期会の全国大会が土浦で開かれた際にも、夜に阿見町婦人会主催の武器学校内の盆踊り大会に参加して「楽しく踊る」、「古谷りんさんの慰霊塔建立への熱意が披露され、一同感激」したとある（赤とんぼ 2: 2. 1964/9）。

(14) このようなローカルな協力関係は慰霊碑建立後も続いている。八月十五日に行われる茨城雄飛会の慰霊碑の清掃奉仕では、昼食は阿見町婦人会有志の炊き出しであり、麦湯・氷水にのどをうるおしたという。さらに終了後は、旅館で武器学校の岡校長とその秘書で同窓の二十一期生と婦人会八名を合わせて盆供養の宴が開かれ、かくし芸や思い出の歌、全員で軍艦マーチを合唱するなど盛り上がったという（雄飛 23: 10. 1967/11）。

これは当事者の乙種にはできない役回りであった。地域住民は戦友会の統合の媒介としても一役買っていたのである。

そして戦友会側も、この古谷の予科練観を戦後社会からの見られ方として受け止め、内部の統合に活用していく。甲種だけではなく乙種の内部にも、なぜ乙種単独の碑にしないのかという不満の声があった。雄飛会事務局長の長峯良斎は、本部を尋ねてきたS氏の質問、「(全種合同の慰霊碑建立のための)顕彰会をなぜつくるのですか。雄飛会だけではいけないのですか」に対して以下のように答えている。

先ず第一に慰霊碑は雄飛会だけで出来たのではないと云うことです、確かに甲・特乙・乙の三会の中でその中心となったのは雄飛会です、それは誰でもがみとめるところです、然し雄飛会だけではこの様にゆきません、それは、碑は自ずと社会性を持ったものであり社会性を無視しては碑の存在はあり得ないからです。予科練というものを社会一般から見たときは、そこに甲も特も乙もないのが一般通念です。〝予科練は一つ〟なのです。(15)

長峯が「碑は自ずと社会性を持ったもの」と語るとき、たしかに戦友会は、外部の戦後社会からのまなざしを意識している。ここで使われている「予科練は一つ」というのは、古谷たち地域住民からみた予科練像そのままである。逆にいえば、(戦後日本の)「社会一般」の「一般通念」を代表する存在として古谷がいたことになる。雄飛会幹事長の野口克己も、「予科練の起源や制度を深く考慮に入れないで当時の為政者がつけた甲種飛行予科練習生という名称」に対する不満を認めながらも、「予科練戦没者の慰霊碑といえば社会的には甲種飛行予科練習生につながる」と外部の社会の視線を重視する(雄飛 7: 2. 1964/4)。

とはいえ、慰霊碑建立の鍬入れ式が行われる時期になっても、不満は噴出し続ける。これに対して、海上自衛隊各基地に募金願をした四期小金貢が「慰霊碑は乙飛独自の手で建てるべきだ」と主張する同窓へ反論する手紙の文面が掲載されている（雄飛 14: 6. 1965/9）。手紙では、予科練の碑がいくつもあったら「在天の美〔英〕霊は迷われる」という死者志向の理由に続いて、慰霊碑建立への協力を約束し十万円の募金をいただいた婦人会の方々は、「予科練の甲、乙、特乙の区別を知っていて、特定の乙飛と云うものに対しての協力の意味だったろうか？」と委員の一人が言っていたエピソードを紹介している、つまり、戦死者に加えて、地域の支援者のまなざしを説得材料に挙げているのである。

同号では、阿見町商工会主催で予科練戦没者慰霊盆踊りが武器学校校庭で開催され、やぐらを組み、五千名が来場したとの記事（14: 3）や、「地鎮祭に参列して」と題された古谷りんの寄稿も掲載されている。古谷は、「予科練出身者の皆様方のこの度の立派な行為」をたたえ、四首の短歌を載せている。古谷が最後に掲げた一首「あさなあさな水ごりして祈るかな　つつがなくしてこのこと成れと」からは、その後も生涯続けたという毎朝冷水をかぶって体を清める水垢離《ごり》をすでに始めている姿がうかがえる（14: 5）。おそらく予科練出身者でさえ毎朝水垢離をするほど個人として熱心に慰霊を実践していた者は少なかったであろうことを考えると、古谷は、やはり一目置かれる存在だったのだろう。

以上のように、婦人会は、戦友会外部の「社会一般」を代表するような立場から、統一的な予科練のイメージを供給し、甲乙の内部対立をおさえる役割を担った。もちろんその働きかけが、どれほど実質的に戦友会に影響を与えたかまではわからない。しかし、戦友会外部の支援者が、資源の提供を通して主体的な働きかけを展開していく側面を明らかにしたという点は、従来の戦友会孤立論から視野を広げるうえで重要である。

（15）「顕彰会について」（予科練之碑保存顕彰会世話人代表長峯良斎）。時期は不明だが、内容から予科練之碑建立後で予科練之碑保存顕彰会の発足前だとすると一九六六年五月二十七日以降一九六七年五月二十七日以前と推定される。雄飛会本部が保管していた月刊『予科練』の束の冒頭に挟まれていたものである。

3　軍都を生きた四半世紀

婦人会が部外者でありながら積極的な役割を果たし、戦友会側にも受け入れられた背景には、戦時下にさかのぼる、地域住民と予科練習生との対面的関係形成の過程がある。以下では、この地域において第一次大戦後から始まる軍隊との関係性の歴史的文脈を概観したうえで、地域住民と予科練習生との出会いの様相をみていく。

地域社会に対する航空隊のインパクト――エプロンかけてお化粧しておしゃれして

茨城県阿見村[16]という地域が経験した〝近代〟の社会変動・開発にとって、海軍航空隊の存在は無視できない（小林 1994; 荻野 2012: 16-8）。阿見には、一九二一年に飛行場が開設され、一九二二年に霞ヶ浦海軍航空隊が開設されて以来、敗戦を迎えるまで四半世紀近くにわたり軍隊が駐屯していたのである。

阿見は、軍都のなかでも、軍隊が都市を創り出したパターンにあたる。明治期以来の陸軍の連隊などは、城下町の旧城址に駐屯するものが多かったが、このような軍都は江戸時代以前からの都市であり、軍都以外にも政都・商都・学都などの多様な面を持つ。それに対して、阿見村は、江戸時代以前から続く霞ヶ浦湖岸に近い農村集落群と、明治以降に移住者が内陸の台地の阿見原と呼ばれる入会地を開拓した開拓地から成り立っていた。後者の阿見原に、都市部には駐屯不可能で、郊外の立地を望む、航空隊が大正期に駐屯した。

農業地帯のこの地域が直面したのは急激な非農業人口の流入であった。それは単純に航空隊に所属する軍人の数が増えたということにとどまらない。『稲敷郡郷土史』は、「従来は農を以て唯一の業となせしが、海軍航空隊の設置以来村状の急変に依り商工業其の他諸業共に著しく増加せり」と、すでに商工業者の増加を特筆している（塙 1926: 215）。この商工業者人口が集中して形成されたのが新町と呼ばれる、花街を含む盛り場である。「料理屋が十何軒あって、芸者がいて、海軍のナグサミモノだった。いっぱしの兵隊は遊びに行った。（青宿の）若い衆は兵隊と喧嘩しに行った」（一九一三年、一九一八年生まれ夫婦）（小林 1994: 151）[17]などと語られる。一方で、隣接する農村集落・青宿の住民にとって、五キロほど離れた地方都市の土浦まで行かずに、新町の商店街で買い物が間に合うようになって便利な面もあった（小林 1994: 31）。

航空隊の建設で、村の様子が一番変わったのは水上班前の新町である。新町に行くときは着替えて行く、というほど商業地としての発展を遂げた。いわゆる海軍道路の裏通りには料理屋が集中した。〔中略〕自転車屋、床屋、食堂、旅館等は大正一〇年（一九二一）頃にでき、昭和初年になって、土産物屋、酒屋、薬屋、下駄屋、建具屋、呉服屋、魚屋、染物屋等が店を構え始めた。これらの商人たちは県内や近傍の村、東京、栃木、新潟、石川県等からもやって来た。（阿見町 2002: 46）

これらの商工業者は、「日本一の霞ヶ浦航空隊、その新町なんていばっていた」（一九一四年生まれ女性　新町在住）（小林 1994: 30）と語られる。この新町に、戦後に婦人会長になる古谷りんが一九四〇年に移住してくる。

(16) 一九四五年に町制が施行される。なお現在の阿見町は、旧阿見町が旧朝日村、旧君原村、旧舟島村（舟子地区を除く）と一九五五年に合併したものである。
(17) 以下、小林（1994）で示される引用は、筑波大学大学院で民俗学を学んでいた大学院生・小林将人が一九九三年二月から約一年間を費やして阿見の青宿集落二〇戸に対して聞き書きを行った記録である。それぞれの聞き書き記録は、①家の歴史・話者について、②航空隊との関わり、③新町、④なりわいの変化、⑤空襲・戦時、⑥戦後、という項目に整理されている。聞き書きにおいてフィールドノーツに書いた内容をワープロに全て打ち込み、①などの項目ごとにカードに整理したものが、修士論文「むらと海軍」の末尾に、「資料編　家々の航空隊との関わり」（小林 1994: 127-61）としてまとめられている。なお引用にあたり数字表記を漢数字に統一した。引用中の（　）は小林による注記である。

軍隊と地域住民との間では、商業関係者のみならず、農家でも、野菜や牛乳を納入したり、肥料を得たりといった生計にかかわる社会関係があった（阿見町 2002: 67, 75, 76）。しかし、より重要なのは、軍隊との関係よりも、軍人と地域住民との対面的関係である。その形成の場となっていたのが、軍人向けの間貸し下宿であった。

航空隊の成員は基本的に兵営内で訓練生活を送るが、休日を中心にして外泊が認められていた(18)。そこで軍から要請を受けた地域住民は、現金収入を得る手段として下宿を行うことになる。旧阿見村の開業医の妻は戦後に下宿の様子を以下のように書き残している。

阿見村も海軍ならでは、というほどの軍隊の中に囲まれた環境にあって発展してきたのである。農商にかかわらず、大ていの家では軍人を歓待し、部屋を貸したり、下宿になったりして、限られた軍隊の休日を、のんびり過す憩いの場となれるよう、心尽くしたのであった。あの頃の海軍さんの下宿に上る時の、元気なうれしそうな顔、日曜ともなれば村中に又、バスのなかに賑わったものである。（丸山 1979: 8）

この回想にはややノスタルジーが入り込んでいるようにみえるが、重要なのは、地域の相当数の家が下宿業を営み、また軍人への応接を行っていたことである。つまり、軍人が定期的に通う下宿は、普段は基地の内外に隔てられている軍人と地域住民が密に対面的に接触するインターフェースの一つであった。しかも、基本的に一回限りの民宿や民泊とも異なり、数カ月から数年の在隊期間にわたり週に数回下宿を訪れるという反復的・恒常的な往来があったのである。

注目すべきは、下宿において軍人に対する応接は女性の役割だったことである。特にふだんは農業経営の労働力であった農家の女性にとって、下宿での応対は「明るく」「楽しい」といった語彙で語られるような経験でもあった。

兵隊喜んで、わたしらの四つ五つの女っ子がカド〔門〕にいるとうちに泊めてくれとバナナ、アメを買って来て〔子供に〕くれた。〔中略〕二軒ザシキ下宿において、ヘイソ〔兵曹〕一晩おきに交代で泊まりに来た。そんなふうにしてうちの中も明るくて。〔中略〕

おもしろかった。兵隊あがんないうちに、女の人エプロン〔割烹着〕かけてお化粧しておしゃれしてきれいにして、食事の準備した。嫁に行ってずいぶん片づいた人がいる。土曜日曜男はノラ、女の人らが兵隊のトリモチ〔接待〕、おもしろかった。実家にいる頃、習い物してたけど、こっちへ来てから兵隊さんの相手初めて〔した〕。最初はキマリワルクテ、なれるにつれて、名前覚えちゃうと兵隊さんと話しながら楽しかった。ハズカシ半分。あの頃は良かった。オダヤカで良かった。三等兵の人らからは、お姉さんなんて呼ばれた。桜の花盛りに花見に行かないと、オジチャン、長女を連れて花見に連れてってくれた。（一九一二年、一九一一年生まれ夫婦）（小林 1994: 127–8）

女性にとっては、男性に野良仕事を任せて、自らは化粧をして軍人と交流することが許される時間であった。そしてその延長上で、軍人に嫁入りした娘が多かったようだ。

農家の娘は兵隊さんにあこがれた。兵隊さんと一緒にやれば百姓なんてやんねえできれいに楽しくできたっていうので。男と女だから好きになって行っちゃったテイ〔人〕もあるし、十人位いる。土曜、日曜になって

（18）正確には外泊日の頻度は階級によりさまざまである。三等兵は日曜日のみ泊まりなしで昼食のみ、二等兵は四日に一晩、下士官は二日に一晩、二等下士官以上になると所帯をもって下宿よりも借家をする者が多く、下士官教職員は一晩隊内で二晩外泊であったという（小林 1994: 32）。

るとどこの家でも兵隊あがってごろごろしてる。（一九〇九年生まれの女性）（小林 1994: 144-5）

軍人は、農業のように肉体労働ではなく、給与によって生計を成り立たせる俸給生活者であった。軍人との結婚は、女性にとって、肉体労働力としての農家の嫁ではなく、サラリーマンの主婦として生きるという人生のオルタナティヴな可能性を開くものであった（清水 2016）。

ただし、航空隊の人員のなかでパイロットはごく一部なので、下宿する海軍軍人のうちパイロットはわずかであったと考えられる。さらに、この時点では予科練習生は横須賀の追浜で教育を受けており、初期世代が阿見の住民と出会うとすれば予科練卒業後に練習航空隊の霞ヶ浦海軍航空隊で飛行訓練を受けた期間であろう。この飛行訓練中の初期世代については、一期の遠藤幸男[19]の「勉強のために我家の二階に泊まっておいでになったことがある。きびきびとした方で、よく子供達を土浦などへ、連れて行ってくださったりした」（丸山 1978: 11）という記憶が語られている。

以上のように、霞ヶ浦海軍航空隊という軍隊と地域社会は、対面的な生活のレベルで結び付いていた。このような社会関係がすでにあったうえで、予科練習生という十代半ばの軍学校生徒たちも地域に現れるようになる。予科練は一九三九年に、採用人数増加にともなって横須賀海軍航空隊から霞ヶ浦海軍航空隊に移転してきた。そして、霞ヶ浦航空隊は台地の阿見原にあったが、霞ヶ浦湖畔にあった同隊水上班の土地を拡張して、新たに一九四〇年に土浦海軍航空隊が開設され、予科練の訓練は霞ヶ浦海軍航空隊から土浦海軍航空隊へ移転する。つまり一九三九～一九四五年にかけて予科練が阿見町にいたことになる[20]。

一九四一年に海軍パイロットが参加した真珠湾攻撃でアメリカとの戦争が始まると、すでに日中戦争での上海への渡洋爆撃などで有名になっていた、予科練が戦時中のヒーローとしてますます世論の脚光を浴びていく。海軍の宣伝と相まって、書籍も刊行された。例えば一九四三年に二万部が発行された『土浦海軍航空隊めぐり』という書籍を見てみよう。ストーリーは、叔父とともに土浦海軍航空隊を見学に行く国民学校五年生の少年が、見学や予科練習生との交流を通して航空隊への入隊の意思を固めていくというものである。これは土浦海軍航空隊の少佐・原田種壽が監修に加わったもので、冒頭には「原田少佐のお話」として次のように語られている。

> 大東亜戦争の火ぶたが切られて以来、真珠湾の上空に、マライ沖に、さてはジャワ沖、珊瑚海、ソロモン海と、海戦ごとに片っぱしから敵機を、敵艦を、怒濤逆まく海中へ叩き墜す、わが海の荒鷲には、一体どんな勇士が乗っているのでせう。鬼をもひしぐ、ひげむしゃ勇士でせうか……。〔中略〕二十歳前後の若い元気な、リンゴのやうな頬をした海軍少年飛行兵たちなのです。〔中略〕この海軍少年飛行兵の学校、母校である土浦海軍航空隊は、今、日本国民の深い感謝と、信頼の的で、あの逞しい海鷲は、どんな風に育つのだらうか。その訓練振りを見ようと、日に日に、見学者が増大する一方であります。（志村・筑摩 1943: 2–3）

このような宣伝においても、「少年」であることが強調されているのが目を引く。

そして予科練の宣伝映画『決戦の大空へ』（一九四三年公開）のロケが土浦市内で行われる。戦時下の流行歌となった、映画の主題歌「若鷲の歌」には、「今日も飛ぶ飛ぶ霞ヶ浦にゃ」という歌詞も含まれており、予科練＝土浦というイメージは戦時宣伝のなかで形成されていく。映画のストーリーにおいて、主人公の少年の家は、航空隊のそばで予科練習生を温かく世話する倶楽部《クラブ》という設定であり、気弱な少年が、日曜日に日帰りで倶楽部に

（19）遠藤は戦争末期に「B29撃墜王」として大々的に報道され、戦死に伴い予科練出身者では最高階級の中佐に昇進した。戦後は遺児が予科練之碑除幕式で除幕を担った。

（20）海軍航空廠なども設置され阿見は「新型軍都」すなわち総力戦体制下で計画的に創出された「軍学校施設・軍工廠・軍研究所・軍病院などを複合した軍事拠点地域」（荒川 2007: 93）となっていく。清水（2022）も参照。

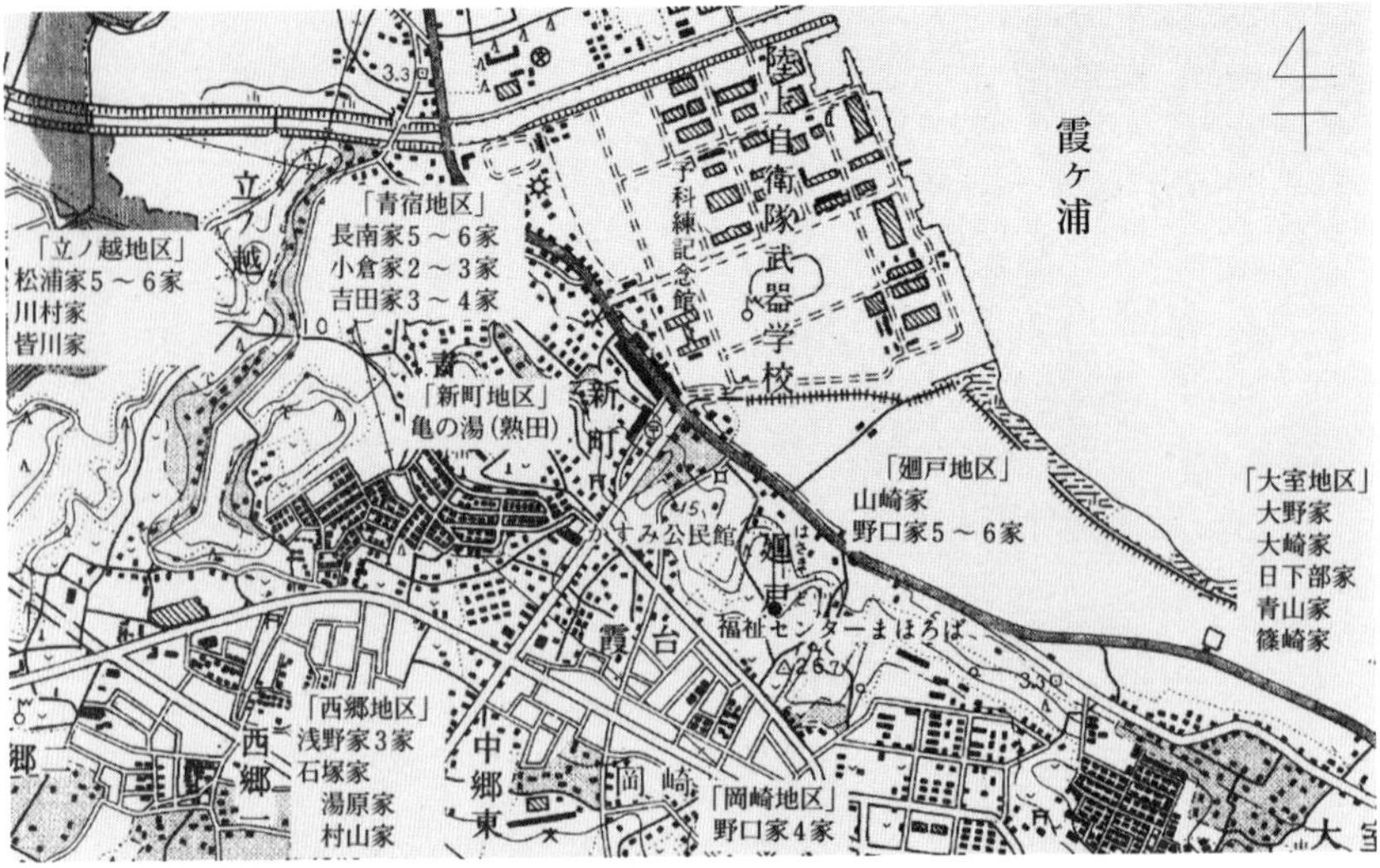

図 23　土浦海軍航空隊周辺の各集落と倶楽部に指定された家（「阿見町の予科練生指定クラブ」〔阿見町 2010: 115〕を一部修正）
地図は戦後のもので、中央北が武器学校（旧土浦海軍航空隊）、その西隣が新町と青宿。西南の西郷地区のさらに南の台地に旧霞ヶ浦海軍航空隊があった。

来る予科練習生たちとの交流や航空隊見学を通して予科練に志願していく。この倶楽部は、予科練習生と地域住民との関係形成を考察するうえで重要な場であるため、以下で検討する。

地域住民からみた予科練習生——皆なかわいがってね

一般海軍兵士の下宿と違って、予科練専用の倶楽部は、軍が「大きい農家や裕福な家」（常陽新聞社 2002: 201）を指定したものであり、日曜日の日帰り滞在であった（図23）。応対役としての女性は「おばさん」と呼ばれた。

まず、小林将人論文がとりあげている、青宿の集落をみてみよう。土浦海軍航空隊の西隣にあったこの集落は、土地買収を強制的にすすめさせられた。「あの頃はおどかされおどかされ、「反対すんのか」なんて憲兵がやって来てひどかった」（小林 1994: 136）、「みんな土地がなくなって、百姓はお手上げ、うちなんて二反歩が二床、四反歩あったのが買収された。小作人だったので保証料だけでたいしたものではない。（その後は）食う位の百姓しかできなかった」（小林：1994: 151）といった悲痛な証言が残っている。総じて買収は農地という生計手段を奪うことになって農家の人びとの生活に打撃を与えた。

そして農業に代わる恒常的な生計手段の一つが下宿であった。農家の生活はますます軍隊の下宿に依存していく。買収で三町の水田を失い七反の畑のみが残った一九二五年生まれの男性は、下宿が主要な生計手段であったと語っている。

下宿で生活たててたみたい。うちは広かったから、オクザシキの二間、改造はしないで十畳と八畳貸しといた。十人いっぺんに来て、オヤ、おばあちゃんがお茶入れたり世話してた。たいていのうちで戦争中やっていて、うちは海軍で生計立ててたみたい。〔中略〕兵隊さん〔は〕あの頃だから親しみがあった。子供たちはかわいがってもらったり、おじさんおばさんとなついて。（小林 1994: 132）

ここでは下宿する「兵隊さん」は好意的な印象で語られている。しかし、以下の語りに見られるように、倶楽部の予科練習生や下宿の一般兵士ではない、日常的な対面的関係にはない軍の上官は、決して好意的に語られていない（なお地域住民はしばしば倶楽部も含めて下宿と呼んでいる）。

うちが大きかったから予科練、教官とか海軍の下宿を置いた。〔中略〕上官の人が家庭の環境見に来る。待遇悪いと下宿させない。軍がいばっていた。練習生に勉強するのに机が足りないとか無記名で書かせて、下宿の環境が悪いと引き上げちゃう。結構お金には困んないで、下宿は潤いあった。毎月きちんきちんと入るから。（一九二五年生まれの夫婦）（小林 1994: 148）

また、予科練の倶楽部《クラブ》にも多少の賃料が払われていたようであった（阿見町 2010: 115 も参照）。

買収くって、予科練のクラブやった。日曜に十人二十人朝来て、遊んで帰る。下宿も十人二十人〔、〕一般の兵隊に部屋貸してやってた。日曜日だけでなくやってた。〔父親は出征中で〕オレ頭にして弟妹で母親一人で大変だった。（クラブ・下宿で）いくらかもらわないと暮らしできない。それしかやってけなかった。下宿・クラブ・買収費は暮らしの足しになった。

兵隊さんとは一緒に遊んだり中には子供好きな兵隊もいた。（一九二九年生まれの男性）（小林 1994: 136）

このように倶楽部という空間では予科練習生はくつろぐ一時を過ごせるが、倶楽部の家以外の住民もあわせて地域住民の記憶に刻まれているのは、体罰を受ける軍服を着た「子ども」たちの姿である。新町の女性は、「予科練習生は、今の中学、高校生と同じで、軍服を着ていてもまだ子供で、しょっちゅう教官に叩かれるのを柵の外から見て、可愛そうでなりませんでした」（阿見町 2002: 351-2）と回想している。まだ幼い子どもであるということがとりわけ同情を誘ったようである。内陸の霞ヶ浦海軍航空隊近くの鈴木区の男性も、湖畔の土浦海軍航空隊建設に関わる出稼ぎに行く途中で、しばしば体罰を目撃する。

予科練が上官に殴られているのを度々見かけました。本当に見ていて気の毒で、「いいかげんにやめたらどうか」と駆け出したい衝動に襲われました。お国のためとはいえ、他人の自分でも涙が出て来て仕方がありませんでした。（阿見町 2002: 69）

年少な予科練習生は、〝かわいそうな子どもたち〟として認識されるようになる。ここで、戦後に阿見町史編纂委員が、古谷りんに聞き取りした記事をみよう。

皆なかわいがってね、ずい分めんどうみたんだよ。一五、六歳のほんとうに、まだね・・・・。手も何もしもやけ、あかぎれでな。うちでは坊や坊やで育ったのに、ここを志願して入ってね、いやもうひどいもんだよ、ぶたれぶたれねえ〔中略〕訓練で、尻なんかぶんぬけちゃってな、やだっていうほど。水の中にぶち込まれて、ほんとに寒中だっていうのに裸で。（阿見文化会編 1979: 12）[21]

これもまた、国に殉じたという点から語られる子どもたちではなく、〝かわいそうな子どもたち〟という語りである。そこには勇ましさというよりも、痛ましさがある。このような姿を知っていたため地域住民は、地元の倶楽部の子どもが予科練に志願する映画『決戦の大空へ』のプロパガンダ的ストーリーとは異なり、身内を予科練に志願させなかったといわれる。古谷も、「志願する人いなかったんだね、それっちゅうのもここの訓練があまりひどいからなんで。予科練生がきて聞かせるでしょうよ。そして見てるでしょうよ」（阿見文化会編 1979: 12）と語っている。

もちろん実際は倶楽部を営む家から志願した者も皆無ではないが（阿見町 2010: 18–9）[22]、なにより、地域住民自

(21) 訓練についてはもちろん直接目撃したのではなく、面倒をみていた予科練習生から聞いたという。
(22) 父が海軍航空廠のテストパイロットだったＮＺ氏は、実家が倶楽部で、予科練習生たちと交流するうちに「やっぱり予科練に憧れたな。何が何でも予科練生なるんだって言ってね」と、高等小学校からの予科練志願を希望していた（しかし農家の跡取りだからと祖父母が反対して許されなかった）。罰直について倶楽部の予科練習生は、「いやあ、でも俺一人じゃねえから」、「べつにそんな殺すようなことしねえから」と「いかにも楽しそうな」様子で語っていたそうだ（二〇一六年二月十六日インタビュー）。

身が、身内の子どもからは予科練志願という犠牲を出さないようにした、と戦後に認識していることが重要だろう。それは、偶然生き残ってしまう戦場でのサバイバーズ・ギルトとは異なる、銃後において戦略的な判断をもって危険を逃れたことによる、ある種の「負い目」の感情をもたせた可能性がある。これは、戦場における生死の境界線からではなく、戦場へ行く者と行かない者との境界線から生まれてくるタイプの負い目である。そのため、戦場に行って生きて帰った者に対しても、銃後にとどまった者が負い目をもつことがありうる。いわば戦場で生き残った負い目に対して、銃後に残った負い目ともいえる。

このような背景のなかで、地域住民たちは、予科練習生という、〝子どもたち〟のお世話をするようになっていくのである。

予科練生は食べざかりだから、何しろおなかがすくんでしょうね。だんだん食べ物が不自由になってずい分農家ではめんどうみたらしいですよ。〔中略〕どっかのおばさんが来て、予科練生に食べさせたいんで、米あったら貸してくれと、食べたら予科練生は飛び立っていくんだから死ぬか生きるかわかんねえ、だから頼むというわけですね。私〔古谷〕は配給米をそっくりわけてやった。（阿見文化会編 1979 : 11）

このインタビューでは語られていないが、古谷りん自身も、予科練習生が休日に多く立ち寄る場所であった郵便局で予科練習生をかわいがり、自宅に呼んでくつろがせることもあったという（阿見町 2010: 55–8）。

このように戦時下において予科練習生は、目の前に生きていながら死を予期された存在であった。たしかに予科練戦友会の会報『雄飛』では、古谷たちの声は、国に殉じた少年たちの顕彰というようなかたちで紹介されている。しかし、彼女たちは、訓練を受けたあとの少年たちの消息を個別にはほとんど知らない。戦争体験として、日常的に目撃しているのは体罰で殴られる姿なのである。その姿に、〝立派な〟というより、〝かわいそうな〟という意味づけが重ねられるのは自然なことだろう。

ただ、このような戦前の体験に基づく関係性がそのまま戦後に延長されていくと無限定に述べることはできない。例えば、倶楽部をしていた家がみな戦後の予科練慰霊に関与したわけではない。阿見の岡崎集落のＮＺ氏（一九三一年生）は、倶楽部をしていた家で、母親が予科練生を大変かわいがった。ＮＺ氏自身も「練習生とお話をしてもらったり、遊んでもらったり」してかわいがられ、母親の没後も年賀状の交換が続いたほど交流は深かった。しかし、自身も岡崎集落の人々も予科練の碑・記念館には特に寄付などはしておらず、熱心に協力したのは廻戸や青宿の人々だろうと語った（一四八頁図23参照）。また町議を務めていた時に慰霊祭に招待されて参列した以外は、雄翔園に行ったことはないという。[23] 古谷を筆頭とする慰霊碑への募金活動は、予科練と交流があった地域住民という体験ベースで広がっていったというだけではなく、戦後の地域婦人会の基礎単位である集落における動員に支えられていた側面もあるのだろう。

また、予科練出身者の側も、倶楽部や地域住民との関りはさまざまだ。たとえば慰霊碑建立に現地茨城雄飛会の事務局として尽力した乙十五期のＹ氏は倶楽部には行かなかったと語っている。[24] これに対して、甲十三期のＴ氏は五〜六人くらいで倶楽部で休ませてもらい、汁粉をつくってもらったりして、どこの家庭でも非常に大事にしてもらったと語っている。[25]

つまり、それぞれの体験にはばらつきがあり、戦前の倶楽部での対面的関係がそのまま戦後に継続したわけではない。それでも、個々人の体験をこえて、「地域住民」が「予科練」をお世話したという地域の集合的記憶が存在したことによって、戦後における地域住民の誘致活動や介入的な関与に正当性が付与されたり、地域住民の活動や動員の理由になったといえそうだ。地域婦人会と予科練習生たちの関係は、特定の個人水準ではなく、集

（23）以上、二〇一六年二月十六日インタビューより。
（24）二〇一六年四月十四日インタビューより。

団水準で展開していることに注目すべきである。戦時中に存在した社会関係は、古谷や倶楽部の「おばさん」のような特定の地域住民個々人が、特定の予科練習生をお世話したことだ。しかし、その個人レベルの社会関係が、予科練習生を世話した地域住民たちという一般的な集団水準の物語（「皆なかわいがってね」）となることによって、地域婦人会の行動力や政治力に共感や効力が付与されていくのである。

空襲による予科練の大量死と慰霊

さらに複雑なことに、倶楽部に代表される交流の記憶に加え、戦争末期に地域住民は予科練の土浦海軍航空隊を狙った空襲の被害を受けるという負の記憶ももつことになる。いわば軍隊があったがために住民の犠牲者が出たのである。

特に一九四五年六月十日には、甲種予科練習生がいた土浦海軍航空隊が大型爆撃機B29による空襲を受け、航空隊周辺の民間地域にも大きな被害が出た。当時の「戦時災害救助調書（火葬埋葬）」によれば、阿見町民の集落ごとの死者は、青宿七名、立ノ越十一名、廻戸四名、大室一名で、土浦海軍航空隊付近に集中している（内山 1980: 53–4、一四八頁図23参照）。空襲当日の凄惨な光景を古谷りんは次のように語っている。

〔爆撃がやんで自宅の庭の防空壕から出ると、〕家の中みたら板は落ちる障子はひんがえる、爆風でね。そして防空壕にも炸裂弾がいっぱいささってた。部落の民家は燃える、その日、沢山の面会の人ら〔予科練習生の家族〕も来て死んだ。坂を下ったところにある今の多田自転車や反対側のパチンコや、あっこの両側ずっと、よしず張りで死人の行列だから。〔中略〕目あいてすわってから、おやじどうしたんだっていったら黙ってる。でみたら横腹ぶんぬけてんだ。すわってるまま爆風でやられたんだな。うん、ひどかったよ。だけど新町だけは爆風〔弾〕が一発もおちなかった。〔中略〕青宿の神社の付近にえらく大きい防空壕、奥行三百米ぐらいのが掘ってあったが、その中に予科練生が入っていて直撃でやられちゃっていっぱい死んだんだ。その時の死者が二八〇名〔甲種〕第一六期の予科練生だった。（阿見文化会編 1979: 12）

古谷が直接目撃したわけではない、実際の軍用防空壕の死者は、予科練習生以外の軍関係者も含めて二八一名で（阿見町 2010: 64）、予科練習生の死者は一八二名との記述もある（小池 1983a: 261）。いずれにせよ市民よりも軍人のほうが大量死といえる犠牲を払った。この背景もあってか、地域住民の空襲体験証言などにも、航空隊がいたから空襲に遭ったというような言説は管見の限り見られない。(26)

(25) 二〇一五年八月十九日インタビューより。T氏によると、最初は指定された倶楽部に行っていたが、五～六人だと大変で、最終的には世話してくれる民家を自身で見つけて一人で行くようになった。なお戦争末期には倶楽部制度自体が廃止されたようだが、それでもインフォーマルな地域住民との交流は途絶えなかった。一九四四年四月土浦海軍航空隊入隊の甲種十四期によれば、

練習生がまだ少ない頃には、隊の指導の下に、民家がクラブとして開放されていたけれども、私が入隊した頃には、それも廃止されていて、民家には立ち寄ることも禁止されていた。しかし、そんな状況の中にあっても、禁を破って要領良く民家に上がり込み、楽しんで来る連中は結構存在した。或る者は、今日は俺の所はぼた餅を食わしてくれたなどと、帰隊してから色々と自慢した。（石井 1985: 35）

(26) 一九三〇年青宿生まれのTSさんは自身も重傷を負って入院し、病気の母に代わり自身を育ててくれた同居の祖父母を亡くし、空襲後は骨組みだけ残って寝具一つもない分家の跡地に家族・親族が六～七人で住んだというつらい体験をしているが、予科練や航空隊についての批判的な話はついぞ出なかった（二〇一六年五月十一日インタビュー）。戦後は予科練出身者と結婚し、雄翔館について「今のこの豊かな世の中に生を受けて幸せに暮らしていけることに感謝しなくてはなりません。涙なくして遺品、遺書を見られる人はきっといないと思います」（阿見町 2010: 157）と語る。阿見村の医院の夫人であった丸山恒子も、戦後の証言で空襲被害の悲惨さを強調しながらも、軍隊への批判は一切なく、むしろ「死ぬ覚悟の神の様な崇高な精神の予科練兵の死は、全く残念極まることであった」（丸山 1979: 9）と同情を示している。

土浦海軍航空隊の適正部に勤務していた女性（新町の雑貨商の娘）は、そうした軍人の遺体の火葬に携わった。

現在の土浦三高の法泉寺附近に穴を掘って、壊れた兵舎の材木を持って来て荼毘《だび》に付しました。工事後の残骸のトタン板を使いました。首のない兵隊さんがいました。暗幕（カーテン）に死者の首を包んで二人でかついで来て三高の校庭で火葬しました。〔中略〕煙を目安にして艦載機の空襲がありました。手を合わせながら逃げなくてはならないので、校庭から逃げて大岩田小学校の辺まで、どれ丈あるか見当つかないくらい、泣き泣き逃げました。（阿見町 2010: 150）

彼女の家は倶楽部もしており、戦後に結婚した夫は予科練出身という縁もあり、慰霊に関与し続けた。また、遺骨の一部が埋葬された法泉寺付近の幽霊譚も語られている。幽霊となって出るのは、地域住民の死者ではなく、予科練習生だということが地域の空襲の記憶の〝重心〟を物語っている。

しばらく深夜に土浦海軍航空隊の上空に人魂（ひとだま）が光を出してさまようのを見たという人が多い。また、現在土浦三高となっている適正検査部の守衛所を、真夜中に予科練習生がザックザックと軍靴の音を響かせて通過し、その後すっと消え去るのを見たという人が多い。（岡崎集落　男性）（阿見町 2002: 346–7）

予科練習生は、どこか遠くの戦場で死んだ存在というだけではなく、目の前の生活空間の一角の、そこといえばそことわかる特定のなじみのある場所で、大量に死んだ存在でもあるのだ。実際、後述するように、予科練と住民を合わせた空襲死者の慰霊碑も、防空壕跡の青宿の神社境内に建立されている。

予科練習生の犠牲の多さと並んで重要なのは、古谷りんも住んでいた繁華街の新町地区は、空襲被害がほとんどなかったことである。一九二六年に新町に生まれた、当時航空隊適正部勤務の男性によれば、新町の実家の理髪店の家に破片が刺さり、廻戸の防空壕へ避難中に叔父が死亡、父母が重傷を負った。だが、「後で知ったことだが、新町の被害は少なく、わが家だけが被害を被ったようだ」（阿見町 2002: 348–9）と語っている。婦人会幹部も含めて、戦後の募金活動の動きを主導していた中心は、軍隊向け商店が集中していた新町の人々であった。青宿などの農家が予科練基地建設のための農地買収ならびに予科練を狙った空襲を通して多くの被害を受けたのに対し、新町の商店は土地買収からも空襲からもほぼ無事だったのである。

先述したように古谷も、身内が犠牲になったわけではないが、空襲の様子を、遺体も含めて目撃している。阿見町の空襲について一九六〇年代の『雄飛』は触れていないが、県支部の茨城雄飛会会報『赤とんぼ』は、「慰霊塔はぜひ土浦へ　阿見町婦人会ものりだす」との題の記事において言及している。

空襲の悲惨さを目の当り見ている地元阿見町の婦人会（会長古谷りん様）が、訓練の途半ばにして土空〔土浦海軍航空隊〕爆撃で死亡した多数の英霊のために、またこの地を巣立って大空の彼方に国に殉じた英霊のために、全国の婦人会に呼びかけて慰霊碑建立の募金活動を行なおうといっております。そしてぜひ武器学校内に建立して、慰霊の奉仕をしたいと涙ながらに切々と訴えておられ、雄飛会が阿見町に慰霊碑を建立するについては、募金の全額を拠出しますからと、一日も早く碑の建立されることを望んでおられます。
（赤とんぼ 1: 2–3. 1964/6）

古谷たちが、「空襲の悲惨さを目の当り見ている」ことが強調され、出撃戦死した予科練出身者よりも先に、「土空爆撃で死亡した多数の英霊」が、慰霊対象として挙げられている。たしかに古谷りんは「国に殉じた英霊」という観点も持っているが、それを模範とすべきではなく、繰り返してはならない悲劇として捉えている傾向が強い。古谷は、「予科練記念館の彼らの遺書を読んだ人はなにびとといえども「戦争は絶対にしてはいけない」と心から思うようになります。子供に恵まれなかった私にとって予科練生すべてが自分の子供のように思えるのです」(予科練 221: 18. 1995/2)と、のちに戦友会会報への寄稿において述べている。

以上の歴史的文脈において、古谷は、慰霊のための「観音像」「裸像」を建立するという構想を提示していたのである。

4　かたちにならなかった記憶・構想

しかし、最終的に予科練之碑は、勇士としての予科練を表象した二人像として具体化された。碑文にも「少年たち」という単語が入っている程度で、「子どもとしての予科練」という表象はない。雄飛会の会報は、二人像を以下のように語っている。

> 二つの像の表情は、童顔の中にも真剣、不撓不屈の気魄みなぎっている予科練と、歴戦の勇士の死生を超越した厳しさがこもった先輩搭乗員、ガッチリ組んだ肩、一歩前進の上向きの姿勢で、大空を凝視した顔等々、全体から力がにじみ出て、清純、威厳、雄大、厳粛な風格が見る者に襟を正させるものがあり、(後略)(雄飛 15: 1. 1965/12)

「童顔」とはいえ「不撓不屈の気魄みなぎっている」像は、第2章でみたように、予科練出身者自身にとって、ふさわしいものであった。「観音像は慈母を象徴するとして、予科練生の裸像等を併立する」(雄飛 10: 2. 1964/10)というかたちでの、地域住民のもつ、「子どもとしての予科練」の記憶がかたちをなすことはなかった。

図24　1983年頃の雄翔館の展示（小池 1983b: 13）

そして、より大規模な記念館建設の段階になると、第5章でみる政財界など中央の支援者の台頭と反比例するように、婦人会の存在感は相対的に埋没していく。記念館の展示は変遷もあるが、基本的には予科練出身者の遺族から提供された遺書・遺品を並べたものであり、地域住民が提供した展示品はみられない。展示されている遺書も大半は、予科練習生としてではなく、パイロットとなって以降に書かれた遺書である（図24）。一般の来館者にもわかりやすいよう、遺書・遺品の配列は、甲乙などの種別ではなく、入隊年順に展示された（常陽新聞社 2002: 82–4; 小池 1983b: 11–3）。

こうして、かわいそうな犠牲者としての子どもたちという婦人会員たちの記憶は、予科練之碑や予科練記念館自体には、言説としても表象としても刻まれることはなく、地域のなかで語り継がれていくのみとなる。[27]

また、慰霊碑や記念館の管理の主要な主体は、陸上自衛隊武器学校であり、碑完成後の婦人会の役割は補助的なものとなる。婦人会は雄翔園の月一回程度の清掃や、慰霊祭における手伝いなどを婦人会活動の一部として担った。これは、特に戦時中に予科練

（27）現在の記念館内には碑・記念館建立に尽力した功績者として、当時の陸上自衛隊武器学校長に加え、「予科練の母　古谷りんさん」「予科練の碑及び記念館設立協力者　小松ちかさん」と題された紹介文と顔写真が掲示されている（阿見町 2002: 146–8）。ただし、文面に逝去年月日が記載されていることから、それぞれ一九九六年以降、二〇〇〇年以降につくられたものである。また、一九九四年に建てられた予科練之碑の碑文を記した石碑の寄付者にも、海原会霞ヶ浦支部の予科練出身者のみならず、古谷りん、小松ちかをはじめとする地域住民の名前がみられ、同年建立の予科練の碑脇の石灯籠の一つにも古谷りんと小松ちかの名前がある。なお小松は（青宿ではなく）大室集落の住民で、古谷とともに活動してきた。

図25　被爆跡記念之碑

図26　被爆跡記念之碑の奥に立てられた、地域住民・組織名が並ぶ寄付者名表

と面識のあった世代が熱心にリードしたようである。たとえば、一九二二年阿見村生まれで一九四四年に八カ月間土浦航空隊に電話交換手として勤務した湯原清は、「私は短い期間ではありましたが予科練に勤務した関係で、戦争の犠牲者となった人達に感謝の気持ちを忘れずに、戦後は婦人会活動やボランティア活動に励みました。婦人会が中心になり武器学校での盆踊り大会を開催し、各地区に出て行き「予科練の踊り」を教えたり、月に一回雄翔館の清掃に当たったりしました」（阿見町 2002: 353）と回顧する。

一九八〇年には、予科練習生多数が退避壕内で爆弾直撃により生き埋めになり死亡した青宿集落の鹿島神社の境内に、「第二次世界大戦被爆跡記念之碑」が建立される（図25・26）。建立主体は青宿集落の住民に戦友・遺族を加えた「青宿壕跡予科練戦没碑建立委員会」であり、青宿住民の死者も含むため、碑の名称に予科練は冠されていない。題字は予科練之碑と同じく予科練第二代部長・寺岡謹平（第5章）が書いた。碑文は、予科練習生たちを「愛国の心に燃えて」「憂国同胞愛」と語りつつも、「不運にも直撃弾二発をうけ、多数が生埋めとなった悲傷の地である」と、勇ましさではなく痛ましさをにじませる。予科練之碑とは別のかたちをとった慰霊碑が近辺にひっそりとつくられたのである。(28)

一方で、自衛隊駐屯地内にある碑は、どうしても地域との距離が生じてしまう。時代は下るが、一九八八年に、予科練戦友会の海原会（全種合同の予科練之碑保存顕彰会を財団法人化したもの）が、雄翔園・館の将来の維持管理の問題をめぐって、碑建立に関わった地域住民や阿見町助役を招いて開いた座談会「阿見町民・雄翔園を語る」の記録が残されている（詳細は清水 2017）。阿見町地域婦人連合会会長の熟田《じゅくた》鶴江(29)はそこで、「町の一般住民の人達は雄翔園をどのようにみているのか」という海原会側からの質問に対し、率直に関心の低さを語っている。

一般の方達はたいして関心をもっておりませんね。例えば婦人会の各支部の会員は若い人達が多いのですが、慰霊祭がありますからお参りして下さいと話しますと、役員の方達は手伝って下さいますが、それもまた一回も行っていないので一度見てみましょうという程度の感覚です。（予科練 141: 4. 1988/6）

慰霊碑建立において中心的役割を果たした婦人会でさえ、次世代には関心が引き継がれず、活動の再生産はうまくいっていないようだ。戦前戦中の対面的交流に基づく関与であったとすれば、追体験が難しく、予科練に対する共感が継承されないのも無理はないともいえる。

それでも熟田は、「自衛隊の中にあるということでむやみに入れないと思っている人達も多いようですね」（予科練 141: 4）、「何故あのように武器学校の中に囲みをして簡単に入れないようにしたのか」（予科練 140: 7. 1988/5）

(28) 空襲死者が荼毘にふされた近隣の法泉寺という寺院にも、住職や遺族が中心となって空襲慰霊碑群が一九五〇年から建立されてきた。遺族の参列者は年々減少しているものの、住職の代替わり後も慰霊供養は続けられている（筆者は二〇一七年・二〇一九年に参列）。

(29) 熟田鶴江（一九二八年生）は、新町の伯母宅が倶楽部だった縁で、予科練習生と交流があり、慰霊祭も毎年参列していた（常陽新聞社 2002: 300–6）。

など、地域における記憶風化の原因の一端は自衛隊駐屯地内という立地にあるという議論を展開する。たしかに駐屯地内にあるため、慰霊碑・記念館に行くためには自衛隊の正門から手続きをすませて入る必要があった(30)。そこで熟田は、慰霊施設を自衛隊から阿見町へ移管するという提案をしている。

> 観光に使ってはいけないと云いますけれども、広島の平和記念公園にしても沖縄にしても、観光がてら花束を持って行ったりお線香を持って行ったりして皆様の気持が昂揚しているのに、ここだけは何かいつも冷たい感じなので、できれば町に移管して、広島や長崎、沖縄のようにしたら、といつも思っております。
> （予科練 140: 7. 1988/5）

これには、慰霊碑建立の立役者であった古谷りんも「特殊の精神的な観光の地として何故阿見町が立ち上がらないかと思うんですよ。戦争はもうやってはいかんと云う大きな平和運動にもなり、国際的にも通じると思います」（140: 7）と賛同している。このような婦人会の議論に阿見町の助役も「私は塀の向こうにあるというのがネックであると思います。これが町の観光開発の中にあれば町民の関心度も違ってくると思いますが、何にしても自衛隊さんの中にあり。《ママ》お参りするにしても窮屈の感は免れないと思います」（140: 4）と発言し同調している。

第5章でみるように、自衛隊駐屯地の支援は、庭園や記念館を含む大規模化の実現にとって重要な役割を果たしてきた。しかし、予科練之碑や記念館は、自衛隊駐屯地という軍事基地の「塀の向こう」に囲い込まれたことによって、地域住民とも距離が生まれ、来訪のハードルもあがってしまった。この点は、一九八七年に開館した知覧町立の知覧特攻平和会館（前身の特攻遺品館は一九七五年開館で、雄翔館より七年遅れている）を中心に、知覧が特攻の聖地として観光地化していく（福間・山口編 2015）ことと大きな違いが生まれた空間的な要因といえるだろう(31)。

さきほどの引用で古谷は「特殊の精神的な観光の地」と述べていたが、その具体案は、「役場からモノレールでもひいて看板には〝少年よ大志を抱け〟と掲げて予科練の歌を流して、そしてこの下から潮来方面に観光船を出し、朝はこの地方の名産物の朝市でも開けば」（予科練 140: 7）といった賑やかな観光地のイメージであった。座談会当時の婦人会副会長の湯原清も「碑の方は団体の観光バスが何台来ても足をとめるおみやげ屋さんもありませんし、ただ来て見学するだけです。それだけでは無いためには地元の阿見町の住民が立ち上がらなければと思います」と述べている（140: 7）。内容の詰めはともかくとして、地域婦人会が、自身が尽力した予科練の記念空間を、観光を通して地域振興へつなげる独自の構想を持っていたことがうかがえる。しかし、やはり構想が具体的なかたちに結実するに至らないまま、彼女たちは世を去っていった。

（30）霞ヶ浦海軍航空隊のそばの鈴木地区に住んでいた一九三二年生まれのNS氏へのインタビューでは、予科練記念館にふだん行くかと尋ねると、「いや、行かない。予科練の〔碑〕ができたときは行ったけど。あれは正門しか入れなくてな」と答えている。もちろん彼は「土浦海軍航空隊予科練については遠隔地の記憶があって浅いです。霞ヶ浦海軍航空隊が我々子供の頃の阿見町の記憶として残っています」（阿見町 2010: 255）という直接的な予科練との関わりの少なさもあるが、入場のハードルをわざわざ理由に挙げている点に注目したい。

（31）類似事例として鹿屋は興味深い比較対象だろう。一九三六年開隊の鹿屋海軍航空隊は、出撃数最大の特攻基地ともなり、戦後は一九五四年に海上自衛隊鹿屋航空隊が開隊し、一九七二年に隊内に鹿屋航空基地史料館（旧館。現在営門の外にあるのは一九九三年開館の新館）がつくられる。阿見と同様に、隊内にあるため史料館は観光につながらないと一九八〇年代に市議会で議論されていた。一方で、隊員を世話した「鹿屋の特攻おばさん」など女性たちは戦後は寡黙で世間に名前が出ることを望まなかったという（松永 2015: 224, 233）。

第5章　戦後社会の戦友会支援ネットワーク——元軍人・自衛隊から政財界まで

本章では、碑より多大な資源を必要とする予科練記念館（雄翔館）の建設を中心に、戦友会が孤立していたのではなく、戦後社会の広範な支援者とのネットワークを構築していた一面を明らかにする。

記念館建設は、慰霊碑建立からたった二年後に矢継ぎ早に行われた、最大規模の事業である。館は鉄筋コンクリート製で、建設時の面積は約五八坪（予科練 3: 2. 1968/4）である（図27）。一九六六年の慰霊碑と一九六八年の記念館では、形態を実現するために必要な資源の量が桁違いであるため、担い手の関係構造も異なる。

資金面でみると、記念館建設において地域婦人会の存在感は相対的に埋没しているのに対して、後述するように中央の財界からの支援が大きかった。先に数字を出しておこう。実際、記念館完成後の一九六九年一月時点の「同窓生の期別基金納入内訳」を見ても、予科練出身者からの寄付金額は合計約八五四万円であり、予算の二千万円の半分に満たない（予科練 6: 19. 1969/2）。なお建立計画書における慰霊碑建立費の見積もりは五〇〇万円であり（雄飛 13: 2. 1965/6）、館には碑の四倍ほどの費用が投じられていることになる。これは、館における戦友会外部からの資源提供の大きさを物語っている。

戦後日本の戦争の記憶に関する研究は、文化やメディア、イデオロギーといった観点からの表象や物語の分析が中心であった。その一方で、碑や記念館といった特定の形態を実現させるうえで欠かせない資源の提供・調達に関する社会関係の分析はほとんど正面から行われてこなかった。もちろん戦争の記憶に関する公立博物館については、交付金などの政府の公的資金の調達とその影響はしばしば重要視される（野上 2015; 山本理佳 2015; 山口

(3)　第6号　予　科　練　昭和44年2月23日

特集 予科練記念館

昭和四十三年
予科練之碑

雲一つない晴天に恵まれた晴れの式典は、本建設委員会名誉顧問高松宮殿下並
に執り行われた。この日全国からの参集者は遺族一、二〇〇名、来賓一五〇名、
〇〇〇名であった。

図 27　予科練記念館の外観および開館当時の展示室内部（予科練 6: 1. 1969/2）

2015)。しかし、寄付金については、たとえば知覧特攻平和会館の建設において知覧町が笹川良一などの政財界関係と接触して二億円の寄付を約束されるといった事実が端々に記されたりする程度であった（山本昭宏 2015: 88–9)。

以上をふまえ、本章は、予科練出身者たちが、いかなる支援者とのつながりによって単独集団では難しい大規模な記憶のかたちを実現していったのか、また、支援者との関係構築がひるがえって戦友会に何をもたらしていったのか、について、資料から可能な限り明らかにしていく[1]。

1　コンボイとしての元予科練教官たち

まずは、戦後における戦友会外部とのつながりを辿る前に、関係形成が戦前にさかのぼる予科練教育時代の元教官たちの動向を記述しておく。彼らは予科練出身者ではないにもかかわらず創設時から雄飛会の重要な役職につき、後述するように戦友会の内部と外部を架橋する位置にあった。

その関係形成の歴史的奥行から、元教官たちは、予科練出身者たちの「コンボイ」であるとみなせる。「ある人の人生のある段階を通してずっとその人とともに旅をしていく親密な人びとの独特の集団（Unique clusters of intimates)」（Plath 1980=1985: 24）を意味するコンボイ（convoy）は、文化人類学者D・プラースが提唱し、ライフコース研究やライフヒストリー研究でしばしば参照される概念である。ここでは、「集団」という言葉を使っているが、プラース自身も、嫁に対する姑や、親や姉妹を挙げているように、個人も含む。

（1）　2～3節における元軍人・政財界人については、主要な人物の著作や伝記、聞き書き資料などを集めて目を通してみたが、戦後の予科練戦友会について触れている部分はあまり見つからなかった。軍人については水交会の機関紙『水交』の記事などの資料をあたれば何かでてくる可能性はあるが、まずは手持ちの戦友会会報『雄飛』『予科練』を詳細に分析する。

一方で、コンボイは、「重要な他者」や「第一次集団」などと類似した概念でありながら、社会関係の生成に必要な時間の幅、その「持続と累積の要素——この種の緊密な人間関係の発展に必要な時間の奥行き」（Plath 1980=1985: 330）を強調する特質をもつ。しかし、他方で、「ある人の人生を助けかつ監視する一種の委員会、あるいは特殊な利害関係集団（the committee or special interest group that is charged with the promoting and policing of anyone human life）」（Plath 1980: 136=1985: 201）と述べられるように、単に親密性ばかりではなく、支援を介した影響力にも目を向ける必要があるだろう。

以上をふまえ、元教官たちについても、戦前からの関係形成の歴史的奥行を追跡しつつ、戦後の予科練出身者たちとの活動をみていこう。会報では数名の元教官の存在が確認されるが、特に創設期から雄飛会の重要な役職を務め、異なる役割を果たした桑原虎雄と倉町秋次を中心に取り上げていく。

政治力とイデオロギー的な意味づけ

まず、雄飛会会長を務めた桑原虎雄中将（一八八七年生）は、神職の家の生まれで、旧制第一高等学校を中退し、海軍兵学校（三十七期）を出たエリート軍人である(2)。海軍航空の立ち上げにかかわった人物として有名だが、横須賀海軍航空隊時代に副司令兼教頭として予科練教育にあたっており、その後も同隊司令を経て、予科練の霞ヶ浦への移転直後に予科練の属する第十一連合航空隊司令官となった（雄飛 44: 4. 1970/8）。寒中水泳で練習生ともども先頭に立って海に入るなど、特に直接横須賀海軍航空隊で教育を受けた初期世代からの人望が厚かったようだ（第一期予科練習生 1981: 4）。草創期の雄飛会を主導した初期世代は、各期七九〜二四〇人程度の少数採用であり、のちに短縮される訓練・在隊期間も五期までは三年間と長く、海軍航空隊の教官たちと人間関係の距離が近かった。

戦後には、予科練出身者ではないにもかかわらず、第一期生の提案で雄飛会の初代会長に迎えられた（堺

2011: 5)。やはり「会長は同窓にすべきだという異議が多く」あったことは間違いない。それでも、「当初から考えられていた慰霊碑の〔を〕建立するなどの大事業を遂行する為には、社会的にも旧海軍部内でも尊敬されている桑原中将にお願いした方がよいとの考えで」、幹事会で決議し決定したという(雄飛 44: 8. 1970/8)[(3)]。事業の達成を強く念頭においた人選であったことがうかがえるが、桑原はその役割を着実にこなしていく。

この桑原の協力を背景として、雄飛会は予科練出身者にとどまらない各界の社会的地位の高い人々に募金や支援を呼びかけていく。慰霊碑建立委員会設立以降は、「桑原虎雄会長の名前を表にし、趣意書を持って、政界、財界、神宮関係、著名人方にご協力のお願いに奔走する」(堺 2011: 11)という活動が展開された。一九六五年六月に「予科練戦没者慰霊碑建立趣意書」「建立基金ご芳援のお願い」「推薦の言葉」が発送されているが、そこには農林大臣、防衛庁長官、靖国神社宮司、大企業社長、国会議員、作家、元軍人などがすでに推薦者に名を連ねている(堺 2011: 14)。これらの旧軍をこえて広がるネットワークの起点は桑原であった(後述)。

また、募金のみならず、慰霊碑の敷地の確保についても、防衛施設庁長官に自衛隊敷地内への慰霊碑建立の請願を行った際に、「桑原会長の人脈、人柄、実行力には唯々感謝の言葉につきました」(堺 2011: 11)との記述がある。実際に、その後、敷地内の土地利用の許可が下りており、桑原の政治的な力をうかがわせる。

さて、政治力と同時に注目すべきは、雄飛会の会長としてさまざまな場面で予科練を意味づける言葉を提供しており、それが会報に大きく掲げられている点である[(4)]。一九六三年の靖国神社での雄飛会第一回慰霊祭においても、桑原が祭文を読み上げている。その内容は、太平洋戦争緒戦の戦果から予科練の飛行機操縦の「技能」をたたえると同時に、特攻作戦を挙げて「名をも命をも問うところにあらず、国を想うの一すぢに死地へ向かう」と

---

(2) 以下、本章における海軍兵学校出身の軍人の経歴については、『日本陸海軍総合事典』(秦編 2005)などを参照した。

(3) 一期野口克己による寄稿。第四四号は「桑原会長追悼号」と題され、告別式の模様が写真付きで掲載され、全ての記事が桑原会長に関するものとなっている異例の号である。

いう精神面を評価する物語である。

　また、最後には戦後社会への非難を織り交ぜている。桑原曰く、経済発展の一方で、「思想並に徳操の面に於て憂うべき傾向」があるなかで、「将来の平和日本建設の重任に当るべき青少年に対し我ら雄飛会員は卿等《けいら》の遺された純真愛国の精神、不屈不撓の予科練魂を注入し。《ママ》身を以て範を示し善導誤りなきを期する所存であります」（雄飛 5: 1. 1963/12）と、予科練の顕彰を青少年善導というかたちで戦後社会に接続する。一九六六年の慰霊碑の除幕式での祭文でも、「予科練魂は、私共これを継承し、次代を背負ふ青少年諸君に伝へん事を期する」（雄飛 18: 6）が末尾直前に入る。

　『雄飛』会報上でさらにこうした表現が強くなっていることを考えると、これは対外的な説明のための方便ではなかったようだ。一九六五年の年頭の辞では、若者の思想として「私利私欲」「自由奔放」「利己主義的実利主義」と言葉を連ね、「記念碑が只私達の自己満足に了るような事になっては誠に遺憾千万」と、内向きの慰霊にとどまらない青少年善導を説く（11: 1. 1965/1）。むしろ内向きの発話において語気が強くなっているため本人自身の思想がストレートに表明されていると考えてよいだろう。その後も年頭のあいさつは、青少年善導に類する表現が定番となり（雄飛 19: 1. 1967/2, 27: 1. 1969/1）、三派全学連の学生の非難などもしている（24: 2. 1968/2）。

　ところで、青少年の模範となる愛国者という意味づけは予科練出身者に受容されていたのだろうか。たしかに自身が純粋に国のために殉じたという言葉は予科練出身者自身もしばしば使うが、第2章でみた、戦前に大衆から選抜され、戦後社会において学歴も認められたエリートとしての自己像とは距離がある。また、戦後生まれの青少年に対して働きかけるかどうかは戦友会の意見が分かれる案件であったようだ。もちろん桑原の思想的な部分に共鳴する者もいた。一期生の幹事長野口克己は、一九六二年五月の雄飛会の会則改訂によって第五条に入っていた「青少年に対する愛国心の涵養」が削られたことに言及したうえで、「愛国の至情が綴った」編纂中の戦記を若い人に読んでもらいたく、愛国心の教育の対象に予科練を入れるべきだと主張している（雄飛 3: 1–2.

1963/8)。しかし、やはり戦友会員全体の雰囲気としては、一九六二年の時点で会則から「青少年に対する愛国心の涵養」が消えてしばらく復活していないことのほうが重要であろう。

それでも、青少年の思想善導という、非政治性を旨とする戦友会としてはややイデオロギー的な意味づけの言葉は、予科練出身者の受容如何にかかわらず、紙面に随所で大きく掲げられていく。下士官クラスの予科練出身者が、士官クラスの雄弁な代弁者を担いでいるという構造なのである。そして、予科練の慰霊顕彰を行う現在的意義を保守層へ向けてわかりやすくアピールできる雄弁さは、後述するような、戦友会をこえた旧軍および政治・経済的なつながりからの支援を得て事業を大規模化させるうえで一定の有効性をもっていたことだろう。

予科練出身者の人生への内在的な意味づけ——学歴は諸君らの全部ではない

ついで、学歴認定に尽力した、文官の教官だった倉町秋次をとりあげる。彼は桑原と違って対外的な政治力はほとんど持っていない。しかし、第2章でみた（準）エリートとしての自己像に現れるような予科練出身者たちのリアリティを掬い上げつつ、その人生を内在的に意味づける役回りを果たし、戦友会の求心力を高めている。

彼は、東京高等師範学校を卒業後に、予科練創設時から終戦まで一五年間、予科練教育における文官の教官を務めた。その点で、軍人文化と文官文化の両方に属した経験をもつ人物であった。海軍に入った時は、ハビトゥ

（4） 記憶と言葉は、集合的記憶論における古典的な論点である。アルヴァックスは、記憶が個人的なものとしてそのまま保存されるという説に反論する際に、言葉（言語）を持ち出している。

言葉を対応させることができない思い出は存在しない。私たちは思い出を想起する前に思い出について話している。言語と言語に固く結び付いている社会的慣習の体系こそが、個々の瞬間に、私たちの過去を再構成することを可能にしているのである。（Halbwachs 1925=2018: 365）

つまり言葉は「集合的記憶のきわめて基本的で安定的な枠組み」（Halbwachs 1925=2018: 109）である。戦後の戦友会にとって、どのような言葉によって戦前の自集団の過去を語るかは、組織の求心力、ともすれば分裂にもかかわる問題だった。

スの違いに慣れず、軍隊的な文化に批判的な思いを抱いたこともあったようだ（倉町 1987: 25-32）。

草創期から予科練教育に携わった人物として倉町は、戦時中には『空の少年兵』（一九四二年刊）という予科練募集を兼ねた書籍も執筆している。筆者の手元にある一九四四年改訂版には、末尾に一九三七年に横須賀海軍航空隊の教官として着任した高橋俊策大佐の寄稿「倉町さんと「空の少年兵」」があり、「東京高師の出身の青年教官」倉町の生徒への関りを以下のように描写している。

倉町さんは教壇の上で白墨を握り教科書を披《ひら》いてゐるばかりでは満足しなかった。空の日本を負うて立つ少年達の胸に、自分の信念を焼き込むんだと云う意気で、驀地《まっしぐら》に少年達にブツかって行った。辻堂の野外演習で、三日も四日も降り続く十月末の冷雨を浴びて、泥ンコになった少年飛行兵の激戦を、ズブ濡れで眺めてゐる倉町さんであった。凡そ練習生の行くところ、〔中略〕イガ栗頭の倉町さんを見ないことはなかった（倉町 1944: 268）

もちろん、宣伝色が全面に出た書籍であり、割り引いて考える必要があるが、他の予科練出身者たちの回顧と照らし合わせても、倉町が指導熱心で有名な教師であったことは間違いない。教育・訓練の範囲にとどまらず、教え子のために自宅の官舎を開放し、学年を超えた社会関係を形成する場の提供もしていた（下平 1990: 114）。

戦後は、第2章で記したように、旧制中学卒業相当の学歴を予科練出身者に認める件について骨を折り、一九六三年四月に雄飛会本部の副会長に就任し、慰霊碑の文を起草するなどの重要な役割を担った。ここからは軍学校における教師／生徒関係の戦前戦後の連続性が垣間見える。桑原があくまで学校でいう教頭にあたる管理職であったのに対して、教壇に立つ倉町は生徒と距離が近く、身近な存在であった。四期会記念誌への倉町の寄稿「あの顔、この顔」を読むと、毎年年賀状をやりとりし、顔を見て名前と当時の記憶が浮かぶほど、個人レベルでかつての教え子を把握している様子がうかがえる（四期会編集委員会 1983: 19–24）。
倉町は雄飛会において、予科練出身者全ての人生を肯定的に意味づける言葉をたびたび提供していた。靖国神社での全国大会の総会挨拶では、まず最も予科練に対して否定的な言説をやり玉にあげて、予科練出身者への共感をにじませつつ彼らを弁明する。

諸君は、戦後間もなくの頃、「ヨタレン」とか「よかれんくずれ」という暴言が世に流布したことを、よもや忘れはしないだろう。どんなに無念だったか、今思い出してさえ怒りで胸が震えます。この気持ちは実戦に参加した人も、しなかった人も変わる所はなかったと思います。〔中略〕諸君らの知る限りに於て、「よかれんくずれ」と呼ばれねばならぬ行為をした我々の仲間があったか？　戦後十八年、私は幾百人と予科練出身者に会ったが、この名に価する者は一人も知らない。（雄飛 5: 2. 1963/12、傍点は引用者）

ポイントは、戦後に流布した予科練出身者への蔑称を、予科練出身者全員が共有できる体験として持ち出したことである。これは、第2章でみたように予科練の入隊世代の差にかかわらない言説である。そのうえで、「この名に価する者は一人も知らない」と、戦後社会からの否定的まなざしを、外部者の視点から強く否定している(5)。生き残りの生の意味づけに関しては、教師らしいレトリックを駆使する。この大会のつい半月前に暗殺されたケネディ大統領を例に出し、「〔志願兵ケネディが魚雷艇で日本海軍駆逐艦と交戦し撃沈され九死に一生を得たという〕祖国のために勇敢に戦ったというこの事実は〔中略〕米大統領となるのに役立ちました。同じく太平洋に戦いな

（5）だからといって、倉町は「予科練くずれ」と呼ばれても仕方ない予科練出身者を、存在しなかったことにして排除したわけではない。むしろ彼らが世間のまなざしのなかで道を踏み外す事情に同情し、弁明する記事を『文藝春秋』に寄稿している（倉町 1953）。

がら、勝った国では国民の支持と尊敬を得て、大統領となるのに役立ち、敗れた国では祖国を守った生き残りが肩身を狭くして世を送るとは、全く納得のいかないところであります」(5:2)と述べる。(6) 軍隊への入隊がキャリアとして評価されない、予科練習生たちの戦後における不満を、元軍人ではない外側の立場から代弁し、戦勝国の基準を持ち出して再評価しようとしている。

そして、戦後における予科練出身者の規範的な人間像として、「過ぎし日の栄光を省みて、益々自愛自重し、昔日のように、「心に高く誇りを掲げて」しかも驕ることなく卑屈になることなく、堂々と世に処して戴きたい」(5:2)と述べている。予科練出身者に対して肯定的な戦前の価値観と、否定的な戦後の価値観のどちらにも同一化しない、バランスをとったものといえるだろう。

桑原と対比すると、プライドを回復させようとする点では共通するが、イデオロギー的ではなく、予科練出身者たちの目線に近く、広く受容されやすいメッセージであろう。予科練出身者から倉町の演説が共感的に受け入れられている様子は、匿名の会員が書いた「大会雑感」からもうかがえる。

倉町副会長からは、例によって身近な人としての感じを受ける言葉の中にも、予科練を戦の最先端に立たせた国家が、何故に予科練を放任したかと恰《あたか》も虐げられた児の親が怒りを誰かに叩き付ける様な口吻に思わず引き込まれて聞き入る。(雄飛 5:4. 1963/12)

また、学歴認定については、自身の絶大な尽力によって認定されたにもかかわらず、倉町はあえてその価値を絶対的には評価しなかった。慰霊碑建立達成後の会報の寄稿文では、まず、旧軍学校の学歴認定がまだまだ見合っていないと言ってのける。

学認がまだ役立つ人がいるのかと思うと嬉しいが、あれだけの長年月、あれだけの人材たちが、あれだけの努力を傾注し、そして及ばずながら、あれだけの教科内容の伝達に砕心した結果が旧中五卒と限定されてしまうと我儘なもので、ちょっと物足りない気がしないでもない。（雄飛 19: 2. 1967/2「名刀の誇り」）

そのうえで、「人事院学歴免許等資格区分表によれば」陸軍士官学校と海軍兵学校は「旧専三卒」（旧専門学校三年生卒業相当）であり、「東郷元帥も乃木大将も山本元帥もみんな予備学生出身者に劣ることになるではないか」と具体例を挙げたうえで、獲得した学歴の価値を相対化してみせる。(7)

学歴は大切である。しかし学歴は諸君らの全部ではない。数・国・英・理・社……数科目の学力による評価、人格・技量・能力・学識……等数限りなく多い人間の価値測定面からすれば九牛の一毛にも価せぬものだ。諸君の高貴な精神と、かつて祖国の大空を支えた神技とは、諸君自らが熟知し、心ある世の識者が等しく畏敬したところであった。（雄飛 19: 2）

旧制中学卒は、学歴の序列において結局は準エリートである。学歴の代わりに誇るべき予科練出身者の固有の価値として提示されるのが、内面的な「精神」と、パイロットとしての「技」能の組み合わせなのである。(8) この「精神」は、第3章2節の末期世代で述べたように、序列化や計量が不可能だからこそ、無類の卓越を主張する

（6）生き残りのみならず戦死者の冷遇にも言及している。「戦いが良くないからといって、同胞を守りぬくために国に殉じた人たちが、その国民によって非難される国がどこにあろう」（5: 2）。

（7）大多和は「学歴は無くとも学力はあるんだぞ」と「何時かの総会の時の倉町教官のご説明」を思い出す（雄飛 19: 7. 1967/2）と書いている。「学力認定」という表現もしばしば会報にあり、肩書よりも実力を重視する価値観がみられる。

ことができる言葉である。学歴の序列においては旧制大卒などにはかなわない。それに対して、客観的な序列のつけようのない「精神」という点で、予科練の比類なさが主張できるわけである。

倉町はさらに畳みかけるように外面的な序列の尺度を相対化する。軍隊の階級でも学歴でも、「恰もそれが人生の全部、人間評価の絶対基準ででもあるかのような錯覚を覚える」ことは往々にしてあり、予科練出身者たちも「兵から下士官、兵曹長、士官と進級のたびごとに、この気持ちを経験したことと思う」と、予科練出身者たちの出世に関する世俗的な体験に沿った言葉を重ねていく（19: 2）。重要なのは、別の価値を提示することで、階級や学歴の向上へのアスピレーションを否定することなく、肥大化しないよう慎重に統御していることである。

そして、「諸君の心に純粋にして高邁な精神が蘇り、各位が過ぎし日の栄光ある誇りを胸底深く鎮めて、それぞれの仕事に精進あらんことを祈念する」としめくくる（19: 2）。学歴認定という肩書・地位の獲得に浮かれずに、「精神」の卓越を裏付け確信するためにも、戦後社会における現在の「仕事」へ献身という具体的な行動を説く。こうして、予科練出身者の戦前からの人生を否定することなく、彼らの人生の戦前から戦後までを一貫させて意味づけ方向づける規範的人間像を提示している。それは、戦後社会から否定的に価値づけられてきた、元軍人としての人生を内在的に意味づけて、戦友会という集団のメンバーシップに誇りを持てるようにする、言葉という資源を提供するものだった。

最後に、他の元教官にも簡単に触れておこう。「時報」第一号によれば、一九六二年の雄飛会の会合に出席した元教官は、倉町に加えて浮田と山屋（海兵四十八期の山屋太郎か）であり、いずれも東京在住である。

浮田信家は、海軍兵学校出身者（五十期）であり、一期生の分隊長を務め、初期世代とのつながりが強い（第一期予科練習生 1981）。予科練教育において分隊長は父兄、分隊は家庭（第一期予科練習生 1981: 19）と位置づけられており、最も身近に予科練習生たちを直接指導する立場にあった浮田は、「隊内にあっては無論のこと外出時の倶楽部視察、分隊長私宅訪問等の機会を捉えて公私供々熱心に練習生指導に苦心された」（第一期予科練習生

1981: 16）と一期生の作った冊子に書かれている。戦後も家族ぐるみで親密な関係が続いたようだ。

その絆は海軍大佐に昇進され司令副長と同等の職に就かれた後も或いは戦後多くの変遷を経た今日に於いても終始一貫変ることなく続けられているのである。その依って来る所以は予科練時代の分隊長と私達一期生の心の交流であって例年行われる一期会の会合には御夫妻の参加を戴き同期生もまた同伴者漸増しつつ共に各地に旅し飲み且つ語り合い乍ら何時か家庭間の交際にまで発展しつつある現状に至っている。（第一期予科練習生 1981: 15–6）

彼は横須賀航空隊赴任時に司令から、「〔予科練習生に〕指揮官として必要な一般普通学を充分身につけさせる」、「海軍兵学校と同じ教育方法で修学させる」という訓令を受け、「普通学の充実、人格の涵養」に力を入れた。それでも、「水兵服を着た予科練にあんな普通学を教える必要ないとか、少し軍人らしい焼きをいれろとか」横から口を挾まれることもあったという（雄飛 1: 2）。つまり彼は、海軍兵学校出身者が絶対的なエリート＝教養をもつ指揮官候補者であった時期に、予科練に肩入れして普通学に力を入れた教育者であった。

それゆえ戦後に学歴認定に尽力したのもうなずける。文部省・厚生省との学歴認定請願をめぐる会談にも倉町とともに赴いた、と会報で報じられている。記事の執筆者は、このような教官たちが「苦労こそすれ得るものは

（8）ただし、その能力は戦後において使いようがない。倉町は「戦後の諸君はまさしく生臭い浮世の台所に投げ出された名刀」（すなわち戦時ではなく日常においては包丁や剃刀よりも価値を認められないもの）であると喩え、それでも、「諸君！名刀の誇りを思い起こしてくれ。どうか名刀の誇りを失わないでくれ」と、能力を誇りとみなすよう諭した（雄飛 19: 2）。倉町もしばしば戦後社会の精神面を批判する言葉を使ったが、それは予科練出身者の精神面の価値を見本として肯定する言葉とほぼセットで、レトリックとして使われている。

ない」、「利益や名誉にも関係ない」にもかかわらず尽力する姿に「良い教官をもったものだ」と感謝の念を掲げている（雄飛 2: 3. 1963/6）。予科練出身者たちにとって、教官たちは、戦前のみならず、否定視されることもあった戦後においても支援をし続けた人々であった。また、浮田も会報の記事を見る限り、特に愛国心の涵養といったイデオロギー的な主張は展開しておらず、素朴に元教師として教え子の事業を支援しているようにみてとれる(9)。基本的には元教官による予科練出身者への意味づけは、桑原を除いてイデオロギー的な色彩は薄く、予科練教育の価値に置かれる傾向が強いようである。

以上のように、戦前から戦後にかけて形成された社会関係に基づくコンボイたちの支援は、学歴認定をはじめとする戦友会の事業達成に欠かせなかった。さらに、コンボイとしての長い付き合いゆえに説得力をもつ、予科練出身者の人生を肯定的に意味づける言葉も、戦友会集団の統合を支えていた資源であったといえるだろう。

コンボイたちによる承認

以上のように元教官たちは、予科練出身者の人生を意味づける役割を担ってきた。プラースのコンボイ概念も、親密な他者が、「あなたのふるまいの正当性を証明し、あなたのアイデンティティを認証する」（Plath 1980=1985: 202）役割を果たす点に注目を促している。コンボイは、その長期間にわたる深い社会関係ゆえに、コンボイの支援対象者がどのような存在であるかを説得的に承認しうる立場にある。もちろん桑原虎雄と面識があったのは初期世代の一部に限られ、長く教鞭をとった倉町秋次とて予科練出身者全員とは顔見知りではない。それでも個々人ではなく予科練という集団の承認であるから、彼らが集団のうちの特定の主体と交流があったことが正当性をもつ。この意味では、第4章で論じた地域住民もコンボイに含めることができるだろう。

プラースによれば、人は「自分の存在感の中核に関して、他者からの承認がえられないと安心できない」ために、「関与者(10)たちを通してしかえられない「人生の確認のためのフィードバック」」（Plath 1980=1985: 329）を希求する。とりわけ予科練出身者たちは戦後社会から、予科練くずれなどの否定的な評価を受けていたことが重要である。単に自身を自身でアピールしたとしても、「私たちがこうだと主張しても、他の人たちは容易にそれを認めないかもしれない」（Plath 1980=1985: 328）からである。戦後社会という基本的に否定的評価を受ける時空間のなかで、予科練出身者たちが、コンボイたちによる「人生の確認のためのフィードバック」を得られる場としても、戦友会はあった。

日本社会学の戦争研究の文脈を顧みると、森岡清美が「決死の世代」のライフコース研究において、決死の戦闘場面をともにした戦友の絆に焦点を当てた「死のコンボイ」概念が有名である（森岡 1993: 25-9）。ただし、森岡は、自身のコンボイ概念が、プラースと「原義と強調点において少し異なる」と認めている。しかも「コンボイは長い期間にわたる交わりを要件とするのにたいし、死のコンボイは、〔中略〕期間こそ短いけれど、生死を共にした、また生死を共にする交わりの深さが、これを補って余りありといえよう」（森岡 1993: 271）と、肝心の関係形成の時間的奥行という論点を消去してしまう。

（9）他にも予科練の主事だった元海軍軍人の高橋俊策（海兵四十八期）も名誉会員であり、しばしば『雄飛』に寄稿している。「〝十八期の碑〟巡礼」と題された記事では、碑のある霊山観音堂の前扉に掲げられている「少年飛行兵予科練の碑に寄せて」という解説のなかの、「この小さな碑は決して君たちの功績を讃えようというようなものではない《ママ》ただ昭和の歴史に太平洋戦争というものがあり、予科練という名の少年たちが、力いっぱい父母の国のために戦って死んだということを、君たちの遺族やわれわれの子孫が心にとめることができればそれでよい」という文を引用している。高橋は、この文を高く評価したうえで、「戦死者には昔ながらの等級順位の叙勲、戦雲をよそに几帳の陰で長寿を保ったもろもろの戦争協力者には高位の叙勲」という物言いで、階級上の待遇差と戦争責任批判を行っている（雄飛 14: 8. 1965/9）。

（10）プラースによれば、アルフレッド・シュッツのいう「関与者」（consociates）は、友人、恋人、親類、同僚、クラスメートなど「ある期間にわたって、しかもある程度の親しさをもって、あなたが関係を保つ人びと」（Plath 1980=1985: 14）を指す。実質的にここではコンボイとほぼ同義に使われている。

戦後の生き残った兵士たちの軌跡についても、森岡は「死のコンボイ」概念を適用し、戦死した戦友への負い目を引きずりながら個別に立ち直っていく存在として捉える（森岡 1990）。「死のコンボイ経験世代の戦後」という世代のくくりによって死のコンボイ経験という特定の時点の社会関係がクローズアップされ（森岡 1990: 6-8）、戦争中の死のコンボイ経験こそが戦後のライフコースへ大きな影響を与えたという図式で議論を進めていく。

しかし、本節でみたように生き残りの具体的な集団である戦友会においては、戦後にも社会関係の持続と累積は続き、戦後の生き方からの意味づけも重ねられていく。戦争で若くして死に別れた死者との関係のみならず、戦後という長い時間をともに生きる生者同士の関係もまた重要である。その分析のためにこそプラースのコンボイ概念は有用である。

2　エリート軍人からの支援の弱さ

次に海軍兵学校出身のエリート軍人たち全般をみていこう。「海軍人脈」（戦友会研究会 2012: 210）という言葉があるほど、旧海軍出身者の間には独自の相互扶助のネットワークがあったといわれているが、下士官階級中心の予科練出身者の事業に対して、士官階級はどのように関わったのであろうか。

海軍兵学校出身の主要な支援者

雄飛会との関わりが深い人物としては、まず源田実（一九〇四年生）が挙げられる。海軍兵学校五十二期卒業で、海軍の飛行機搭乗員・参謀として戦時期を過ごし、戦後は航空自衛隊に入り航空幕僚長を務め、さらに一九六二年からは自民党参議院議員へと転身した。学歴認定の運動の際には、「特に左記方々には厚く謝意を捧げます」と挙げられている人名のなかで、文部省・厚生省の官僚と防衛事務官に混じり、唯一の政治家として源田実参院議員が入っている（雄飛 6: 1. 1964/2）。また慰霊碑建立においても顧問に名前が挙がっており（13: 4）、記念館建設についても名誉会員の肩書で寄付をしている。（25: 11. 1968/6）

源田と予科練出身者の関係形成については、戦前の航空隊におけるつながりだけではなく、戦後において一九五二年設立の民間パイロット養成団体、日本飛行連盟という場もある。その理事長小林喜作は予科練乙種の十七期であり、甲乙の予科練出身者が属しているが、一九六三年に赤十字飛行隊が設立された際に源田が飛行隊長となっている（雄飛 9: 4）。つまり戦後もパイロットを続けた予科練出身者との間に、つながりがあったようである。

ただし、戦友会会報に源田の寄稿がみられるのは、記念館建設の時期になってからである。『雄飛』では予科練出身者を「海軍航空の中核」、「今日では、日本を背負う屋台骨の重要な一角を構成している」などと記した簡素な寄稿がある（雄飛 26: 6. 1968/9「偶感」）。予科練之碑保存顕彰会の会報『予科練』への寄稿では、予科練が多くを占めた特攻隊を「人類六千年の歴史を通じて、最高の英雄的行動」と大仰に称えている。そして旧軍に否定的な戦後社会の風潮を「占領軍の日本無力化政策」ゆえのものとして非難するなどしたうえで、「予科練の精神」「海軍の精神」を「社会の中堅」たる予科練出身者が伝えていくべきものと主張する（予科練 2: 4. 1967/12）。

予科練に対する戦後の否定的評価を批判する言葉ではあるが、倉町の言葉と比べると、外側の立場から大げさに持ち上げている感があり、特に特攻隊や占領政策に関する源田の価値観まで予科練出身者全体に受け入れられたかは疑問である。たとえば十八期の桑原敬一のように、源田実が特攻作戦の推進にかかわったと考え強く批判する者もいた（桑原 2006a: 410–1）。歴史的事実はさておき、戦争責任の点で海軍上層部に対して批判的な目を向ける予科練出身者がいたこともあって、源田の大仰な賛辞の裏面には、負い目や責任追及を和らげたい思惑もあったのかもしれない。いずれにせよ源田は、桑原虎雄らほどには前面に出ていないが、学歴認定の時期から関わっており、政治家や自衛隊関係者としてさまざまな影響力を行使したと推測される。

もう一人の重要人物は、高松宮宣仁親王（一九〇五年生）である。皇族軍人であり、一九四一年から横須賀海軍航空隊教官を務めている。詳細は不明だが、海軍兵学校の同期だった源田は、パイプの一つであったのだろう。高松宮は、一九六六年五月二十七日（海軍記念日）の予科練之碑除幕式に夫妻で参列している。当日は、高松宮妃喜久子が予科練を詠んだ歌「海原にはた大空に散華せし君ら声なく幾春や経し」の歌碑も除幕された。これは同年二月中旬に現地を訪問し詠んだ七十首のうちから選んだ一首であり、予科練之碑の隣に歌碑が急遽建立されることが決まった（雄飛 16: 1. 1966/4）。一九七八年に予科練之碑保存顕彰会が財団法人「海原会」となった際の名称に採用されるなど、高松宮妃の歌は戦後の予科練戦友会の代表的な表象となっていく。

除幕式で夫の高松宮宣仁は、「混沌たる世の中に投げ出され、さぞかし苦労されたことでありましょうが、よく見事に立ち直られまして、それぞれの社会の中堅として活躍しておられるということを聞いて、流石であると嬉しく思っておる。そうした皆様方の手により、心のこもった慰霊碑が造られて」（雄飛 18: 6）という言葉を残し、戦後の苦労から立ち直るという予科練出身者たちの典型的ライフコースと、慰霊碑建立の達成を重ね合わせている。皇族の存在は会報でも強調されており、予科練出身者の戦後を含めて人生の再評価にとって意味のある要素であったようだ。高松宮夫妻は記念館竣工式にも臨席し、言葉と歌を贈るなどしている（予科練 6: 1–6）。

一方で、桑原虎雄に近い世代としては、海軍兵学校四十期（桑原は三十七期）の元海軍中将・寺岡謹平（一八九一年生）がおり、予科練の第二代部長であった(11)。一九五二年五月に開眼された特攻平和観音の発起人の一人である（君島 2021: 97）。倉町とともに慰霊碑建立委員会の相談役に抜擢されており（雄飛 13: 1）、予科練之碑の題字も彼の書である(12)。「一人でも多くの青少年にわが海軍の伝統美俗を語り伝え、左右にかたよらず善良なる国民に仕上げる気構えを以て国民精神に「活」を入れることをお願い致したい」（雄飛 5: 2. 1963/12）と、青少年の精神的模範という、桑原虎雄と類似の言葉を残している。

会報から見る限り、その他の人物は顧問や寄付者として名前が出る程度である。慰霊碑建立委員会の顧問の名前の一覧には、桑原と同期三十七期の小沢治三郎や、寺岡と同期四十期の福留繁（戦後は水交会理事長を務めている）といった元将官、あるいは霞ヶ浦海軍航空隊に勤務経験のある土浦市議会議員・菊池朝三（海兵四十五期）の名前が挙がっている（雄飛 13: 4. 1965/6）。記念館建設の顧問には、霞ヶ浦海軍航空隊や横須賀海軍航空隊の司令を歴任した和田秀穂海軍中将（海兵三十四期・一九三七年に予備役編入）や、日米開戦時の海軍大臣で、A級戦犯として終身刑となったが仮釈放された嶋田繁太郎海軍大将（海兵三十二期）、特攻作戦の立案者として有名な大西瀧治郎中将（海兵四十期・終戦後自決）の夫人[13]などの名前がある（予科練 3: 2. 1968/4）。寺岡や小沢、福留、菊池も特攻作戦の指揮に関わっており、軍上層部として、特攻出撃を命ぜられた側の予科練出身者から責任を問われうる立場にあったことが、予科練の二代目部長という直接的な関係があった寺岡を除いて、雄飛会の前面に出てこない背景にあるのではないだろうか。

こうしてみると、支援者全体から見ると旧海軍エリート軍人からの支援は意外に少ない。雄翔館建設委員会の顧問をみても、三〇名を超す顧問のなかで海軍兵学校出身者は大西瀧治郎夫人を入れても五名にすぎない（予科練 3: 2）（図28）。顧問は将官クラスが名を連ねるため、佐官以下については、寄付金の名前を見るほかないが、管見のところ寄付者名の肩書を見た限りでは海軍士官はほとんどみつけられない。もちろん肩書なしの人物のなかに元海軍士官も一定数いただろうが、それほど数として目立つものではないことはたしかだ。

すでに海軍兵学校出身者を中心とした戦友会の水交会は一九五二年に復活しており、海軍の航空隊関係者だけ

（11）ただし、その期間は一九三三年十一月から一年弱にすぎない。『予科練外史』（倉町 1987）にも初代部長・市丸利之助についいては独立項目で記述がなされる一方で、寺岡に関する記述はみられない。なお市丸は硫黄島で戦死している。

（12）予科練戦歿者慰霊碑建立委員会発行『予科練之碑序幕・慰霊祭式典報告書』八頁。

（13）大西淑惠は、特攻隊員の慰霊につとめ、予科練戦没者慰霊祭にも毎年参列していたという（神立尚紀「終戦の翌日に自刃した「特攻の父」その夫人の壮絶な慰霊行脚」（二〇一九年八月十六日）『現代ビジネス』講談社 https://gendai.ismedia.jp/articles/-/66534?page=4〔二〇二二年一月十五日閲覧〕）。

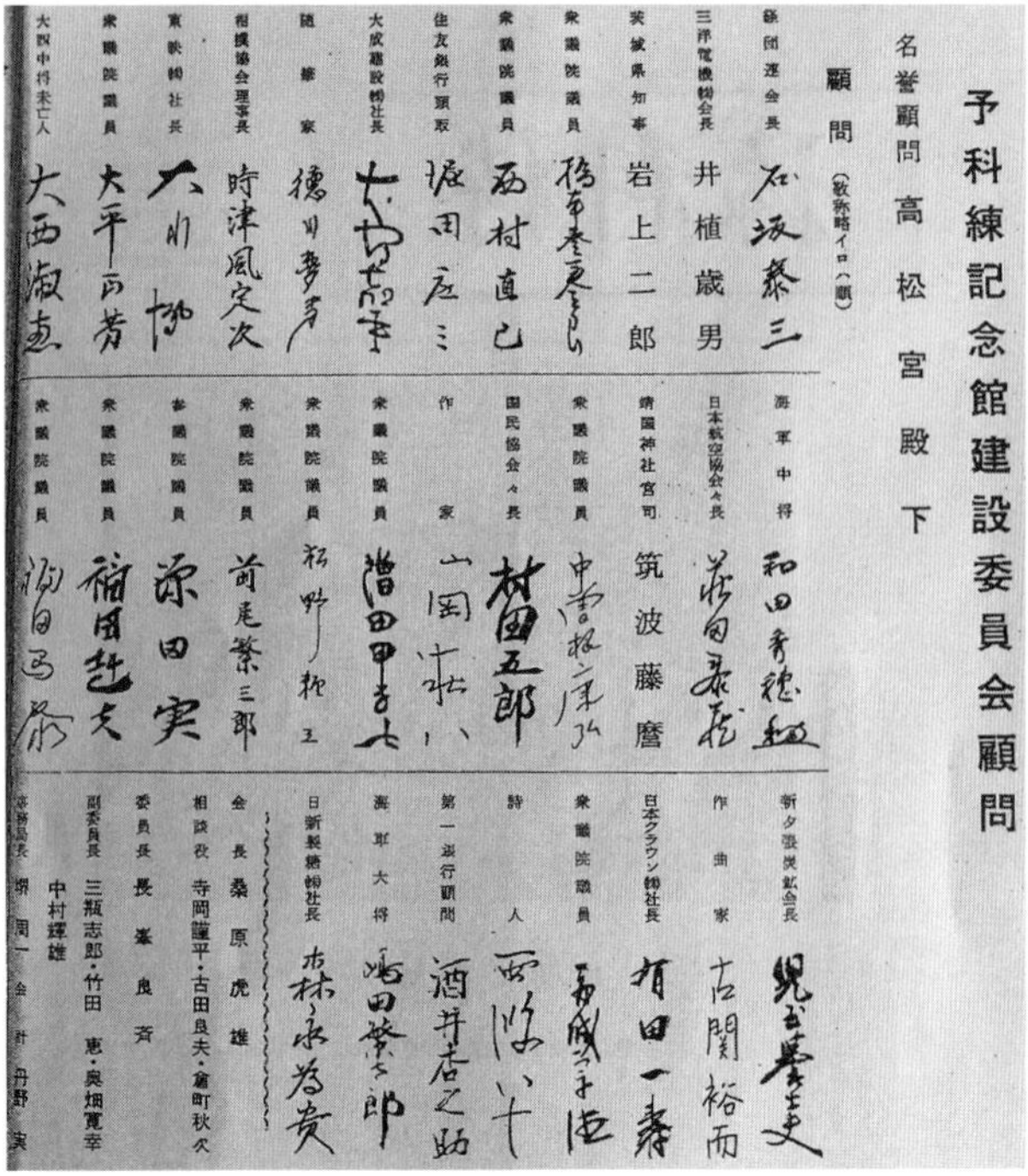

図 28　予科練記念館建設委員会顧問署名群（予科練 3: 2. 1968/4）
著名な政治家、財界人、文化人も多い。本章 3 節も参照。

でもかなりの数にのぼることを考慮すると、むしろ元エリート軍人の関与は少ないといえる。水交会『水交』一九六六年五月号をみると、五月二十七日の予科練之碑除幕式の案内は掲載されておらず、五月二十八日（土）に東郷神社で開かれる「海軍の集い」の案内が出ている。学歴認定について、十八期の桑原敬一は自著で、「［予科練の学歴について］是正を求める動きは、かつての上層部の中からついになかった」（桑原 2006a: 275）とまで言っている。会報を見る限り、寺岡謹平や源田実は関与しているが、やはり全体としては元エリート軍人の関与は控えめだったのだろう。強固だといわれる「海軍人脈」のネットワークだが、士官と下士官を架橋する旧軍の階級横断的な絆としては、全体的にはそれほど強いものではなかったようだ。

海軍兵学校と予科練との軋轢——水交会か何か知らないが予科練をナメてやがる

その背景には、海軍兵学校出身者に対する反感や対抗意識があったようだ。そもそも第2章でみたように、戦前から、海軍兵学校出身者と予科練出身者の間には昇進に厳然たる格差があった。さらに重要なのは、戦後の旧海軍軍人の活動においても、士官と下士官との差別が随所で引き継がれていたことである。たとえば、十八期の桑原敬一は、靖国神社での特攻隊関連の慰霊祭における記念写真撮影で、「士官のほかは列を外してください」というアナウンスを受けたという（桑原 2006a: 307-8）。社会関係の歴史的奥行は、地域住民や教官のように、戦後のつながりの契機ともなる一方で、阻害要因ともなりうる。もちろん海軍兵学校出身者に対する不満は、旧軍関係の支援者を巻き込んで事業の達成に向けて進む戦友会の会報には書かれにくいものだが、それでも多少はうかがい知ることのできる記事がある。

幹事長を長く務めた一期生の野口克己は、東京椿山荘で開かれた海軍航空発祥五十周年記念祝賀会の準備委員として案内状の発送に関わった経験から次のように記している。

> 予科練に割当られた案内状が二百枚から百枚に減らされ、宛所を書いて準備した案内状もひそかに削られて大部分他に廻された気配が濃厚であった。発送したはずの同窓から俺にはなぜ通知しなかったかと大分お叱りを受けたのだが、水交会か何か知らないが予科練をナメてやがる……と腹が立ってならなかった。（雄飛 2: 2. 1963/6）

このように、戦後においても戦時中からのエリートと準エリートとの間の差別と反発は続いていたのである。もちろんこの文章は水交会のメンバーでもある桑原会長らも読むはずだが、野口は、「本文は原文のまま印刷することを事務局長に強要したことを御知らせします」（2: 2）と強硬であった。

この「予科練をナメてやがる」のような、ネガティヴな証言を抑制する戦友会の「統制的機能」（吉田 2011: 111）をこえて噴出する声は、おそらく海軍関係者から広く支援を求めるという背景もあって、のちの会報では消えていく。とはいえ、海軍兵学校出身者が、熟練の予科練出身者よりも優先して指揮官になり、作戦の失敗を招いたことへの反発を、控えめに書いている記事もある（雄飛 20: 7. 1967/4）。また、「ややもすれば旧軍人の会合なら悪い意味の階級意識が先に出てしっくりゆかぬものであるが、当雄飛会においてはその悪癖はなく」（雄飛 7: 1. 1964/4）云々と、階級的な差別のない会として自らを誇る記事もある。

なかには遠まわしながら軍上層部の特攻作戦に対する批判と思われる記事も載っている。同窓ではないが、大学や職場で「予科練出身の先輩同僚は少なくない」という、東京消防庁企画第二係長からの言葉がある。彼は、祖国防衛のために「理性を否定することなく生への執着を断ち切ることはむずかしい。それをなし得た彼等に心から頭がさがる」と述べ、予科練の「精神力」を評価する文章のなかで、以下のように強い留保を記している。

ただ、人間性を無視して、寄せられた限りない期待のもとに、ナショナリズムの犠牲となって散華した彼等に同情を禁じ得ず、そのような場に追い込んだ「目に見えざるもの」への強いいきどおりを覚えるのを、どうすることもできない。（雄飛 24: 1. 1968/2）

ぼかした表現だが、軍上層部への責任追及も含むと読める内容で、予科練出身者自身は寄稿しづらいものだったろう。しかし、このような外部の人間の寄稿を、『あゝ予科練』の出版を伝える『雄飛』第二四号の、最も目立つ巻頭の一頁に掲載を決めた判断は、予科練出身者によるものであった。

このような背景のなかで、慰霊碑の建立に際しての募金の方針でも、予科練出身者の独力による事業達成が強調されている。野口克己幹事長は、「吾が同窓戦没者慰霊碑建立委員会に期待するもの」と題した寄稿のなかで次のように、予科練出身者の力で、他に極力頼らず事業を達成したい旨を述べている。

五百万円を計上すれば除幕式慰霊祭を合わせて予科練の名に恥じないものが建立出来るのではないか！吾々は会員のみの浄財においてこの悲願を達成したい。

遺族や嘗ての航空関連会社等の積極的な喜捨はこばむ理由はないが、慰霊碑建立の趣旨にもとらない為の配慮は必要である。（雄飛 7: 3. 1964/4）

ここでは想定される寄付者として、「遺族」はもちろん「航空関連会社」まで挙げながら、海軍関係者には言及がない。会員が担い手となることが強く主張されているのである。もちろん、彼個人の見解が他にどれだけ共有されていたかは不明だが、海軍エリート軍人の支援の少なさは、海軍兵学校出身者の消極性のみならず、予科練出身者側の自立志向をも背景としていたのだろう。

以上のように、政治家の源田や皇族の高松宮などの一部が重要な役割を果たしていることはたしかだが、全体として海軍エリート軍人が強くバックアップしているようにはみえない。総じて旧海軍関係者からの支援は、予科練の元教官など戦前からの直接的なつながりがあった支援者が中心だったといえる。

3　財界・政界・自衛隊

よって、多額の費用がかかる記念館建設においては、むしろ「海軍人脈」の外部の広がりに目を向けるべきであろう。募金運動の開始が宣言された『雄飛』第二四号の「本部だより」では、記念館建設の雄飛会の募金目標額は五五〇万円と明らかに費用の一部に限定されており、「高松宮はじめ有名人が顧問就任を快諾され〔中略〕この際、有力なスポンサーを多く獲得することが肝要と考えます」（雄飛 24: 4. 1968/2）と、外部の支援に積極的に頼る方針が示されている。

財界からの巨額の寄付とエリート間の人脈

海軍出身者に限定されない広がりに注目すると、第一には経済界が目立つ。先述した桑原虎雄の人脈によって、経団連会長（在任一九五六〜一九六八年）の石坂泰三（一八八六年生）の支持を得たことが大きい。桑原と同じ東京出身で東京府立第一中学校の一学年違いの同窓であり、（予科練 4: 12. 1968/8）、面会の際には「援助を惜しまぬから立派なものをお造りなさい」と桑原に述べたという（予科練 3: 3. 1968/4）。一九六八年五月で石坂から会長を代わった植村甲午郎（一八九四年生）もやはり府立一中の同窓の後輩であり、建設計画と建立趣意書を届けた際も、完成後の維持管理の予算についてまで心を配り、桑原と中学時代の懐旧談をしたという（雄飛 25: 3. 1968/6）。

こうして記念館は「永久的な立派なものを建造する為、募金額も二千万円となり、超過金額は此の度、経団連副会長植村甲午郎先生はじめ財界の皆様方のご好意によりご支援を賜ることになった」（予科練 3: 1）。このような桑原の中学同窓ネットワークを介した支援確約によって、戦友会は事業規模の拡大に踏み切った。

桑原と財界とのネットワークについて、教育社会学的な視点からの考察を加えておきたい。桑原虎雄は一八八七年生まれで府立一中を経て一九〇五年に第一高等学校を中退して海軍兵学校に入っている点で、帝国大学出身の文民エリートを養成する旧制高校にも、軍人エリートを輩出した軍学校にも所属した経歴を持つ人物だ。文官教官の倉町秋次によれば、桑原は「『あ、玉杯に花うけて』の寮歌で名高い旧制一高で、文豪谷崎潤一郎や仏文学の辰野隆、或は、現在実業界に睨みをきかせている経団連の長老たちと机を並べて、夢多き青春の日々を送った経歴の主である」（雄飛 44: 4. 1970/8）。経済界との人脈は、旧制高校時代にさかのぼることが示唆されている。

教育社会学者の竹内洋は、明治三十（一八九七）年ごろまでは軍学校も旧制高校も士族出身者が多い点でハビトゥスの同質性があったが、その後、軍学校は農村の農業を中心とした伝統セクターを補充基盤とし、旧制高校は都市部の新中間層を主要な補充基盤とするようになるなかで、エリート間のハビトゥスの違いが大きくなっていったと主張する（竹内 1999: 189–190）[14]。昭和戦前期には、帝大出と軍学校出身者の間には、出身階層、出身地域のみならず、教養や身体も含めてハビトゥスの懸隔が開き、政治・経済・文化エリートと軍事エリートとの間の「内的な絆」は弱まっていた（竹内 1999: 268-76）。桑原は、まだハビトゥスの同質性が残されていたといえる時期に旧制一中一高で学び、そのうえで海軍兵学校に入った経歴から、軍人エリート文化と文民エリート文化とを橋渡しすることができる境界的位置にあった。このエリート間の人脈の存在を介して、準エリートの予科練戦友会に対して、財界の支援を得られたのである。

さて、財界の協力者からは、募金への協力を呼びかける署名入りの「副書」が用意された（予科練 4: 3. 1968/8）（図29）。しかも、この副書は、予科練側が作成を要請したのではなく、植村経団連会長が、桑原との会談のなかで気を回して作成を申し出ている（雄飛 25. 3. 1968/6）。そこには植村を筆頭にして一〇名の大企業幹部の名前が載っている。企業名を挙げると、東京瓦斯《ガス》、富士製鉄、住友化学工業、八幡製鉄、川崎重工、三菱電機、出光興産、三井銀行、三菱重工で、主に会長の名前が記されている。戦前において軍の航空機や関連部品の製造を請け負っていた財閥系の系譜の会社が目に付く。文章は、予科練出身者が祖国のために命をささげたことを再三強調しつつ、「まだ若い彼等の身では資金は前回の〔慰霊碑の〕額を多く出ないので先輩の方々の援助を求めている次第です」などと、「四十才前後の経済力甚だ貧弱な」予科練出身者への支援を求めている。

企業からの寄付金額については、雄翔館の屋上へ続く外部階段の壁に、「予科練記念館　建設基金　多額者御芳名」という金属プレートが現在でも掲げられている(15)。

まず、第4章でみた、地域住民からの寄付を見ておこう。筆頭には「地元五十二部落一同」から最多額の四五万円が載っており、種々の地域組織を介して組織的に行われたであろう住民からの寄付金の収集力の高さがうか

---

(14) 竹内がこの議論の土台にしているのは、「陸士進学者と高校進学者の社会的な分節化」（広田 1997: 126）を実証的に指摘した、広田照幸の『陸軍将校の教育社会史』である。
(15) 以下は二〇一九年六月二日筆者撮影の写真から記載。銘板の作成期日は昭和四十三（一九六八）年十一月吉日とある。

がえる。他の地元住民関連団体からの寄付金額（「稲敷地域婦人会連絡協議会」一〇万円、「阿見町議会」九万円、「阿見町商栄会」八万円、「阿見町更生婦人会」「阿見町地域婦人団体連絡会」六万円、「阿見町役場町執行部」四万円）も合わせると、合計八二万円に達する。

個人の高額寄付者（三万円以上が掲載）欄には、第2章で見た雄飛会事務局の中心人物で自営業の長峯良斎（二〇万円、最多額）、堺周一（一〇万円、二番目の多額）や、元教官として桑原虎雄（六万円）、倉町秋次（四万円）の名前があるが、これと比べても地域住民からの寄付の大きさがうかがえるだろう。しかしながら、二千万円といわれる予算のうちでは、そこまで大きな割合とはいえない。

やはり金額として圧倒的に大きいのは企業である。[16] 三〇万円は、「副書」の企業の東京瓦斯、出光興産、三菱重工、三菱電機、八幡製鉄、富士重工、住友化学に加え、大成建設（記念館の工事を請け負った）、ブリヂストンタイヤ、三洋電機、松下電器、三菱化成、東京医薬品工業協会の一三社。二〇万円は、日新製糖、東映（一九六八年公開の『あゝ予科練』を制作）、日本航空[17]、日本鋼管の四社。それ以下で、（株）と付く企業からの寄付は、一〇万円が一七社、六万円が一社、五万円が一九社、三万円が一〇社となる。この合計額で七七一万円に達し、予科練出身者からの寄付金額合計約八五四万円（予科練 6: 19. 1969/2）に迫る金額である。いかに企業からの寄付金額が多いかあきらかであろう。[18]

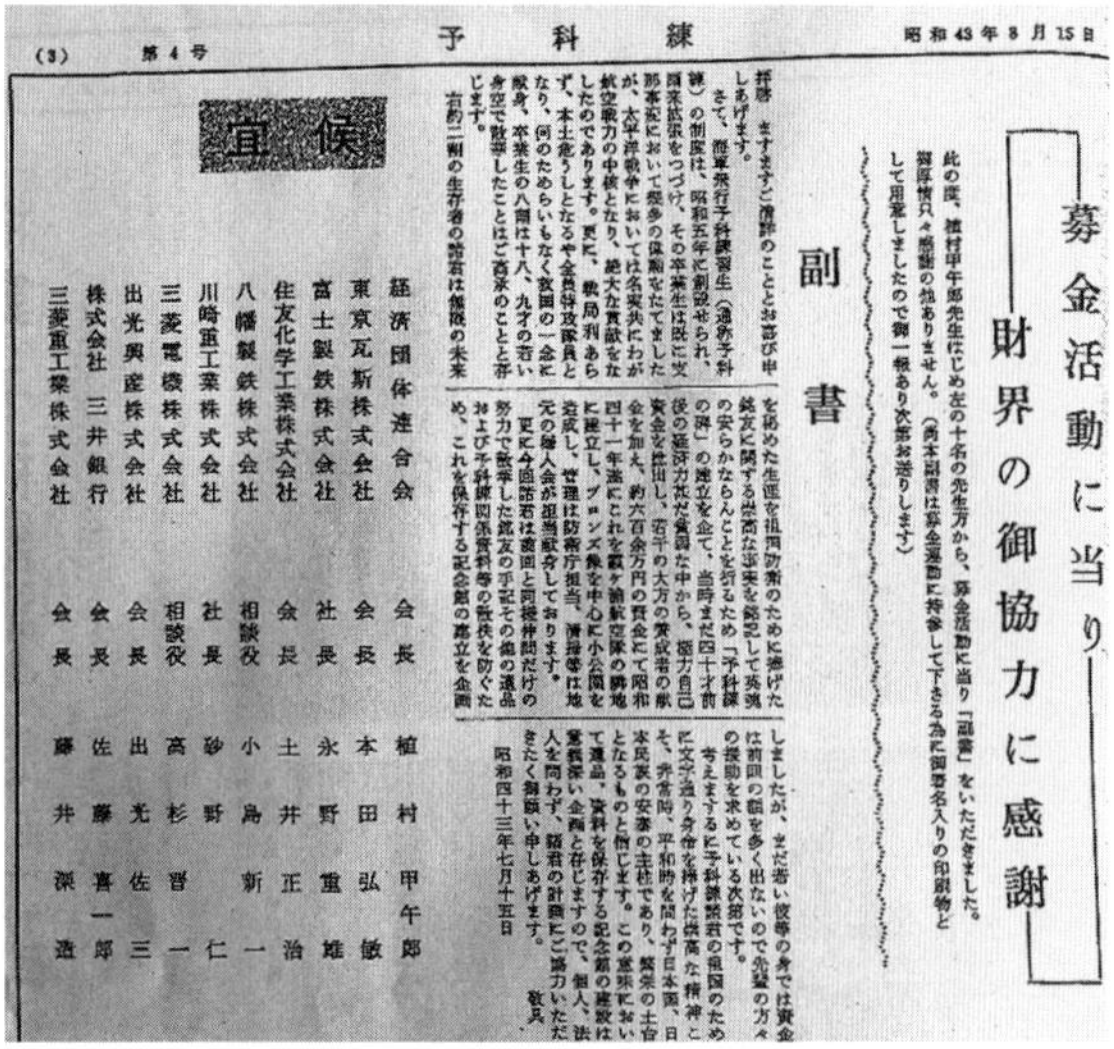
（3）　第4号　予科練　昭和43年8月15日

募金活動に当り
財界の御協力に感謝

此の度、植村甲午郎先生はじめ左の十名の先生方から、募金活動に当り「副書」をいただきました。御厚情只々感謝の他ありません。（尚本副書は募金運動に持参して下さる為に御署名入りの印刷物として用意しましたので御一報あり次第お送りします）

副書

拝啓　ますますご清祥のこととお慶び申しあげます。

さて、海軍飛行予科練習生（通称予科練）の制度は、昭和五年に創設せられ、爾来拡張をつづけ、その卒業生は既に支那事変において幾多の偉勲をたてましたが、太平洋戦争においては名実共にわが航空戦力の中核となり、絶大な貢献をなしたのであります。更に、戦局利あらず、本土危うしとなるや全員特攻隊員となり、何のためらいもなく祖国の一念に献身、卒業生の八割は十八、九才の若い身空で散華したことはご高承のことと存じます。

僅か二割の生存者の諸君は無限の未来を秘めた生涯を祖国防衛のために捧げた戦友に関する崇高な事実を銘記して英魂の安らかならんことを祈るため「予科練の碑」の建立を企て、当時まだ四十才前後の経済力乏しい貧困な中から、協力自己資金を拠出し、若干の大方の賛成者の献金を加え、約六百余万円の資金にて昭和四十一年遂にこれを霞ケ浦航空隊の跡地に建立し、ブロンズ像を中心に小公園を造成し、管理は防衛庁担当、清掃等は地元の婦人会が担当献身しております。

更に今回諸君は遺団と同期仲間だけの努力で散華した戦友の手記その他の遺品および予科練関係資料等の散佚を防ぐため、これを保存する記念館の建立を企画しましたが、まだ若い彼等の身では資金は前回の額を多く出せないので先輩の方々の援助を求めている次第です。

考えまするに予科練諸君の祖国のために文字通り身命を捧げた崇高な精神こそ、非常時、平和時を問わず日本国、日本民族の安泰の主柱であり、繁栄の土台となるものと信じます。この意味において遺品、資料を保存する記念館の建設は意義深い企画と存じますので、個人、法人を問わず、諸君の計画にご協力いただきたく御願い申しあげます。

敬具

昭和四十三年七月十五日

宜候

経済団体連合会　会長　植村甲午郎
東京瓦斯株式会社　会長　本田弘敏
富士製鉄株式会社　社長　永野重雄
住友化学工業株式会社　会長　土井正治
八幡製鉄株式会社　相談役　小島新一
川崎重工業株式会社　社長　砂野仁
三菱電機株式会社　相談役　高杉晋一
出光興産株式会社　会長　出光佐三
株式会社三井銀行　会長　佐藤喜一郎
三菱重工業株式会社　会長　藤井深造

図29　副書を掲載した記事（予科練 4: 3）

記念館の竣工式について会報は、「遺族同窓ばかりではなく、国中の人達が声援を送り温かく見守ってくれた」と記す（雄飛 27: 3. 1969/1）。高度成長期の戦後日本を代表する企業からの巨額の支援は、地域住民からの支援と同様に、戦後社会一般から、予科練出身者が受け入れられたかのようなメッセージになったことであろう。ただ、地域住民と違って、予科練出身者と戦前からの直接的なつながりがない経団連や大企業とのつながりを可能にしたのは、桑原虎雄というコンボイの橋渡しであった。

政界ならびに防衛庁・自衛隊とのつながり

政界とのつながりは主に保守系の政治家である[19]。予科練の碑が立つ雄翔園には、造園当時内閣総理大臣（一九六四年十一月～一九七二年七月）であった佐藤栄作（一九〇一年生）揮毫の「雄飛」碑が立っている（図30）。同じく防衛庁長官（一九六五年六月～一九六六年八月）であった松野頼三（一九一七年生）揮毫の「櫻花」碑もある（図31）。彼らは予科練の関係者ではない。佐藤は軍歴もなく、松野は海軍の主計少佐であったが、管見の限りでは戦時中に予科練との特段の関係はみられない。手持ちの資料および佐藤や松野の公刊資料からでは経緯はわから

（16） 国税庁への照会の結果、寄付金は免税の項目に該当し、法人の寄付金は損益として計上できると会報上で告知されている（予科練 4: 4）。
（17） 全日空は、慰霊碑建立時点では岡崎嘉平太社長が顧問の筆頭に名を連ねていた（雄飛 13: 4）。なお初期～中期世代の八名が全日空の現役パイロットとして活躍しているとの記事もある（雄飛 3: 6）
（18） 他にも財団法人日本飛行連盟、日本自転車振興会、日本相撲協会などの団体もある。
（19） 『共同研究・戦友会』メンバーが参与観察調査を行った空母の戦友会会合の議事においても、寄付金集めに苦労していた碑の建立について、「戦友会外部の人間、とくにさまざまなレヴェルの「議員」たちへの働きかけなども示唆・検討」（溝部 1983: 48）されていた。本書では資料的制約から迫れなかったが、ロビーイングに着目した記憶研究も存在する（Jordan 2006）。

図30　佐藤栄作揮毫「雄飛」碑

図31　松野頼三揮毫「櫻花」碑

ないものの、予科練出身者と、東京帝大をはじめ大卒の自民党政治エリートとをつないだ、なんらかの人脈の存在が示唆される。

　予科練記念館建設委員会顧問（前掲図28）の名前を見ると（予科練3: 2）、大平正芳（一九一〇年生）、当時運輸大臣の中曾根康弘（一九一八年生）、当時自民党幹事長の福田赳夫（一九〇五年生）といった後に首相になる自民党有力議員がいる。ほかにも自民党国会議員では、当時防衛庁長官の増田甲子七（一八八九八年生）、後述するように防衛庁長官時代に雄飛会幹部と面会した福田篤泰（一九〇六年生）、防衛長官の経験があり当時農林大臣の西村直己（一九〇五年）、茨城県選出の橋本登美三郎（一九〇一年生）、防衛庁長官を務め雄翔園内の「桜花」を揮毫した松野頼三、そして源田実である。

　源田以外で旧海軍に属していたのは、短期現役制度で、海軍経理学校を出て、主計科の士官となっていた中曾根と松野のみである。むしろ一九六〇年代に防衛庁長官を務めていた政治家が多い点が目を引く。また、自民党への政治献金をとりまとめる国民協会や、茨城県知事の岩上二郎（一九一三年生）の名もある[20]。

　以上のように、自民党の政治エリートとのネットワークがあった。この自民党ネットワークの背後には、先述した参院議員源田実の存在があると考えられるが、具体的な役割については不明である。政治家の予科練戦友会への関与についても、源田以外では『予科練』や『雄飛』への寄稿は、少なくとも同時期を見た限りでは見当たらない。先述した「予科練記念館　建設基金　多額者御芳名」には、政治的な団体の名前はなく、高額個人寄付者は三万円以上で名前が載るが、顧問の政治家の名前はない。もちろん一万円程度の寄付をしていることは寄付者名からうかがえるが、財界とは対照的に、財政的な寄与はほとんどないといえる。

政治という点では、自衛隊駐屯地に碑を建設することもあり、防衛庁の関りが重要であろう。会報『雄飛』にみられる限りで、初めての防衛庁との接触は、第四号の第一面に掲載された防衛庁長官と雄飛会役員との一九六三年八月十六日の会見である。

記事によると、乙種十八期の宮森秀夫の紹介により、福田篤泰[21]防衛庁長官が雄飛会の活動を知り「その代表者と会いたいとのことで」会長以下幹事一二名が長官室で会見した。桑原会長は、予科練は戦後も各界で活躍しており、「自衛隊にも沢山入っております」と述べて、例のごとく「会としての将来の目的の一つに青少年の善導を是非推進したい」と語る。これに対して福田長官は「かつて一身を投げうってやっていただいたあなた方の精神は非常に尊い」、「現在自衛隊が万一自衛の任につかねばならぬ様になったとき、果して皆さんに尽くしていただいた様に出来るか、どうか率直に言って疑問ですが、これから精神訓育にも力を入れ士気を高めて行きたいと思うのでよろしく」などと、自衛隊員の精神的な模範として予科練出身者を評価している。

防衛庁長官は、靖国神社における全国大会出席を約束したとのことであった（雄飛 4: 1）。ただ、実際は、一九

---

(20) 慰霊碑時点では顧問として赤城宗徳（一九〇四年生）の名前が挙がっていた（雄飛 13:4. 1965/6）。茨城県出身で茨城県選出の衆院議員で、一九五九～六〇年に防衛庁長官を務めており、当時は農林大臣在任中だった。彼は土浦海軍航空隊跡地にできた霞ヶ浦高校の校長を一九五六年から一九九〇年まで務めており、一九五六年から一九六七年までは理事長も兼務したというように、阿見町との深いつながりがあった。顧問には他に、小泉純也、増田甲子七、加藤陽三などの名前もあった。

(21) 宮森は自衛隊関係者ではないようだが、どのような人物かは不明である。福田は慰霊碑建立と記念館建設の顧問にも名を連ねている。

六三年の雄飛会の靖国神社での第一回慰霊祭では、防衛庁長官は国会のため欠席している（清酒三本霊前に奉納）。自衛隊としては、陸海空の幕僚長は出席しており、陸上自衛隊音楽隊四〇名、海上自衛隊飛行機三機の弔慰飛行などがあった（雄飛 5: 1）。一九六六年の慰霊碑除幕式でも、防衛庁長官は代理の派遣だが、自衛隊は陸海空の高官が参列し、海上自衛隊の飛行機や陸上自衛隊東部方面音楽隊が派遣されるなど手厚い。特筆すべきは、前陸上幕僚長書の「雄翔」の石碑が雄翔園の入り口に設置されたことである（雄飛 18: 2–4）。一九六八年の予科練記念館竣工式においても防衛庁長官代理として陸上幕僚長が挨拶をしている（雄飛 27: 3）。

記念館についても、「防衛庁及び海上自衛隊でも募金活動にご協力の快諾をいただき誠に感激の極みであります」（予科練 4: 4. 1968/8）との記載があり、組織的な協力があったとみられる。先述した「予科練記念館　建設基金　多額者御芳名」では、海上自衛隊の佐世保地方統監部（一〇万円）、同横須賀（六万円）、同舞鶴（四万円）、海上自衛隊第四航空群司令部（三万円）、陸上自衛隊武器学校（四万円）が団体の寄付者として載っている。これは後述するように、予科練出身の自衛官が少なくなかったことと関連があるのだろう。

以上のような政治家や防衛庁・自衛隊とのつながりについては、手元の資料の不足から不明瞭な点も多いが、自衛隊の駐屯地に慰霊碑・記念館を建てるという事業達成の背景には、戦後社会における政治的ネットワークも重要な役割をもっていたのである。(22)

駐屯地と戦友会の互恵関係——自衛隊側が「用意周到」に考えていて頭が下がる

自衛隊については、防衛庁からトップダウンで協力が決まっていく流れだけではない。現地の駐屯地レベルで、独自の展開がある。そもそも一九六八年建設の予科練記念館の前身には、陸上自衛隊武器学校の広報館における予科練展示があったのである。

予科練教育が行われ全国的にも有名だった土浦海軍航空隊跡地には一九五二年から陸上自衛隊（当時は保安

隊）武器学校という軍事教育機関が移駐し、土浦駐屯地となった。地域では旧軍の記憶のもと、大きな反対はなく受容され、根付いていく（詳細は清水 2022）。土浦駐屯地に一九六二年につくられた広報館のなかに予科練の展示が設けられた。旧軍にさかのぼる自衛隊駐屯地・基地の展示はしばしばあるが（たとえば Frühstück 2007=2008: 196–229）、予科練の知名度の高さや、予科練に対して地域住民が好意的なことも踏まえた選択だろう。

先述した防衛庁長官との会見後の一九六四年以降、会報で武器学校に関する記事が現れ始める。『雄飛』第六号では、武器学校総務課長・山中三造からの便りが紹介されている。そこでは、土浦駐屯地には、予科練の象徴として一九四〇年に植樹された「雄飛の松」や転用された航空隊施設の遺構が残るなど、予科練の伝統が残っており、年間二万人の見学者がいて[23]予科練出身者も少なくない、と駐屯地を紹介している。そして、一九六二年七月に開館した広報館に予科練室を設けて寄せ書きや写真、飛行服、教範などを展示しているが、現在拡充計画をしており、資料収集中のため、お貸しください、との依頼をだしている（雄飛 6: 5. 1964/2）。次の第七号では、武器学校広報室の福田次郎が直接寄稿しており、予科練室は間もなく拡張工事を終わるが、主人公たる記念品がな

(22) 文化人の名前も多数挙がっており、『予科練』への寄稿もみられる。慰霊碑の段階での顧問には、作家の山岡荘八（元海軍報道班員）、茶道の千宗室（元海軍飛行予備学生）、千宗左、日本相撲協会理事長の時津風定次（元横綱双葉山）、華道家の池坊専永、俳優の藤田進、徳川夢声、古関裕而、大西良慶、笹川良一といった名前がみられる（雄飛 13: 4. 1965/6）。記念館の顧問（図28）には、徳川夢声、山岡荘八、時津風定次、そして「若鷲の歌」の古関裕而と西條八十の名前がある（予科練 3: 2）。また靖国神社宮司の筑波藤麿の名前も両方にあり、現地へ出向いて神道式の慰霊祭を行っている点も重要だ。

(23) 地元の青年学校からの見学が地方紙で報じられている。「まず広報館に入り山中二佐の案内で〝土浦海軍航空隊〟をしのんだあと、銃機展示室では初めて見る拳銃や機関銃におどろきの声をあげ、〔中略〕午後からは学校裏の霞ヶ浦湖岸に出て、当時の練習機〝赤トンボ〟や〝予科練さん〟の思い出ばなしをたっぷり聞き、三時過ぎに一日入隊を終えた」（一九六六年二月九日常陽新聞 四面「武器学校に一日体験入隊　青年学校の24人」）。

いため、手紙写真遺書などを拝借したい（雄飛 7: 5. 1964/4）などと書かれている。遺品の寄贈数が増えて予科練室を拡張したのではなく、自衛隊側が予科練コンテンツを打ち出すために拡充したようだ。

武器学校と県支部の茨城雄飛会の関係も緊密だ。まず一九六三年十二月八日に靖国神社で開かれた予科練雄飛会全国大会の「感激さめやらぬこの2月18期生の映画『こんぺき』のフィルム贈呈式を当武器学校で行いましたが、その席上で武器学校の上司の方々の温情あふれるお取り計らい」があったという（赤とんぼ 1: 2. 1964/6）[24]。また一九六四年四月二十九日に予科練慰霊碑の地元への招致活動を念頭に結成された茨城雄飛会発足も武器学校で行われたが、駅からは武器学校が車での送迎をしたという（赤とんぼ 1: 1）。

さらに武器学校からは今泉総務部長（海軍機関学校卒）が「少年自衛官の養成に予科練精神をうけつぎたい。さらに広報館（38年8月校内に開設、将来は予科練館と改称する構想もあるよし）に当時のものを陳列したいのでご協力願いたい」（赤とんぼ 1: 1）と挨拶している[25][26]。ここには、以降でもたびたび出てくる、国防を担う自衛官の模範として予科練が語られている[27]。このような文脈から武器学校は、積極的に協力していく。

また、予科練之碑については、武器学校以外にも、地元行政の阿見町が管理主体となることをありえた。しかし、阿見町は「敷地に就てい〔就いて〕町内に適地がない、町当局としては元予科練跡地の自衛隊（武器学校内）が最適と思われる。該地に慰霊碑建設と決定の際には、地元としても建設委員会並びに慰霊碑保存会を設置して協力する」というかたちで、町有地に建設することはなかった（雄飛 10: 2. 1964/10）。

代わりに、武器学校が、「敷地を提供清掃維持する」と申し出て、「国有財産である為譲渡を受ける事には問題があり今後更に検討交渉の要はある」[28]、「予科練雄飛会への分譲はできない」、「武器学校に供託」、「宗教に偏し政党政派に関与しない事」、「画然たる隔壁を設ける（学校側で施工）」などの条件はつけつつも「清掃等の維持管理は学校側において充分に実施する」と管理を引き受けた（雄飛 10: 2）。

予科練出身者のなかには戦後に自衛官になった者が一定数いたことも重要である。茨城雄飛会会報『赤とんぼ』には「会員の横顔」という連載コーナーがあるが、手元にある一～五号では、十三期出身の航空自衛隊霞ヶ浦分校へリコプター操縦教官（一九五〇年九月入隊）の一尉（2: 3. 1964/9）や、二十期出身の土浦市右籾の東部方面管制気象隊勤務（一九五二年七月入隊）の自衛官（5: 4. 1969/8）、後述するY氏といった予科練出身自衛官の姿がみえる。もちろん後述する甲種十三期のT氏のような甲種予科練出身者もいる。なお自衛官として採用される際には予科練の経歴が評価されたようである。例えば乙十五期のY氏は、戦後東北の実家で農業を手伝いつつ工場勤務したのちに受験した一九五〇年の警察予備隊の採用面接試験において、「軍歴を記載した書類を見て、試験官に「また骨を折ってもらいましょう。しっかりやって下さい」と激励され、五分くらいで終わった」[29]という。

(24) 幹部は、水戸のメンバーが中心であり、慰霊碑建立計画より以前から、武器学校や古谷りんとのつながりがあったわけではないようだ（事務局長M氏へのインタビュー、二〇一六年六月十九日、二〇一八年五月六日）

(25) 正式名称は自衛隊生徒（現・高等工科学校生徒）。予科練など旧軍の少年兵制度に類似した、中卒で志願する技術下士官養成制度である（逸見 2002）。

(26) 先述の『雄飛』第六号ならびに『阿見と予科練』（阿見町 2002: 284）がともに一九六二年七月開館としており、この日付は誤記であろう。

(27) 予科練の元教官高橋俊策（雄飛会名誉会員の元予科練主事）も、国防の模範として予科練を語っている（雄飛 8: 2. 1964/6「予科練記念碑建立の一私見」）。「モニューメント」の「管理と保存」を重視する観点から「地元の協力」がある土浦が最適と主張する際に、航空士官学校出身の陸上幕僚監部の士官が語った「武器学校として新しい国軍の育成機関として生きている。予科練は幻想ではなく、その精神的足跡はここに学ぶ学生の憧憬である」という話を引き、高橋自身の意向も全く同じであると書いている。

(28) 武器学校は雄飛会に対して、自衛隊内への建立については舞鶴の海軍機関学校などで前例があり特別問題ないと言いつつも、武器学校自体が「表面にでることは差し控えたい（先頭に立って運動するの意味）」（赤とんぼ 1:3. 1964/6）とも要望している。

(29) 私家版手記『予科練と私』一二四頁。

入隊後は（士官に相当する）幹部自衛官となった。

一九六〇年代当時、武器学校と近隣の武器補給処には予科練出身自衛官が約三十人おり、雄翔園の手入れや予科練記念館開館へ向けた遺品整理に勤務終了後に尽力した（常陽新聞社 2002: 81–2）。本文中でたびたびインタビューを引用した乙十五期のY氏も、一九六五年夏に武器補給処へと転勤してきた。「北海道から九州まで、転々と勤務して参りましたが、弾着地点を阿見としたところ見事命中した〔。〕微力乍ら予科練のことについて尽して行きたいと思う。〔中略〕予科練の近くに住めるようになったのも、英霊の導きではないかと感謝している」（赤とんぼ 5: 4. 1969/8）と当時書いていたが、その言葉の通り、彼は現地の茨城雄飛会事務局を担い、自衛隊の体験入隊者に対して、正課外でも予科練記念館を案内するなどしている（雄飛 22: 4–5. 1967/8）。

もちろん、自衛官には転勤があるため、地元在住者として果たせる役割には時間的限界がある。たとえば甲種十三期出身で戦後警察予備隊に入り幹部自衛官となったT氏は、一九五七年から八年間武器学校に勤務し、委員として予科練之碑建立計画に携ったものの、北海道への転勤により実際の建設には携れなかったという。[30]『赤とんぼ』第一〜五号「会員の横顔」欄をみるかぎりでは、茨城雄飛会の会長や幹部の多くは、阿見町近辺に限らない県内の地方公務員や自営業者のようである。とはいえ、阿見町と土浦市に自衛隊駐屯地が複数存在したことは、一定数の予科練出身自衛官を常に地域に居住させることになり、戦友会と自衛隊の現場レベルでの折衝にも一定の意味をもったと思われる。

碑の除幕式についても、地元の茨城雄飛会が武器学校との打ち合わせを頻繁に行っている。一九六六年四月二十七日の武器学校での打ち合わせでは、学校長以下左官クラスの各部長、主任委員など二十数名が参加し、慰霊碑建立の専任委員は先述した山中二佐（総務課長）であった。「各案は自衛隊側が「用意周到」に考えていて頭が下がる」と記されているように、働き盛りの年代で、武器学校に詳しいわけではない戦友会員に代わって、自衛隊側がリードして慰霊祭の準備を進めている様子がうかがえる（赤とんぼ 4: 2. 1966/5）。また、一九六六年三月十二日には市ヶ谷東部方面総監室において東部方面関係者との打ち合わせも開いている（赤とんぼ 4: 2-3）。さらに碑の建立後の、一九六七年の第二回慰霊祭は、土浦駐屯地開設十五周年行事と抱き合わせで行われ、午後には「自衛隊戦斗訓練」と「演芸会」から成る武器学校協賛のアトラクションが行われた（雄飛 20: 2. 1967/4 および「式次第」参照）。戦友会と自衛隊のイベントとの共催も、武器学校側がリードするなかで生まれたものだろう。

慰霊碑をとりまく庭園として「雄翔園」が自衛隊によって設計され造園されていることも重要である。一九六五年一月の会談で、武器学校は「同校の案になる敷地内の完成予定図などを提出」し（雄飛 12: 1. 1965/3）、次号では、敷地内造園計画について、武器学校が「慰霊碑を中心に、敷地内の造園計画は自衛隊武器学校で立地条件その他を研究され、上図の通り計画されましたのでこれを使用させて頂きます」と報じられる（雄飛 13: 3. 1965/6）。千数百坪の敷地の整備は、武器学校教導隊が行い、九月末の台風で作業は振出しに戻ったが、「涙ぐましい努力」で間に合わせたという（雄飛 15: 1. 1965/12）。盛土は同茨城県勝田駐屯地の施設部隊が担った（雄飛 14: 1. 1965/9）とあるように武器学校以外の駐屯地も協力していることからも、自衛隊側の積極性がうかがえる。

碑・園建設の翌年にまとめられた武器学校側の内部向け資料もみてみよう。雄飛会の予科練之碑建設・寄付の申請に対して、支援業務を行った理由として、「殉国者を顕彰することは隊員及び駐とん地を訪れる外来者に生きた教訓となり、又防衛思想高揚の一助となる有意義なものと考えられるので、駐とん地司令以下打って一丸となりこれが完成のため全般に亘り支援業務に邁進した」（陸上自衛隊武器学校 1967: 45）と、いわば自衛隊の広報的活動としての意義が挙げられている。

(30) 二〇一五年八月十九日インタビューより。委員を務めた経緯については、「当時の岡校長とは割に官舎が近くだったもんですから親しくしてもらっていました。で、「T、お前もやれ」っちゅうので」と語っている。なお当時碑の建立に積極的に協力した岡新次校長は北海道大学の出身で、旧軍関係者ではない。また、たしかに一九六五年六月の『雄飛』第一三号四頁に建立委員会の「現地常任委員」の一人としてT氏の名前がある。

雄翔園の造園については、自衛隊のマンパワーや装備なしには実現できなかったことが数字からよくわかる。武器教導隊長の指揮のもとに綿密な造園計画を立て、整備小隊が設計部門を担当し、測量や青写真の作成を行い、地方の造園技術者のアドバイスを仰ぎつつ、五千平方メートルの広さの庭園を、延人員四千人、延車両二百両を使って完成させた（陸上自衛隊武器学校 1967: 46）。補給小隊が担当した樹木については、雄翔園設置が新聞などで報道されると、「地元有志及び各方面隊の篤志家」より三千余本の樹木寄贈の申し出があり、東京や水戸からの樹木の搬入・移植には、延人員百五十人、延車両二百両が動員された（陸上自衛隊武器学校 1967: 47）。庭石はD／S（直協任務）小隊が担当し、延人員は二千五百人、延車両二百両で、採石場所については青森県八戸市から兵庫県淡路島までにわたり、四国地方や、第一師団（山梨）、第十二師団（松本、高田、新発田）から搬入されたものもあるようだ（陸上自衛隊武器学校 1967: 47-8）。勝田駐屯地の施設部隊による土盛りは、ダンプカー三千台分に相当する四千立方メートルの土量の運搬を要したという（陸上自衛隊武器学校 1967: 46）。

この庭園は予科練という集団をこえて、日本という国民国家の地理を象徴している。碑以外の部分をぐるりと細長いコの字型の池が囲んでいるが、池付近にはところどころ沖縄、九州や北海道、霞ヶ浦などのプレートが立ててあり、日本列島をかたどっている（図32）。現地の金属製の案内板には、中央の花弁形の芝生は「太平洋」であり、「英霊」が「日本の将来と平和を見守るように」銅像が立っていると説明される。つまり、予科練という特定の集団の記念碑が、この庭園上において日本というナショナルな空間に接続されている。

このように武器学校は戦友会に全面的に協力する一方で、戦友会に対する要請も行っている。慰霊碑建立委員会に代わって発足した予科練之碑保存顕彰会の機関紙『予科練』第一号では、予科練記念館の建設が次の事業として決定したと報じ、その経緯を以下のように伝えている。

現在、武器学校内にある予科練館〔広報館〕は、旧予科練時代の病室の建物で、木造のため万一火災発生のときは折角保存陳列されている遺品その他武器学校が苦心して集められた貴重な資料が、灰燼と化する恐れがあり、この点についてかねがね学校長から「尊いこれらの品々を火災から守るため、耐火建築を望んでおるのですが、防衛庁の国家予算からはとても期待出来ないので、何とかしていただきたい」旨のご希望がありました。そこで慰霊碑の建立を完成した次の第二の事業として、これだけは是非私達の手で建立したい〔後略〕（予科練 1: 2. 1967/4）

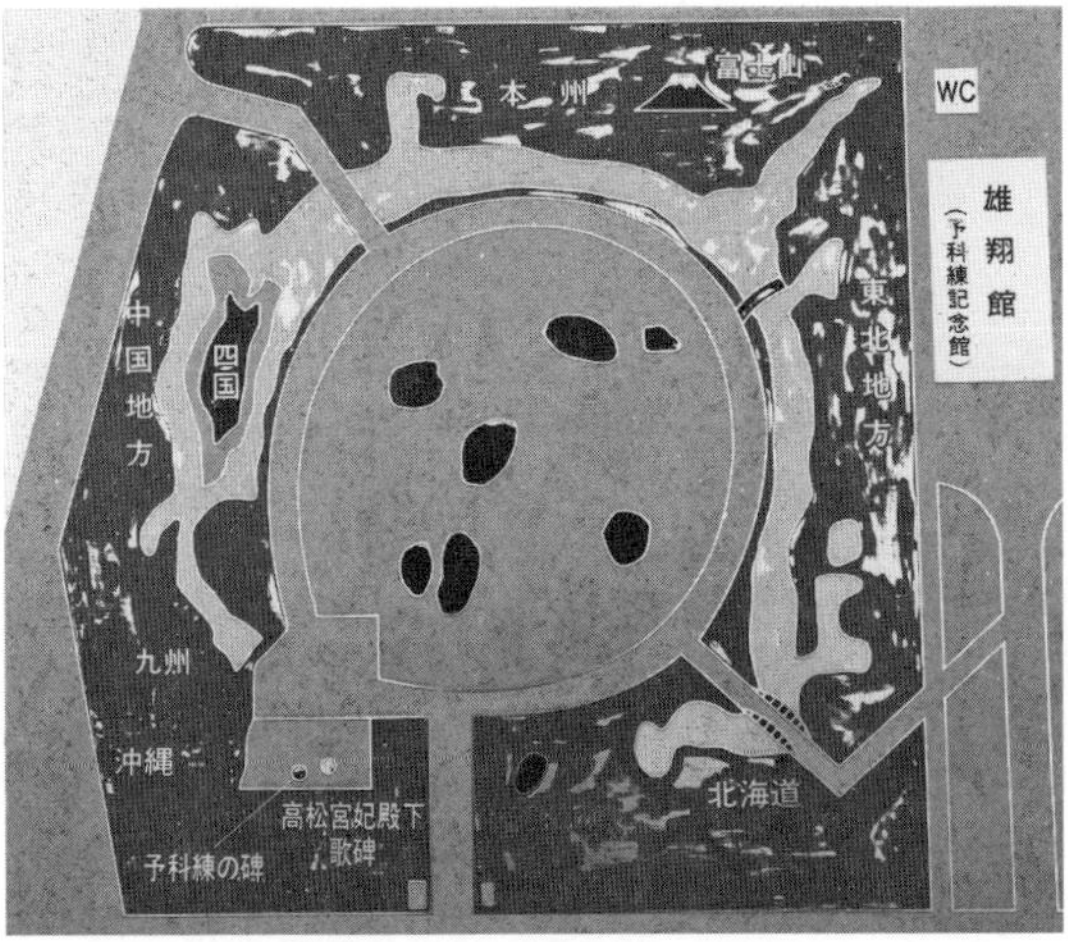

図 32　雄翔園に設置されている案内図（2021 年 12 月 22 日撮影）

つまり武器学校側からの要望も契機となって、碑に続く事業として、記念館建設を早急に実施することになったのである。実は『雄飛』をみると、すでに一九六五年の慰霊碑をめぐる第一回会談の時点で、「学校側としては現在の予科練館も、碑建立と併せて本格的な耐火建築にし永久保存のために建立計画に加えて欲しい」という要望が、武器学校から出されている（雄飛 12: 1. 1965/3）。このように、武器学校も、婦人会同様に、一方向的に援助するばかりではなく、戦友会の事業に対して介入的な影響も及ぼしていた。

従来から存在した広報館・武器参考館に、予科練之碑・雄翔園（一九六六年五月）と雄翔館（一九六八年十一月）が加わったことは、駐屯地の広報活動を着実に後押ししたようだ。武器学校側の広報活動の記録を見ると、「部隊見学者」の人数は、一九六五年度には約一万七千七百人だったが、碑と庭園が五月二十七日に完成した一九六六年度に約二万二千九百人、一九六七年度に約三万二千七百人、雄翔館が十一月二十四日に落成した一九六八年度には約三万八千六百人と、三年間で二倍以上に増加している（陸上自衛隊武器学校 1967: 39, 1969: 63）。おそらく自衛隊員のリクルートに関するのだろう、「特に重点対象たる青少年婦人層が大巾《はば》な増加を示し」（陸上自衛隊武器学校 1967: 63）たとの記述もある。もちろん当時の増加要因の全てが予科練の碑と記念館によるものではないが、その後をみると予科練記念館の見学者数は一九七八年度にピークの七万一四四六人に達している（阿見町 2002: 317）。この時点では自衛隊駐屯地内にありながら、知覧特攻平和会館の前身の特攻遺品館（一九七五年開館）の一九七六年度の見学者数四万二二九二人（福間 2015b: 59）を大きく上回っていたのである。

多大な労力を提供した予科練出身者の事業への支援は、自衛隊駐屯地の広報活動にとって無意味なものではなく、戦友会と自衛隊との間で互恵関係が成り立っていた。

4　コンボイの橋渡しネットワークとその可視化

本章では、元教官というコンボイを起点として橋渡しされた、戦友会の外部とのネットワークを辿っていった。それは単に、大規模な事業実現のために、熱意ある会員の寄付では足りない分を補ったというだけではない。財界からの多額の寄付によって、当初の想定以上に事業の規模がより大きくなっていく動きもみられた。同じく自衛隊駐屯地の全面協力により、戦友会側の構想には含まれていなかった大規模な庭園までもが作られ、駐屯地からの要望により記念館建設事業が矢継ぎ早に行われた。戦友会が支援者を動かすのみならず、支援者も戦友会をつき動かしている。記念空間はさまざまな集団の関与による共同生産物であった。

このような大規模化を可能にしたネットワークが、単純に「海軍人脈」と重ならないことも重要である。海軍兵学校出身のエリート軍人の支援は、源田実などの例外を除いては決して大きいものではなかった。記念館の建設に必要な資金集めは、軍学校時代の元教官桑原虎雄というコンボイの橋渡しによる、旧軍の範囲をこえた財界などのネットワークに支えられていたのである。これは戦友会は戦後社会から孤立しているという先行研究の捉え方では見えなかった、戦友会の経済的・政治的基盤の実証的知見である。

また、元教官が提供した資源には、予科練出身者の人生を意味づける言葉もあったといえる。敗戦国においては、元軍人の軍人としてのキャリアの肯定と、戦後社会の肯定とを両立させることは困難を伴う。元軍人に対する肯定的な意味づけを提供しなかった戦後日本社会のなかで、コンボイたちは、予科練出身者の戦前から戦後にかけての人生を肯定的に承認する言葉を精力的に提供した。

これに対して、予科練出身者たちとの戦前からの関係性が浅くなるほど、たとえばエリート軍人や政財界の言葉は、〝純粋に国に殉じた兵士〟というように予科練を語る傾向にある。いわば「殉国者」の記憶は、慰霊碑や記念館をつくる事業において、予科練に詳しくなくとも、わかりやすく意義が主張できる。保守的な層の多い政財界の支援者の理解を得るためにも、寄付に関する趣意書[31]や副書では、「殉国者」としての予科練戦没者の姿が前面に出される。第2章の学歴認定でみた、選抜された「エリート」としての自己像は、一般の人々に募金の意義を伝えるという点では適さず、後景に退く。自衛隊駐屯地に作られた雄翔園の国民的想像力もまた、予科練之碑の集団的想像力とずれがあるとしても、七つ釦に日本列島というわかりやすさを備えていた[32]。

他にも、第4章でみたように、地域住民たちにとって戦時下の地域における対面的な関係形成が生み出した「(かわいそうな)子どもたち」という集合的記憶も存在していた。同じ主体や集団においても「エリート」であ

(31) 慰霊碑建立趣意書（予科練戦没者慰霊碑建立委員会・雄飛会本部で保管されていたもの。『雄飛』第一二号掲載の（仮）文面とは異同あり）の一千字に満たない文面には、「国」が繰り返し使われる。全て列挙すると、「祖国存亡の危急に臨んだ時は、よろこんで祖国防衛の第一線に馳せ参じ（中略）国難に赴いた」、「ひたすら祖国と同胞のため」、「祖国の繁栄のみ願って」、「純粋愛国の至誠」。

りかつ「殉国者」であるなど、それぞれの予科練の記憶は排他的でなく併存しえた。

本書は、慰霊祭に参列する、記念碑や記念館を建てる、寄付をするなどの戦友会をめぐる諸行為を、特定の共有された意味や単一共通の意識の表明とは解釈しない。入隊世代でみただけでも多様な構成員から成る大規模な戦友会で、まして地域住民や政財界や自衛隊といった外部の諸主体も加わるなかで、予科練に関する意味づけの完全な共有はありえない。コンセンサスがないにもかかわらず、いや、むしろコンセンサスを不問に付すことができたがゆえに、かくも広範なつながりに支えられた大規模な記念空間が誕生しえたのだ。

『儀式・政治・権力』においてデヴィッド・カーツァーは、「コンセンサスなしの連帯」という概念を用いて「儀式は、人びとがおなじ価値を共有することなしに、儀式のおなじ解釈さえ共有することなしに、社会的連帯を促進できる」(Kertzer 1988=1989: 93)と主張する。[33] なぜコンセンサスなしに連帯が成立するのか。カーツァーは、デュルケームの儀式論を踏まえ、社会は意味づけや信念の共通性ではなく、儀式に参加するという共同の行為によって統合される——「連帯はともに考える人びとによってではなく、ともに行為する人びとによって生みだされる」(Kertzer 1988=1989: 102)からだと説明する。ゆえにシンボルは多様な解釈がなされうる程度に「曖昧性」をもつことが有用になるのだ(Kertzer 1988=1989: 94)。

たしかに本書で論じてきた銅像や記念館なども、「曖昧」な、あるいは多義的な解釈を可能にする形態であり、その目前でなされた慰霊祭という儀式が重要だった。しかし、儀式は対面的な現場だけで行われているわけではない。

第3章でみたように、誰がいくらを寄付したか、誰が顧問に名を連ねたかといった事業への参加の痕跡は、『雄飛』や『予科練』の誌上に延々と掲載され、読者に共有される。やがて各々の参加の達成物として、予科練之碑や記念館が誌上に現れる。戦友会に対する支援者たちの行為が、会報によって可視化され、読まれ共有されていくことが、時空間をこえて成り立っていた一種の儀式だったとみることもできるだろう。

コンボイたちの言葉に加えて、その儀式もまた、予科練出身者が戦後社会において承認されたかのようなフィードバックを与えるものであった。いま一度、第3章で引用した、二十三期会報『23飛』創刊号（一九六八年八月一日）の「創刊に寄せて」を掲げよう（傍線は引用者）。

慰霊碑が建てられ、「ああ予科練」が本になり、映画化され記念館建設事業が同窓だけではなく、多くの国民の協力を得て、慰霊像の傍らに力強い槌音を響かせている。

予科練の正しい姿が、戦後二十三年を経て、社会から正しい目で認められた。

俺たちは「与太練」ではない。「土科練」でもない。

大空に向かって大声で叫ぼう。

俺達は「海軍飛行予科練習生」だと。

戦後社会からの承認は半ば過大評価であったとしても、彼らにそう確信させる根拠はあった。戦後社会の一部

（32）アルヴァックスは「家族」という小集団の記憶について「家族の記憶のなかに保持され、しばしば再現されるような重要な出来事を、家族が自分たちの視点からだけでなく、他者の視点からもまた捉えようとするとき、それらの出来事は一般的なことばによって表現されていく」（Halbwachs 1925=2018: 233-4）と述べている。予科練という集団の記憶も、「殉国」などの「一般的なことば」への接続により、多くの支援者を巻き込み大規模な形態を獲得しえた。

（33）日本の戦争の記憶研究においては、戦跡をメディアとして見る際の「同床異夢」（福間 2015a: 246-7）が、類似の概念である。すなわち、しばしば書籍や映画と比べて情報量が少ない遺構やモニュメントは、「見る者の多様な解釈を可能にし」「相矛盾する思念が併存する」ような、「同床異夢」と呼びうる状態が成立する。この概念は、価値観や意識の多様性を指す「異夢」の分析に重点がある。これに対して、「同床」を可能にする社会関係の仕組みをみるうえでは、集合的記憶に参与している人々の行為や「連帯」に光を当てる儀式論のほうが有効性が高いと考える。

の有力な支援者たちとのつながりは、たしかに慰霊祭や会報、記念館の寄付銘板などによって可視化されていたのである（序章注（11）参照）。

終章　戦争をめぐるつながりとかたち

本書は予科練そのものの研究としては多くの限界を有する。予科練の歴史や戦場体験については概観したのみであり、甲種飛行予科練習生や遺族も取り上げていない。しかし、本書は端的にいえば、予科練の戦友会という対象を通して、戦争の記憶をかたちづくる社会関係の有り様と仕組みを理解し説明しようとした社会学的研究である。ゆえに各章では、予科練という事例に限らず、戦争の記憶の担い手集団、あるいは準エリートや地域集団などの研究にも示唆を与えうるかたちで知見をまとめてきた。最後に終章では、戦友会研究、ならびに集合的記憶の社会形態学的研究の観点から議論を広げ、今後の課題を提示したい。

前半では、主に戦友会の事例研究としての第2〜5章の分析結果の考察を深める。1節では、第2〜3章の戦友会内部の社会関係構造分析から得た知見として、従来のコミュニティとしての戦友会に対して、アソシエーションとしての戦友会というモデルを提示する。2節では、第3〜4章の戦友会と外部とのネットワークの分析結果を先行研究の知見と突き合わせて考察し、この歴史研究が現在においてもつ示唆を述べる。

後半は事例研究を起点としつつも、より理論的な視点から本書の射程を展望する。3節では、戦争を契機とした社会関係形成に関する議論を検討して、本書の知見を捉え返し、戦争研究としての問題提起を行う。最後に4節で、第1章で提示した社会形態学の展開可能性を示す。

1　アソシエーションとしての戦友会

本書は、まず戦友会の新たな見方を提示する事例研究であった。第2～3章の分析では、懐古的な同窓会集団にとどまらず、学歴認定や慰霊碑建立などの事業を次々に構想・実現していく運動体としてあり、そうした戦後の達成体験を会報というメディアを通して共有し、大規模な集団を統合していく戦友会の姿を示した。これは入隊世代別に見ただけでも差異が幾重にもある戦争体験の枠を越えて、集団の規模を拡大することを可能にした。

従来の戦友会研究における類型論においても、集団の規模の問題は論じられていた。伊藤公雄によれば、一方で、戦前のもとの部隊が中隊（百～二百名で構成）以下で、対面的な関係を基盤とする「体験縁」によって結合する「小部隊戦友会」があり、他方で、人数の多い部隊を原集団とした所属の共通性に基づく「所属縁」によって結合し、メンバーシップの範囲が体験を超えて広がる「大部隊戦友会」がある（伊藤 1983）。この二類型は、単に形態の違いのみならず機能の相違も伴う。所属の共通性は、体験の共通性と比べて「再結合の契機としては、より弱い契機」である（伊藤 1983: 157）。そのため、「慰霊」を大部隊戦友会が重視するというデータから、大部隊戦友会は自集団を維持するために、慰霊祭や慰霊碑建立などの「儀式－制度化された枠組み」を必要とすると彼は指摘する（伊藤 1983: 158）。たしかに伊藤の議論に従えば、本書の事例の雄飛会は集団規模の観点から後者に分類できる。

しかし、類型を踏まえて次になすべきは、戦友会が大規模化していくプロセスの分析である。歴史学者の吉田裕は、戦友会の大規模化の契機として、慰霊碑の建立があると指摘する（吉田 2011: 112–5）。すでに一九六〇年代には戦争でお互いに行動を共にした人々の小規模な戦友会は数多く成立していたが、それ以上に大規模化しない傾向があった。しかし、所属部隊への思慕からかつての兵営跡に記念碑を建設する運動が、大規模化のきっかけとなった（吉田 2011: 112）。つまりモニュメントをつくりだすために、組織の大規模化が求められたのである。伊藤の類型論に対して、吉田の議論は集団の規模の動態に光を当てている。

本書は吉田が指摘した大規模化の動態を、事例分析から精緻に記述することを通して、戦友会の大規模化が、会員数の増大による結合の弱まりという以上の、集団の性質の質的変化を伴っていたことを明らかにした。すなわち、戦争体験などの共通の属性に基づく〝コミュニティ〟から、公共的な諸事業を立ち上げ、運営していく共同目的をもつ〝アソシエーション〟への変化である[1]。アソシエーションとしての戦友会の求心力は、気が置けない戦友たちとの集まり自体の魅力よりも、意義の認められる目的を掲げた事業の構想と達成にある。アソシエーションとしての戦友会は、毎年恒例の慰霊祭やルーティーンの会合による集散を繰り返す静態的な集団ではなく、諸目的を実現するための諸活動の連鎖のプロセスとして捉えられる。

少なくとも一九六〇年代の雄飛会の事例研究においては、伊藤（1983）のいうように自集団の維持のために事業を行うというよりも、事業を達成するために体験の共有の範囲をこえた大規模な集団を作り上げていく側面が強く出ていた。また、先行研究はしばしば元軍人の集団化についてノスタルジアによる説明を行ってきたが（吉田 2011: 102; 高橋 1980: 3, 1982: 9）、その過去志向の見方では、次々に事業を構想し達成を図る未来志向のアソシエ

（1）アソシエーションについてはさしあたり、コミュニティと対比するロバート・マッキーヴァーの古典的定義に依拠する。「アソシエーションとは、社会的存在がある共同の関心〔利害〕または諸関心を追求するための組織体」であり、「共同目的にもとづいてつくられる」（MacIver 1924=2009: 48）。たしかに先行研究は戦友会の目的として「慰霊と親睦」（高橋編 1983）を指摘したが、これはルーティーン的な活動そのものとほぼ同義である。アソシエーションは「それ自身の内部に属する目的」のためではなく、「常にそれ自身を越えた何かのための手段である」（MacIver 1924=2009: 451）とすれば、慰霊碑建立や学歴認定など何らかの達成を伴う目的の有無は重要だろう。なお目的が達成されるとアソシエーションは解消に向かうとされるが（MacIver 1924=2009: 49）、戦友会の場合は、慰霊祭の継続はもちろん、建立した記念碑の維持管理が課されるために、目的は継続的になる。

ーションとしての側面は捉えきれない。(2)

もちろん、コミュニティからアソシエーションへの変化は一方向的な転換ではない。アソシエーションとして大規模化した戦友会も時間を重ねれば、コミュニティとしての社会関係も深まっていく。例えば高橋三郎は、「全体としてみると戦友会ではじめて顔をあわせ知り合いになるという場合もかなり多い」と指摘し、誰とも面識がなくとも喜んで会合に参加していた人物の例も挙げている(高橋 1984: 313)。溝部明男も、戦友会の出席者が、戦前に面識のあった旧知の戦友以外にも、初めて会う人々ともネットワークを築けることを、「戦友会が戦友をつくりだす」と評し、その可能性は、部隊の規模が大きいほど、また歴史が古いほど増えると指摘している(溝部 1989: 260)。さらに、戦友会が戦友を作り出すことで、集合的記憶が喚起され保持される。たとえば、ある末期世代の乙種二十二期生は、「私は、予科練同期会に入ってからの十年間に、数えきれないほどの〝友人〟ができ、そして、ほとんど忘れかけていたことの何割かを想い出すことができた」(矢沢 1992: 421)と記している。

このようにみてくると、アソシエーション/コミュニティは集団の分類に使うよりも、集団の動態ないし多面性の記述に使うほうが有効であろう。重要なのは、「慰霊と親睦」のコミュニティという先入見によって、戦友会の事業を構想し達成していくアソシエーション的な側面を見逃さないことである。

そもそも本書の主要概念である「記憶」が、元来〝過去〟に目を向ける言葉である点は注意しなければならない。西村明は「記憶」という言葉が元来もつ、過去のある時点から現在に至るまでの「現在完了的な」「保存・保管的ニュアンス」に違和感を抱き、死者をめぐる生者の対応に見られる「未来へと積極的に関わるような側面」への注目を促す(西村 2010: 92)。そして、そこに見られる「死者との向き合い方を通して、生者と死者の間に共通の歴史的基盤が想定され,生者が問題解決に向けたプログラムへの取り組みを迫られるような態度」を「パフォーマティヴな記憶」と呼んだ(西村 2010: 100)。本書が序章で、「記憶」と合わせて、事物の集合的な創造について「つくりだす」という動詞を多用したのも、このような側面から対象を捉え、(規範的に評価したいわけではなく）なぜ「パフォーマティヴな」性格を帯びることが可能になったのかを説明したいがためであった。

2　戦後社会とつながる戦友会

戦友会の事業達成のプロセスを追跡した本書は、戦友会が完全に孤立することなく、戦後社会の一部とつながりをつくり活用していったことを明らかにした。学歴認定から記念館建設までさまざまな目的を掲げて活動したアソシエーションとしての雄飛会は、目的実現のために、元教官や地域住民から政財界まで、資源を提供しうる社会的力をもつ諸集団とのネットワークをつくり、戦友会コミュニティの外部からも支援を得てきた。「記憶の行為の主体者と彼等が自由に使える経済的、象徴的、政治的そして文化的な資本の規模との間の葛藤が、記念の性格を左右する」（ヴィニツキー－セルーシ 2010: 48）という指摘を踏まえれば、予科練出身者は手持ちの諸資本の不足を、集団外のエリートたちからの支援によって一挙に補ったことで、記念碑のみならず記念館をつくることができたといえる。

平和主義を掲げ戦争・軍隊に否定的な戦後日本社会においても、元軍人たちに対して共感的な社会領域が、たしかに存在していたのである。戦後日本における戦争や軍事に一定の共感をもつ人々に関する先行研究は、少年漫画や軍事雑誌などの大衆文化に関するメディア分析（伊藤 2004; 高橋由典 2004; 佐藤彰宣 2021）やアンケート調査（ミリタリー・カルチャー研究会 2020）というアプローチをとっており、具体的な社会関係の形成過程の記述はされてこなかった。それに対して、本書は、特定の戦友会集団を事例とすることで、戦後社会に潜在していた元

（2）　高橋三郎自身も、集団的負債に基づく慰霊を強調した共同研究が戦友会の「聖」の側面に光を当てたものであり、戦友会の「俗」の側面」も見る必要に気づいていた（高橋 1980: 3）。しかし高橋が構想としていたのは、世代論的観点から「ノスタルジーの社会学」を構築すること（高橋 1980: 3）であり、やはり過去志向なのである。

軍人たちのネットワークの形成と活用の一端を明らかにした。

戦友会の孤立を否定する知見は、『共同研究・戦友会』（高橋編 1983）をはじめとする研究を真っ向から否定しているようにみえるかもしれない。しかし、以下のように考えれば、先行研究の知見と本書の知見は大きく矛盾しないだろう。

注意すべきは、戦後社会における元兵士たちの「孤立」を論じてきた先行研究は、主に戦争体験をもたない年少の「戦後派」世代と、戦友会を担う「戦中派」世代との懸隔に焦点を当ててきたことである。それに対して本書は、一九〇八年生まれの古谷りんが率いた地域婦人会（第4章）、そして戦時中にすでに壮年に達していた明治生まれ中心の「戦前派」ともいえる世代の元教官・政財界アクター（第5章）と戦友会とのつながりを、一九六〇年代に焦点を当てて明らかにしてきた。いずれも戦後派世代と異なり、戦時中から予科練という対象に地域やマスメディアを通して触れていた世代であり、戦時中に最も若かった予科練出身者よりも、おおむね年長者たちのネットワークだった[4]。

これに対して、『共同研究・戦友会』の第一回調査が行われた一九七八年（第二回一九八〇年）頃は、戦前派は完全に社会の一線を退いており、戦中派自身が退職にさしかかる時期に当たる。先行研究は、戦後派が戦後社会の主要な担い手となり大多数を占める時期に行われたため、必然的に深まっていった戦中派の孤立が目立ったのではないだろうか[5]。また、碑の建設などの主要な事業もすでに達成されてしまっていたことによって、新たな事業を構想するアソシエーションとしての側面よりも、ルーティーン的な慰霊と親睦のコミュニティとしての側面が強まっていた時期であったといえるかもしれない。これらは仮説にすぎないが、記念碑・記念館の建設という大きな事業達成以後の戦友会をめぐる社会関係の構造変動については、一九七〇年代以降の会報の分析などによって明らかにすべき課題であろう。

そもそも戦後社会学の戦争研究の根本的な問題は、生き残りの元軍人たちの孤立という見方が、具体的な社会関係の分析からではなく、戦争体験に関する世代論的なフレームのもとで繰り返し論じられてきたことである。(6)例えば、戦友会研究にやや先立って、戦中派世代に属する井上俊は、作田啓一による死の意味づけの分析（作田 1960）にも示唆を受けつつ、「死にがい」＝死の意義づけにこだわらざるをえない戦中派と、死を生から排除する戦無派との価値観の対立を概括的に論じている（井上 1973）。

『共同研究・戦友会』以降の戦後一九七〇年前後生まれの世代の社会学者も、「戦中派」の戦争体験の語りがたさへのこだわりが、年少世代にとっては一種の教養の「象徴的暴力」として映ったなどの観点から、「戦中派の孤立」を論じてきた（福間 2009: 154–181）。たしかに福間良明は、戦中派知識人が、マルキシズムや自由主義に触れた戦前派知識人に対して反感をもっていたと、年長世代との関係にも触れているが（福間 2009: 107–110）、それは戦中派の孤立を補強する知見である。同世代の野上元も、地域の戦後五〇年に刊行された戦争体験記の執筆

（4）竹内洋は、丸山眞男をはじめとしたリベラルな知識人に共有された「二度と過ちをくりかえすまい」とする感情に基づき学校を拠点とするフォーマルな「悔恨共同体」に対して、明治以来のあゆみが敗戦にいたったことを無念に感じる大衆感情に基づく「無念共同体」の存在への注目を促している（竹内 2011: 77–84）。予科練出身者の戦友会や年長の支援者は後者との結びつきが強かったと思われる。記念館建設の年が明治百年（一九六八年）にあたることを考えても、彼らの戦争観・歴史観は別途検討すべき課題である。

（5）またそもそも調査方法の違いとして、一九七八年と一九八〇年の戦友会調査（高橋編 1983）の各約千の回答数からなるアンケートでは、相対的に小規模な戦友会の数が多くなるのに対して、本書は会員数の多い大規模戦友会を取り上げた事例研究である。より小さい規模の戦友会が、旧軍を否定する戦後社会から孤立し、内向きに戦争体験を語りあうコミュニティであったことは否定しない。

（6）以下では、学術的なものを取り上げていくが、おそらく孤立した生き残りというイメージは戦後社会一般に広く共有された表象でもある。たとえば特攻隊員に関する文学や映画など大衆文化において登場する生き残りは、必ずといってよいほど孤立し寡黙である（井上義和 2021）。その生き残り像がどれほど現実と対応しているかを、客観的・具体的に社会関係が把握できるデータによって明らかにすることが重要である。

者へのインタビューから、戦争体験伝承が編纂趣旨であるにもかかわらず、執筆者は読者をほとんど想定しておらず、「コミュニケーションの手段であることを半ば拒否しているテクスト」となった背景に、体験者たちが戦争体験を語ることにおいて「さんざん傷つけられてきたと感じている」経験をみてとる（野上 2006: 235–6）。

戦争体験／記憶研究において世代が重要であることは否定しようもないが、世代というフレームの死角を明るみに出すことも、実証研究の役割である。戦友会の社会関係構造を分析した知見は、戦争体験論・世代論的な視座からまなざす定石に対する問題提起を含んでいる。

では、一九六〇年代を扱った歴史研究から導出された、アソシエーションとしての戦友会、戦後社会とつながる戦友会というモデルは、半世紀後の現在においてどのようなインプリケーション（示唆）をもつだろうか。

たしかに吉田裕が『兵士たちの戦後史』を「消えゆく戦友会」（吉田 2011: 3）というトピックから始めたように、大多数の戦友会は現在すでに解散している。しかしながら、一方でいわば〝生き延びる戦友会〟も、ごく少数ながら存在し、戦争体験者以外の世代を補充することで集団を再生産し、存続を志向している。継承のパターンはさまざまで、「若い世代」の平和につながる取り組みとして好意的に報道されることもあれば[7]、戦争体験者の複雑な心情や歴史認識をよそに、歴史修正主義的な若者たちの政治的活動の場になったり（遠藤 2018）、戦後世代が歴史認識を脱文脈化したまま特攻隊員の「精神」面のみを称揚して「保守」的政治主張を展開したり（角田 2021）といった現象も一部で生じている。陸海軍将校を中心とする水交会や偕行社のように、元自衛官を迎え入れ自衛隊と接近する団体もある（戦友会研究会 2012: 200–4）。ここにみられるのは、組織の目的を明確化・拡張してアソシエーションとしての性格を強め、新規会員に門戸を開いて戦後社会の一部とつながることで存続を図る姿である。戦後世代が増えれば戦友会が戦後社会から孤立していくとは限らないのである。

本書でとりあげた予科練戦友会についても、約二四万人という母集団の規模をもってしても予科練出身者の「同窓」会員の減少は避けがたい。種別・期別の戦友会はすでにほとんどが解散し、最も歴史の古い乙種の雄飛

会でさえ、予科練出身者全体を包摂する海原会（旧予科練之碑保存顕彰会）に統合されるかたちで二〇一八年に解散した。(8)

それでも「海原会」は公益財団法人となって存続している。(9) 海原会についてみると、地元の元自衛官が会を運営するように変わりつつあり、積極的に予科練出身者以外へと会員資格を拡大し世代交代を進めている。第2章でとりあげた初期世代の全て、中期世代のほとんどが一線を退き、第3章で戦友会への包摂を論じた末期世代が、戦友会の運営を担う最後の予科練出身者となっている。

第4章でみた地域に目を転じれば、茨城県阿見町も、雄翔館の存続問題を契機の一つとしながら（湯原 2014）、二〇一〇年に町立の予科練平和記念館を武器学校の隣接地に建設した（図33）。「予科練のまち」としてまちづくりを進め、平和学習や観光の拠点となっている（清水 近刊B）。海原会の慰霊祭には町長らが参列し、人数は減ったものの地元婦人会有志による舞踊「若鷲の歌」（予科練踊り）も奉納され続けている。さすがに第5章でみた中央の政界や経済界とのつながりはあまりみえないが、自衛隊については、雄翔館・園の管理者の陸上自衛隊武器学校に加えて、予科練の伝統を継承している海上自衛隊（特に教育航空隊）とのつながりも強まりつつある。

（7） たとえば、NHK WEB特集記事（二〇二〇年九月十一日）「元将兵たちの「戦友会」に若い世代が増加？ きっかけは」https://www3.nhk.or.jp/news/special/senseki/article_102.html（二〇二一年十一月二十三日閲覧）。

（8） 筆者は二〇一八年四月四日に靖国神社で執り行われた最後の雄飛会慰霊祭に、小林和夫会長（十九期）のご厚意で参列させていただいた。参列者の最上級生は十八期の方で、直会で筆者に「中学に行きたくても行けなかったから予科練に入ったんだ」と、貧しい生い立ちや戦後大学進学を果たしたことを語った。散会後に小林会長は遺族や同窓と握手を交わして見送りながら「〔会を存続させようと尽くしてきたけれども叶わず〕しょうがないと思うんだ。先輩も〔解散を〕許してくれると思うんだ」と言って涙を流していた（二〇一八年四月四日フィールドノーツより）。

（9） 詳細は公益財団法人海原会ホームページ https://yokaren.jp/index.html（二〇二一年十一月二十三日閲覧）。以下の簡単な現況記述は、二〇一六年、二〇一八年、二〇一九年の海原会の慰霊祭への参列や、近年の会報『予科練』などに基づく。

図33　予科練平和記念館

現在の状況について考察するには別稿が必要であるが、本書の知見と突き合わせて重要なのは、かつて閉鎖的で孤立していたコミュニティが、体験者会員が減少する近年になって急に外部に対して開放的になり、変質したわけではないことである。むしろ予科練出身者以外とのつながりは、大規模な戦友会において、記念碑を建立した一九六〇年代にすでに不可欠のものとして存在した。その意味で、戦友会への外部のアクターの関与それ自体は、必ずしも新しい現象とは言い切れない。長ければ半世紀以上におよぶ集団の来歴を踏まえたうえで、「ポスト戦争体験時代」（蘭・小倉・今野編 2021）にも生き延びる戦友会とその内外の社会関係の変動に関する実証的研究が求められる。[10]その際に、目的達成をめざす「アソシエーション」としての性格が強く、会報などによる「メディア的形態」[11]をとり、地域社会や自衛隊、政治家や経済界といった外部の支援者との広いつながりを志向する戦友会のモデルは現在こそ有効ではないだろうか。

3　戦争を介した階級横断的なつながりの形成

本書は戦友会という対象を、戦争体験のみならず、元軍人たちが戦前から戦後にかけて構築してきた社会関係という切り口からも論じてきた。その切り口を拡張していくために、戦争を契機とした社会関係形成というテーマを検討したい。たしかに一般的に戦争は、出征兵士と家族の別れや、戦場における死のように、社会関係の断絶を生み出すものと考えられる。しかし一方で、戦争を通じて新たな社会関係が形成される側面もある。[12]

戦後日本の社会科学においても、戦争を契機としたつながりの形成と、それがもたらすものに関して、断片的ながら興味深い指摘が提出されてきた。まず問題提起的な議論として、経済学者・小池和男の「接触効果」論（小池 1976）がある。これは、日常的には対面的な相互作用がない、旧制高校－旧帝大コースのエリートと、多くの庶民が、大量動員先の大組織（もちろん軍隊も含む）のなかで接触し、高学歴者が動員先で権力ある地位にあることを認識させられ、「学歴の効用を痛感させられる」ことによって、強いアスピレーションを植え付けられたという仮説である（小池 1976: 104）。ただし、小池の議論は、実証的なデータにほとんど言及することなく提示され、またデータで定量的に検討することが困難な側面を有する（岩井 2015: 217）。

学歴や階層を越えた異質な人々同士の接触という点には、歴史学者の吉田裕も、「戦争の経験といえば、どうしても戦闘・戦場だけに目を向けがちだが」（吉田 2011: 291）、軍隊という場に関する今後の課題として注目を促している。ライフヒストリー研究者の中野卓の自伝的生活史（中野 1992）から、「〔軍隊生活では〕大学などでは

(10) それぞれの事例研究の知見は、会の規模やコミュニティ／アソシエーション的性格の強弱、来歴などを加味した、比較検討によって統合的に整理すべきであろう。厳密には戦友会ではない非当事者も含めた集団の事例（角田 2020, 2021）も、戦争体験・記憶に関するアソシエーションとして重要な比較対象になる。

(11) コロナ禍の二〇二〇～二〇二一年において海原会の対面の慰霊祭は、役員のみの少人数で行われている。しかし、会報『予科練』に加え、動画などのメディアの活用によって慰霊祭の記憶は会員に共有されている。

(12) 戦争を介した社会関係の形成というテーマの前提として、そもそも総力戦体制論（山之内 1995）などの、戦争が社会構造の変動をもたらすという戦時動員論は、構築主義的な「戦争の記憶」論とは別の認識論的地平に位置する（野上 2000）。それは、戦後社会科学が暗黙の前提とした、一九四五年八月十五日を区切りとした戦前－戦後の断絶の時代区分ではとらえられない連続性への問題提起であった。近年の社会学においても荻野昌弘らによる、軍用地転用から戦争と空間の問題に取り組んだものなど社会変動論的研究がなされている（荻野 2012; 荻野編 2013）。戦前と戦後の連続性の認識のうえで次に重要なのは、戦前から戦後にかけての累積的蓄積という論点であろう（清水 2018）。

不可能な農民や鉱夫や定員たちと一緒に短期間ながら同じ兵卒としての暮らしを体験できた」という箇所を引用しつつ、「階級や階層、学歴や経歴、ライフスタイルなどが全く異なる男たちが、軍隊という場で遭遇し、彼らの人生が交差したという経験が戦後の日本社会に何をもたらしたのか」（吉田 2011: 290–1）という問いを投げかけている。(13)

これらの問い・仮説は刺激的だが、議論の構造としては戦時中の出会いに焦点が合わせられていて、戦後における社会関係形成の場が変数に組み込まれていない。しかし、彼らの議論を踏まえれば、戦後の戦友会は、戦争体験という共通性に基づく「再集団化集団」（高橋由典 1983）であるのみならず、軍隊で出会った異質な人々同士の人生が再び「接触」し「交差」する契機でもあったはずである。本書における学歴認定への意味付与や、教官コンボイから政財界などへの橋渡しネットワークといった知見は、戦時中における一度目の接触・交差以上に、戦後における二度目の接触・交差が重層することで、予科練出身者の集団・人生にインパクトを与えたことを示唆している。

これらの魅力的だが散発的な指摘を、社会関係に関する社会科学的理論に位置づけるならば、社会関係が個人や共同体に資源・利益をもたらすことに注目する社会関係資本（social capital）論に接続しうる。(14)日本の戦争研究で取り上げられることは皆無に等しいものの、社会関係資本論は、アメリカにおけるアソシエーション（結社）の歴史的変動を問うなかで、戦争を契機とした社会関係資本の構造変動や蓄積過程を分析の俎上にのせてきた（Putnam 2000=2006, Skocpol 2003=2007）。

具体的にみれば、留保や限定を加えつつも、(15)戦争が特定の世代の社会関係資本の蓄積を促進する側面を指摘している。ロバート・パットナムは第二次世界大戦後に、アメリカの社会関係資本の基盤たる自発的結社（voluntary association）が絶頂期を迎えたことを実証的に示した（Putnam 2000=2006）。さらに「外的な衝突が内的な凝集性を増加させるというのは社会学ではありふれた物言いであ」（Putnam 2000=2006: 326）り、(16)「われわれが「戦争」と呼んでいるものの持続的帰結――その中には、すでに論じたように強力にプラスのものもある」（Putnam 2000=2006: 337）とさえ述べている。

またシーダ・スコチポルは、「南北戦争の結社形成力」（Skocpol 2003=2007: 40–48）について実証的に論じる。特に「指導者にとって戦争の経験は、戦後かなり経ってからの野心的な結社建設を助長した理想やネットワーク関係、市民組織のモデルを創造した」（Skocpol 2003=2007: 41）と、結社の担い手に対する能力や資源の累積的な

（13）さらにさかのぼれば、軍隊は「入隊以前には、言葉を交わすことなど思いもよらないような階層の人々と対等につき合うことのできる」、一般社会に比べて「遥かに開かれた社会」であり、「そこは好きな本もよめその他の勉強もできる」よき学寮だったと回顧する元兵士の語りが、すでに一九五〇年代にとらえられている（小松 1958b: 106）

（14）個人単位の研究ではライフコース研究の系譜がある。代表的研究者のグレン・エルダーは、戦争への動員の影響に関する一連の退役軍人調査において（Elder 1986, 1987; Elder & Meguro 1987）、大恐慌で貧困に陥った家庭の出身者は入隊時期が早く、さまざまな出自の仲間を軍隊において得た、といった指摘をしている。エルダーとの共著論文も多い目黒依子は「動員は、家族環境や個人の技能において比較的恵まれない者にとって人生上の機会を拡大する契機となった」という命題の検証に取り組み、アメリカにおいて軍隊生活は、弱者にとって安定した雇用、モラトリアム、異質な出会いを得る人生上の「転機」であったとする（目黒 1987: 329）。ただし日本については、戦争による動員の影響という時代効果よりも教育などの世代効果が大きいとする（目黒 1987: 339）。

（15）戦争が社会のつながりを生み出すという単純に楽観的な議論は成り立たない。「団結した勝利」とはいえないベトナム戦争後に、帰還兵は社会的に統合されるどころか反対に孤立し（Putnam 2000=2006: 332）、愛国主義をベースとした結社は衰退した（Skocpol 2003=2007: 156–9）。社会的合意を得た戦争であっても、「敵」に該当する人々（例えば第一次世界大戦におけるドイツ系アメリカ人の結社）の結束型社会関係資本には排除のモーメントが働くといった、ソーシャルキャピタルの「暗黒面」も無視できない（Putnam 2000=2006: 431–48）。

（16）古くはデュルケームが『自殺論』において、戦時においては社会統合が強化され、そのために自己本位的自殺が減少するという命題を提起した（Durkheim 1897=1985）。戦争による社会関係の形成・変容という論点は、近代社会を社会学が捉える試みにさりげなく組み込まれてもいた。

蓄積について言及している。

さらに注目すべきは、単に量的変化のみならず、蓄積された社会関係の階層的構造に目配りしていることである。たとえば、(政府や軍との政治的関係も強い)アメリカの退役軍人会は、南北戦争在郷軍人会以来、「階級横断的な自発的連合体」として、ためらいなく言及されている(Skocpol 2003=2007: 5)。スコチポルによれば、南北戦争や二度の世界大戦は、幅広い階層の兵士の志願・大量動員をもって戦われ、その元兵士たちの団体が無名の農民を排除しないものであり、支部レベルにおいては指導者にさえなりうる機会を提供するものであった。その意味において、元軍人たちの組織は、アメリカのデモクラシーの理念を体現する自発的結社でありえたという。

これら社会関係の蓄積過程を結社=アソシエーションという対象から観測する研究を踏まえれば、戦後日本において元軍人たちが組織した戦友会を、一種の自発的結社とみることは、それほど荒唐無稽ではない。本書は、社会関係資本論の理論枠組みは用いていないものの、自発的結社としての戦友会における戦前から戦後にかけての社会関係の蓄積過程を分析した事例研究であるとはいえよう。この意味でも、戦友会は、戦争体験を観測するコミュニティとしてのみならず、アソシエーションとしても捉えうるのである[17]。

たしかに事例とした雄飛会は、準エリートとカテゴライズしたように、学歴や出身階層の一定の共通性をもつという意味では、階級限定的な集団である。海軍兵学校など出身のエリート軍人を中心とする水交会や、大学など出身の予備学生の戦友会は別にあり、厳然たる壁がある。しかし、戦後の地位においては、長峯や堺たち会社社長のような成功者から、服役者までもが、予科練出身者だったという縁によって包摂されていた。軍学校時代から培われたコンボイ的な絆から、エリートの桑原虎雄や倉町秋次も、戦友会の組織の内部にいた。戦中の接触を契機とした、準エリート〜大衆に位置する地域婦人会の女性たちとのつながりも生まれていた。さらにメンバーシップではなく、碑や館を建てるといった活動をみたときに、第5章でみた外部の政財界のエリートたちとの橋渡し的なつながりが生まれてくる。つまり本書は、戦友会が目的達成のための活動を通して階級横断的性格を強めていくプロセスを観測してきたと言える。

このような戦争と戦後を通した、各種の社会的境界を越えた社会関係の形成と変動過程の記述が、戦争の集合的記憶研究を発展させるうえでも重要である。そもそも、なぜ戦争研究に集合的記憶論を導入するのか。それは、数ある集合的記憶のなかで、「戦争というのは、個々の生き方を変えるだけでなく、人々のつながり方を変えるので、集合的記憶の問題を浮かび上がらせやすい」（野上 2005: 91）からである。戦争という出来事を契機として社会関係が生み出される過程の多角的な分析は、より歴史的奥行をもった戦争の記憶研究を可能にするだろう。

戦争の記憶研究がほとんど飽和状態といえるなかで、個別の事実の発掘にとどまらず、理論的視座から、いかに戦争と社会に関する新たな認識を生み出すかが問われている。本書は誠に不十分ながら、その挑戦の一つである。

4 「伝統」化する戦争の記憶のかたち

最後に、本書冒頭で示した、記憶のかたちをめぐる問いに立ち返ろう。仮に本書を戦友会という集団の研究としてみた場合は、記念碑・記念館は社会関係の観測拠点として位置づけられる。しかし、本書は記念碑・記念館

(17) 玉野和志は、下士官など比較的長期の軍隊経験をもつ旧中間層出身の町内会長の生活史研究において、彼らは「決して一時の徒花としてファシズムを担っただけの社会階層ではな」く、戦後において、「反学歴」・「反権威」という志向性のもとに、「人望（姿勢）」と「手腕（政治力）」に対する町内の人々の評価によって社会的地位におさまり、町内を切り盛りするという「大衆民主主義的色彩」をもっていたとする（玉野 1993: 272–5）。戦友会というアソシエーションを切り盛りした人々が、戦友会以外の組織において、どのような役割を果たしていったのかは、興味深い研究課題であろう。

の創造を説明対象とし、戦友会などの諸集団の社会関係から説明する、社会形態学的研究としてまとめられた。具体的には、記念空間の大規模な形態の実現を、対応する集団の人数規模の拡大（第2〜3章）ならびに、諸事業を遂行するための資源調達を可能にする外部とのネットワークの構築（第4〜5章）によって説明した。

社会形態学的な問いと分析は、集合的記憶を操作的に定義して表象それ自体の内容を分析しようとするのではなく、モノ・空間の規模・形式といった形態を対象として取り上げて説明しようとする。形態の違いは内容に劣らず重要である。記念碑のみか、記念館が併設されるかで訪れる人の数は桁違いであり、管理・継承における取り扱いも異なる。たとえば、先述した予科練の戦友会の存続は、類似する陸軍の少年飛行兵出身者の全国組織「少飛会」の会報が二〇〇四年に終刊し（吉田 2011: 3）、管見では現在活動が確認できない状況とは対照的である。少飛会は慰霊碑を各地に建立してきたにとどまるが、予科練出身者の戦友会は予科練之碑に加えて、慰霊祭を行う記念庭園や予科練戦没者の遺品を展示する記念館も建設してきた。たしかに少飛会が大きく支援した知覧町立の特攻遺品館（知覧特攻平和会館の前身）が一九七五年に開館しているが[18]、少飛会はついに陸軍少年飛行兵出身者という集団に対応する記念館をつくることはなかった。なぜそのような物的形態の差異が生まれたのかは、社会形態学的な比較分析の課題であろう[19]。

このように本書は、モノと集団の関係性について、モノ・空間が特定の形態につくられる過程を、集団・社会関係から説明する方向で論じたものである。

しかし、ひとたびつくられたモノ・空間は、ひるがえって社会に作用する側面をもつようにもなる[20]。本書が対象とした一九六〇年代は、大規模な空間の創造によって集合的記憶を安定的に持続する基盤がつくられたと同時に、記念碑や記念館を粗末にすることなく管理し、継承を模索せねばならない義務を戦友会や諸集団に負わせたという意味で、一つの画期だった。

予科練之碑を建立して以降、予科練出身者たちは、半世紀以上にわたり碑の前で慰霊祭を続けてきた。海軍飛行予科練習生という旧軍の制度の歴史は一五年にすぎないにもかかわらず、予科練之碑を前に行われてきた慰霊祭の歴史の厚みはゆうに五十年をこえているのである。予科練出身者は齢を重ねていくが、銅像はいつまでも若々しい。「空間だけが、老けることもなく、またその部分のどれをも喪失することなく、持続できるほど十分に安定している」(Halbwachs 1950=1989: 207)とアルヴァックスが述べたように、集団と結びついた空間は、集合的記憶を持続させうる重要な条件なのである。(21)

さらに、アルヴァックスの集合的記憶論は、人間の寿命より長い事物・空間が、集団の記憶の安定性・持続性を支えていくという、「伝統」論でもあった。曰く、「昔の人びとの構想は物的配置の中に、すなわちこの事物の中に、結晶化されている。そして地域の伝統の力はこの事物から集団へと生じているのであり、伝統とはこの事物のイメージなのである」(Halbwachs 1950=1989: 172)。「伝統」は、人々の行為のみならず、歳月の変化に耐える

(18) この点に関しては『「知覧」の誕生』(福間・山口編 2015)および、知覧特攻平和会館、大刀洗平和記念館、人吉海軍航空基地資料館について、比較を意識しつつ「ミュージアムが特定の形態で成立する背景を、いくつかの文脈から解読する」拙論(清水 2021a: 311)も参照。

(19) 予科練のモニュメントについても、第2章でみた京都の十八期の碑や横須賀の予科練誕生之地の碑など各種各期各地の記念碑・記念館との比較分析が可能である。特に三重県津市香良洲には、三重海軍航空隊入隊の各種各期の碑が霊苑内に分立し、記念館(若桜会館・一九八〇年建設・現津市香良洲歴史資料館)もつくられている。まさに「集団の数と同じだけ空間を表象する仕方が存在する」(Halbwachs 1950=1989: 205-6)。

(20) 社会に作用するモノの力に関しては若干の理論的な検討を行った別稿があるが(清水 2020)、集合的記憶論・社会形態学は、数ある理論のうちの古典的な一つに過ぎない。戦争体験者たちが残したモノ・空間が、いかに社会を規定し、動かす契機となりうるかというテーマは、実証研究と理論的検討を組み合わせて取り組む必要のある、戦争の集合的記憶研究の課題である。より広くみれば、過去につくりだされたものの集積が現在の活動を拘束する力について、コメモレーションの経路依存性(Olick 1999)や、過去の表象による事後の表象の規定(中村 2006)に関する実証研究があり、理論的には、記憶の可塑性を重視する「現在主義」の相対化にも関わっている(Olick & Robbins 1998: 128-30)。

事物の存在も媒介として継承されている。[22] 予科練に限らず、戦後日本社会に形作られたさまざまな戦争の記憶のかたちは、もはや「伝統」と呼びうる歳月の厚みを経ているものも少なくない。

半世紀前につくられたモノ・空間と、そこで現在も続く慰霊祭はもはや、戦後に戦友会が創り上げた「伝統」となっている。飛躍を承知でいえば、半世紀以上も昔に戦友会が構想し創造したものが、時をこえて現在も社会を動かして続けている。記念碑をつくりだした人々や集団がほとんど失われてもなお、特定の物的形態――かたちが残されていることで、次世代への継承の道徳的義務が立ち現れてくる。戦争体験者たちがつくりだしたものは、外在的・拘束的な社会的事実（Durkheim 1895=1978）ともなりうるのである。

このような社会的事実に向き合うための第一歩は、「昔の人びとの構想」から生まれた「伝統」の来歴を、忘却も神話化もせず、理解し説明していくことではないだろうか。

（21） アルヴァックスは宗教的集団にとっての「聖地」を例に、「記憶の条件」としての空間の重要性を指摘している。

宗教的社会は、その周囲の万事が変化しても、少しも変わっていないと説得しようとする。それが成功するためには、最初にその社会が構成された場所を再発見するか、少なくともその社会の周りに、そうした場所の象徴的なイメージを再構成しなければならない。なぜなら、場所は物的事物の安定性を分有しているからであり、信者の集団の集合的思考が不動のものとなり、持続する可能性を持つのは、何よりもそこに定着し、その限界内に閉じこもり、その態度を場所の配置に従わせることによってである。それがまさに記憶の条件なのである。（Halbwachs 1950=1989: 205）

実際、当事者もしばしば「聖地」と呼ぶ予科練の記念空間は、この理論的な意味においても「聖地」の機能をもってきたといえる。

（22） 逆にいえば、集団と深く結びついた事物・空間の喪失は、集団が「伝統の支え」を失うことに等しく、集団の「存在理由」にもダメージを与える（Halbwachs 1950=1989: 175）。

あとがき

本書の出版が決まった二〇二一年春、二度にわたり長時間のインタビューをさせていただいた元飛行艇パイロットの訃報が届いた。高等小学校から予科練に志願、十五歳で入隊した、大正生まれの東北の農家の五男は、「予科練の出身者っていうよりも予科練の死にぞこないなもんですから、亡くなった同窓生に対して申し訳ない」と口を開いた。うつむき加減で時折涙をにじませて体験を語る朴訥な姿を、今も鮮明に覚えている。本書で唯一のインタビューの長文引用を許してほしい。

〔予科練之碑を一人で訪れる時にどのようにふるまうか尋ねると〕うーん、なんにも考えない。ただこうやって目をつぶってね〔以降目をつぶる〕、昔のことがね、ちらちらちらちら浮かんできますよ。ああ、さっきの〔戦死した〕友達いたでしょ、あの人とか仲の良かった人なんかがこう、ちらちらちらちら頭に浮かぶ。予科練時代あるいはいろんな教育受けてる時に同じ組で一緒にひっぱたかれたことか思い出したりしてね。〔中略〕

で、さきほど言った通り、〔昭和〕十九年の十月二十五日の明け方ですよね、十二時すぎだから、マニラから太平洋へ出た瞬間に、敵の攻撃を受けた瞬間に、ふっと振り返ったら火だるま〔となった同窓生の乗る飛行機〕がおっこってった。あの光景がもう私が頭の中にこびりついて絶対、浮かんでくるんですよ〔手を合わせるポーズをとる〕。〔中略〕

こう思ってます、ああ思ってますってことはないです。ただ、瞬間的にあれがぱっ、ぱっと浮かんできてお参りするだけです。何も思うだけの能力がない、私は。ただ生きているというだけです。それでうちへ帰ったら、ばあちゃん〔要介護の妻〕の面倒見るのが精いっぱいでしょ。〔少し間が空いて〕ただ今、生きる。ただ今を過ごすことを考えている。（二〇一五年六月二十五日）

戦場の記憶は今も彼を捕らえて離さない。生き残りの負い目は、戦争という巨大な出来事が、ちっぽけな人間に対してふるい続ける拘束力を物語る。

けれども、その後に一九六〇年代の戦友会会報を読んで感じたのは、戦争に完全に囚われることのない人間のしたたかさだ。「ただ今、生きる」瞬間を積み重ねてきた準エリートたちの、生き残りの昏《くら》さを秘めてなお何かを成し遂げようと前進し続ける姿だった。もちろん地上戦や原爆のような悲惨な地獄に身をおかない航空兵の、しかも戦友会に参加できた人々の声である。だとしても、戦争体験者の人生の戦前戦後の奥行き全てが、戦争という一点に支配されてしまうはずはない。端的にいえば、「人間は戦争よりずっと大きい」（アレクシエーヴィチ『戦争は女の顔をしていない』岩波現代文庫）。

本書は、人間のしたたかさの源泉を、個人ではなく、人々のつながりに、つまり社会にみている。社会は、戦争に翻弄され、与《あずか》り、踏みにじられつつも、戦争の全体性から独立を保つ人間の領域としてある。このような、戦争を背景とした社会を理解し説明しようとする意味で、本書は（〝戦争を対象とする社会学〟ではない）戦争社会学と名乗りうる。

＊

本書は、二〇二〇年一月に東京大学大学院人文社会系研究科より博士（社会学）の学位を授与された論文「戦争をめぐる記憶の「場」の社会学的研究――戦後日本社会における「予科練」に焦点を当てて」を大幅に加筆修正したものである。研究史の検討は大幅に削り注に落としたほか、序章と第1章と終章はほぼ書下ろしである。各章は既刊論文をほとんど原形をとどめない程に書き換えたものであるため初出は割愛する。本書は、JSPS特別研究員奨励費（16J07783, 20J00313）による成果を含んでいる。また二〇二一年度東京大学学術成果刊行助成（第二回東京大学而立賞）を受けている。同助成において匿名の審査員二名から送付されたコメントは大変参考になった。

戦後日本の戦争の記憶研究といえば、広島や長崎、沖縄、あるいは特攻が中心のなかで、予科練という対象を選んだ本書にいたる経緯を書き留めておきたい。

敗戦から半世紀近く経って生まれた私は、身近に予科練出身者がいたわけでもなく、元兵士としては大伯父（高小卒の陸軍下士官）の話を一度聞いたきりだった。戦争に関心をもった原点は、小学校高学年から中学にかけて、戦史に詳しかった親友に連れられて、自転車で神保町の古書店、九段の遊就館や昭和館などをめぐった日々だろう。戦記ものも読んでいったが、「ゼロ戦」や「ラバウル」は知っていても、「予科練」までの知識は頭に入らなかった。十五歳で読んだ、子犬を抱いた写真で有名な陸軍少年飛行兵・荒木幸雄のノンフィクション『ユキは十七歳　特攻で死んだ』は深く心に残った（荒木は予科練乙種二十期の入隊時身体検査で不合格になった後、短期養成の陸軍少年飛行兵乙種生徒に合格したために特攻に間に合ってしまった）。本書の基底に多感な少年時代の原風景がなくはない。

けれども、大学以降、対象を相対的・分析的にみる学問の、特に社会学の魅力に触れなければ、本書はこのかたちにならなかっただろう。予科練にたどり着いたきっかけも、「歴史と集合的記憶――飛行船グラーフ・ツェッペリン号の飛来」論文（浜日出夫、二〇〇二年）であり、卒論へ向けて、浜の調査から十年後の阿見町の集合的記憶をめぐるフィールド調査を思いついたからであった。その意味で、本書の発端は、阿見町という地域にあり、具体的にいえば、緊張しながら予科練平和記念館に赴いた二〇一三年三月六日の出会いにある。

＊

まだ学部生だった私を温かく迎えてくださり、その後もご助力いただいた、当時の予科練平和記念館歴史調査委員の戸張礼記様（甲種十四期）、故・赤堀好夫様、井元潔様、中川龍様、そして同館学芸員の山下（渡邉）裕美子様への感謝は尽きません。卒論で語り部としての戸張さんのライフストーリー研究をまとめて以来、予科練に関する研究をこれほど長く続けるとは思いもよりませんでしたが、それはひとえにフィールドでの出会いのおかげです。戦友会会報などの博士論文の主要資料の収集には、予科練雄飛会、公益財団法人海原会、予科練平和記念館の方々のご協力を賜りました。特に、予科練雄飛会会長小林和夫様（乙種十九期）ならびに海原会事務局長平野陽一郎様の惜しみない資料提供、そして筑波大学大学院博士課程（現浜松学院大学助教）の白岩伸也さんのご協力なくしては、本書は成り立ちませんでした。研究を応援してくださる小林様からの達筆のお手紙や、白岩さんとの語り合いは、研究のエネルギー源でした。

予科練出身者や阿見町民の戦争体験者の皆様へのインタビューは毎回長時間にわたり、本当に熱心にお話してくださいました。一律で匿名化したためお名前は挙げませんが、心からお礼を申し上げます。日が暮れてお寿司とお酒をご馳走になりながら聴き続けた元陸上攻撃機パイロットのお話をはじめ、どこかで書き残さねばならないと思います。四半世紀前の修士論文での聞き取りについて当時のお話をうかがった小林将人様にも改めて御礼申し上げます。さらに実に多くの、さまざまなかたちでお世話になった関係者の皆様、インタビューさせていただきながら本書で引用の機会がなかった方々にも、この場を借りて御礼の気持ちをお伝えします。

博士論文審査にあたり大変有益なコメントをくださった先生方に心より御礼申し上げます。指導教員の佐藤健二先生は文学部社会学専修課程進学以来八年間ご指導いただき、未熟な私をのびのびと育てていただきました。研究を小さくまとめてしまいがちな私に、視野を広げ、一段高い地平を見せてくださる助言はかけがえのないものでした。赤川学先生には学部以来、副指導教員としてゼミや面談を通して時に厳しく時に温かく、佐藤先生とは別の角度から鍛えていただきました。思えばアルヴァックスの『集合的記憶』は、〝夜の赤川ゼミ〟で初めて通読し、私の研究の〝先祖探し〟のきっかけとなりました。祐成保志先生には博士課程から刺激的な文献購読ゼミに出席させていただき、モノや空間に着目するきっかけ・ヒントをいただきました。宗教学研究室の西村明先生には学部四年生から授業に参加させていただき、戦争や慰霊に関する文献購読や奄美のフィールドワーク調査の日々を通して実に多くを学ばせていただきました。外部から審査に加わっていただいた筑波大学の野上元先生は戦争社会学研究会でお会いして以来、決して押し付けることなく創造的な示唆を数多くくださり、また研究者としてのさまざまな経験の機会を設けていただいています。

研究者の個人名は挙げませんが、本書を支えた社会関係が集積する場をいくつか挙げて謝意を表します。なかでも戦争社会学研究会という広場に各分野から集まった皆様には、的を射たアドバイスをいただき、各研究から刺激的に学ばせていただきました。また、東京大学大学院で社会学を学んできた先輩・同期・後輩からも、ゼミや、他大学の院生も交えたさまざまな自主研究会・読書会において有益なコメントとモチベーションをいただいてきました。

この出版原稿に関しては、前田麦穂さんが立ち上げた博論書籍化互助会ならびに坂井晃介さんが組織した歴史社会学研究互助会、学振ＰＤ受入先の筑波大学大学院野上元ゼミ補講の参加者の皆様から草稿段階で貴重なアドバイスをいただきました。本書が対象とする一九六〇年代を生きてきた、新曜社の渦岡謙一様には、面談で数々の示唆をいただき、多数の図版や見開き註方式など手間のかかる本づくりを本当にありがとうございました。

＊

最後に私事ではあるが、この節目に家族への感謝の気持ちを書き残したい。予科練出身者と同世代一九二七年生まれの農家の三男坊だった祖父は、商業学校を出て上京・就職後、念願の大学進学（専修大学の夜学）を果たす。本書で引用した『学歴貴族の栄光と挫折』（竹内洋）は亡き祖父の書棚から見つけたもので、若い時に学歴がなくて苦労したと語っていた祖父の姿を思い出すにつけ、予科練出身者の戦後の歩みはリアルに感じられた。自分の頭で考えることの大切さを教えてくれた父と、読書の楽しみを教えてくれた母は、十年にわたる大学・大学院生活を惜しみなく応援してくれた。そしてなにより同じく社会学を学んだ研究者の妻が伴走し助力してくれたことがどれだけ有形無形の支えになったことか。

上記の多くの方々の支援に比して、私の未熟さ故、本書は拙い点を多々残している。感謝を胸にさらに研鑽を続けたい。

二〇二一年十一月　戸張さんの九十三歳の誕生日を祝して

清水亮

巻末図版　第 2 回予科練慰霊祭（1967 年）写真集

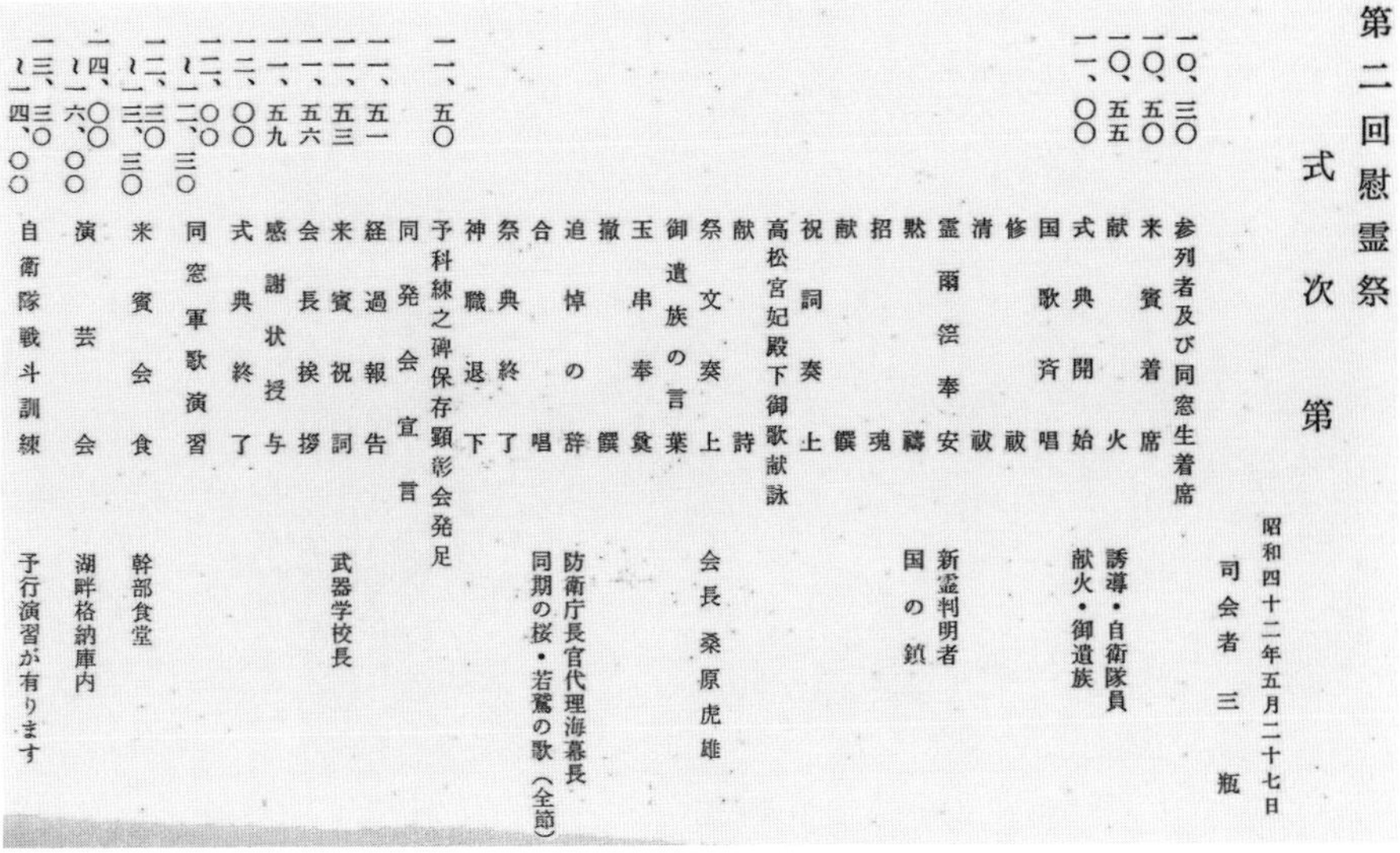

第二回慰霊祭

式次第

昭和四十二年五月二十七日

司会者　三瓶

一〇、三〇	参列者及び同窓生着席	
一〇、五〇	来賓着席	
一〇、五五	献火	誘導・自衛隊員
一一、〇〇	式典開始	献火・御遺族
	国歌斉唱	
	修祓	
	清祓	
	霊璽奉安	新霊判明者
	黙禱	国の鎮
	招魂	
	献饌	
	祝詞奏上	
	高松宮妃殿下御歌献詠	
	献詩	
	祭文奏上	会長　桑原虎雄
	御遺族の言葉	
	玉串奉奠	
	撤饌	
	追悼の辞	防衛庁長官代理海幕長
	合唱	同期の桜・若鷲の歌（全節）
	祭典終了	
	神職退下	
一一、五〇	予科練之碑保存顕彰会発足	
	同発会宣言	
一一、五一	経過報告	
一一、五三	来賓祝詞	武器学校長
一一、五六	会長挨拶	
一一、五九	感謝状授与	
一二、〇〇	式典終了	
一二、〇〇〜一二、三〇	同窓軍歌演習	
一二、三〇〜一三、三〇	来賓会食	幹部食堂
一四、〇〇〜一六、〇〇	演芸会	湖畔格納庫内
一三、三〇〜一四、〇〇	自衛隊戦斗訓練	予行演習が有ります

図版 1　当日配布された式次第

雄飛会本部が保管していた『予科練』第 1 号と第 2 号の間に挟まれていた。裏面には、「同期の桜」「若鷲の歌」「艦隊勤務」「元寇」「軍艦マーチ」の歌詞が掲載。

＊以下の写真は、雄飛会本部に保管されていた「第 2 回予科練慰霊祭」アルバムより抜粋。一部の写真は『雄飛』第 21 号に掲載された。予科練出身者自身が撮影し選んだ点も興味深い。第 1 回慰霊祭の写真は、96 ～ 99 頁の図 13 を参照。

図版 2　雄翔園側の武器学校裏門のアーチ

「予科練戦歿者慰霊碑入口」の看板には「阿見町」とあり、地域との結びつきを物語る（第 4 章）。

図版３　二十三期生の記念品販売テント
笑顔の４名が時計バンドと写真集を売る（111 頁参照）。

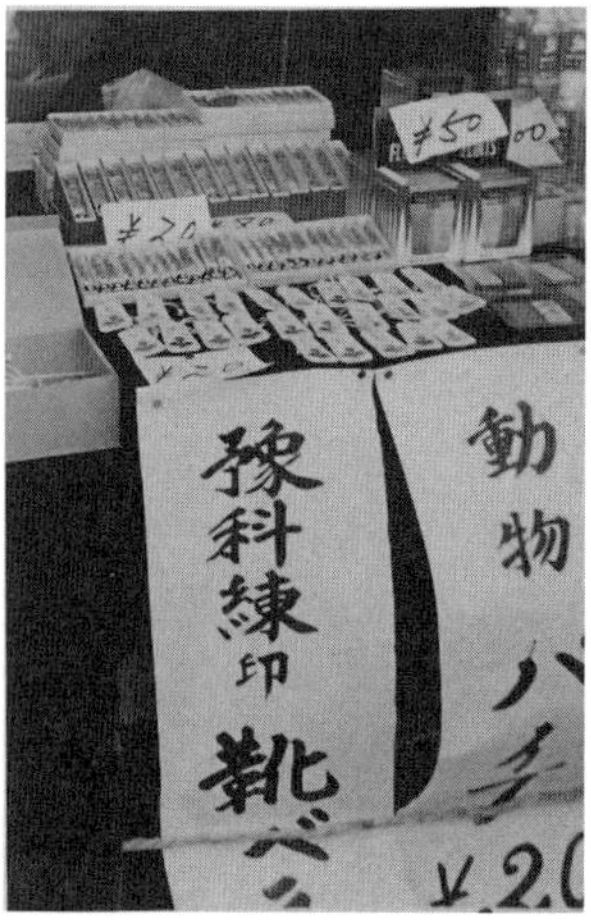

◀図版４「予科練印靴べラ」など記念品

▶図版５　開式を待つ遺族

▶図版６　予科練之碑（右奥）の前で、自衛官から献火用のトーチを受け取る、乙種四期生の遺児姉妹

図版７　遺族代表の玉串奉奠（中央）　左手に地元八坂神社の宮司ら。

図版８　校庭を行進し「同窓軍歌演習」を行う予科練出身者たち

図版９　車座になって昼食をとる予科練出身者たち
ネクタイをほどき、ビールを手に何を語らっていたのだろう。

図版10 「自衛隊戦斗〔闘〕訓練」
中央奥に小銃をもって走る自衛官5名がみえる（199頁参照）。武器学校に展示されている戦車やミサイルを撮った写真もあった。

図版11 「演芸会」の模様
舞台上は武器学校隊員のブラスバンドか。「予科練之碑保存顕彰会×土浦駐とん地開庁15周年」の横幕がみえる。漫才らしき芸を披露する男性二人組や歌唱を披露する女性の写真もある。

参考図版 「若鷲の歌」歌碑（中央奥）の除幕式・第14回慰霊祭（1980年10月19日）
碑に刻まれた五線譜を直筆した晩年の作曲家古関裕而（中央右）は、孫とともに参列し、感謝状を贈呈される（雄飛58: 1）。挨拶や予科練記念館の見学もした（予科練53: 8）。古関は予科練之碑や記念館建設の顧問にも名を連ね（195頁参照）、記念品として贈られた予科練之碑のミニサイズのレプリカが、福島市古関裕而記念館に展示されている。

人名索引

な　行

は　行

ま　行

や　行

ら・わ　行

事項索引

さ行

た　行

な　行

は　行

ま 行

や 行

ら 行

わ 行

参考文献（アルファベット順）

安食昭夫・東政明・大多和達也・大原亮治・奥野開造・中村義三・深沢靖隆・三浦健藏，1986，「座談会 各飛代表集合 青春を予科練魂で鍛えて」『歴史と人物 太平洋戦争シリーズ 61 年冬号　日本陸海軍の戦歴』，62-79.

赤羽礼子・石井宏，2001，『ホタル帰る――特攻隊員と母トメと娘礼子』草思社.

赤澤史朗，2000，「「農民兵士論争」再論」『立命館法学』271・272: 621-47.

―――，2017，『靖国神社――「殉国」と「平和」をめぐる戦後史』岩波書店.

阿見文化会編，1979，『阿見文化』15.

阿見町，2002，『阿見と予科練――そして人々のものがたり』.

阿見町，2010，『続・阿見と予科練――そして人々のものがたり』.

Anderson, Benedict, 1991, *Imagined Communities: Reflections on the Origin and Spread of Nationalism*, rev. ed., London: Verso.（白石さや・白石隆訳，1997，『増補 想像の共同体――ナショナリズムの起源と流行』NTT 出版.）

荒川章二，2001，『軍隊と地域』青木書店.

―――，2007，『軍用地と都市・民衆』山川出版社.

蘭信三・小倉康嗣・今野日出晴編，2021，『なぜ戦争体験を継承するのか――ポスト体験時代の歴史実践』みずき書林.

粟津賢太，2008，「集合的記憶のエージェンシー――集合的記憶の社会学構築のために」『国立歴史民俗博物館研究報告』147: 437-63.

―――，2017，『記憶と追悼の宗教社会学――戦没者祭祀の成立と変容』北海道大学出版会.

Caillois, Roger, 1963, *Bellone, ou, La pente de la guerre,* Paris: Renaissance du livre.（秋枝茂夫訳，1974，『戦争論――われわれの内にひそむ女神ベローナ』法政大学出版局.）

Camacho, Keith, 2011, *Cultures of Commemoration: The Politics of War, Memory, and History in the Mariana Islands*, Hawaii: University of Hawaii Press.（西村明・町泰樹訳，2016，『戦禍を記念する――グアム・サイパンの歴史と記憶』岩波書店.）

第一期予科練習生，1981，『予科練習部の回顧』.

Durkheim, Emile, 1895, *Les règles de la méthode sociologique*, Paris: Presses Universitaires de France.（宮島喬訳，1978，『社会学的方法の規準』岩波書店.）

―――，1897, *Le suicide. Étude de sociologie*, Paris: Alcan.（宮島喬訳，1985，『自殺論』中央公論社）

―――，1900, "La Sociologie et son domaine scientifique（La sociologia ed il suo domino scientifico, *Rivista italiana di sociologia*, 4: 127-148），" dans Textes, 1: 13-36.（小関藤一郎・川喜多喬訳，1975，「社会学とその学問的領域」『モンテスキューとルソー――社会学の先駆者たち』法政大学出版局，223-52.）

Elder, Glen, 1986, "Military Times and Turning Points in Men's Lives," *Developmental Psychology*,

22(2): 233-45.
———，1987, "War Mobilization and the Life Course: A Cohort of World War Ⅱ Veterans," *Sociological Forum*, 2(3): 449-72.
Elder, Glen and Yoriko Meguro, 1987, "Wartime in Men's Lives: A Comparative Study of American and Japanese Cohorts," *International Journal of Behavioral Development*, 10(4): 439-66.
遠藤美幸，2018，「「戦友会」の変容と世代交代 ── 戦場体験の継承をめぐる葛藤と可能性」『日本オーラル・ヒストリー研究』14: 9-21.
藤井忠俊，1985，『国防婦人会 ── 日の丸とカッポウ着』岩波書店.
藤田大誠，2008，「日本における慰霊・追悼・顕彰研究の現状と課題」國學院大學研究開発推進センター編『慰霊と顕彰の間 ── 近代日本の戦死者観をめぐって』錦正社，3-34.
Frühstück, Sabine, 2007, *Uneasy Warriors: Gender, Memory, and Popular Culture in the Japanese Army*, Berkeley: University of California Press.（花田知恵訳，2008，『不安な兵士たち ── ニッポン自衛隊研究』原書房.）
深谷直弘，2018，『原爆の記憶を継承する実践 ── 長崎の被爆遺構保存と平和活動の社会学的考察』新曜社.
福間良明，2007，『殉国と反逆 ── 「特攻」の語りの戦後史』青弓社.
———，2009，『「戦争体験」の戦後史 ── 世代・教養・イデオロギー』中央公論新社.
———，2015a，『「戦跡」の戦後史 ── せめぎあう遺構とモニュメント』岩波書店.
———，2015b，「特攻戦跡の発明 ── 知覧航空基地跡と護国神社の相克」福間良明・山口誠編『「知覧」の誕生 ── 特攻の記憶はいかに創られてきたのか』柏書房，31-73.
———，2017，『「働く青年」と教養の戦後史 ── 「人生雑誌」と読者のゆくえ』筑摩書房.
———，2020，『「勤労青年」の教養文化史』岩波書店.
福間良明・山口誠編，2015，『「知覧」の誕生 ── 特攻の記憶はいかに創られてきたのか』柏書房.
Giddens, Anthony, 1990, *The Consequences of Modernity*, Cambridge: Polity Press.（松尾精文，・小幡正敏訳，1993，『近代とはいかなる時代か？── モダニティの帰結』而立書房.）
Gutiérrez, Emilio, 2011, "Memories Without a Place," *International Social Science Journal*, 62（203-204）: 19-31.
Halbwachs, Maurice, 1925, *Les Cadres Sociaux de la Mémoire*, Paris : Librairie Alcan.（鈴木智之訳，2018，『記憶の社会的枠組み』青弓社.）
———，1950, *La Mémoire Collective*, Paris: Presses Universitaires de France.（小関藤一郎訳，1989，『集合的記憶』行路社.）
浜日出夫，2000，「記憶のトポグラフィー」『三田社会学』5: 4-16.
———，2007，「歴史と記憶」長谷川公一・浜日出夫・藤村正之・町村敬志編『社会学』有斐閣 : 171-199.
塙泉嶺編，1926，『稲敷郡郷土史』宗教新聞社.
原田敬一，2015，「良兵・皇軍・聖戦 ── 日本の軍隊を問う」林博史・原田敬一・山本和重編『軍隊と地域社会を問う　地域社会編』吉川弘文館，160-237.
秦郁彦編，2005，『日本陸海軍総合事典［第 2 版］』東京大学出版会.

服部之総，1967a，「日本型ファシズムの特質」『服部之総著作集Ⅶ　大日本帝国』理論社，212-44.
———，1967b，「軍閥と中間階級」『服部之総著作集Ⅶ　大日本帝国』理論社，191-206.
広田照幸，1997，『陸軍将校の教育社会史――立身出世と天皇制』世織書房.
Huntington, Samuel., 1957, *The Soldier and the State: the Theory and Politics of Civil–Military Relations*, Cambridge: Harvard University Press.（市川良一訳，2008，『軍人と国家　上下』原書房.）
一ノ瀬俊也，2009，『皇軍兵士の日常生活』講談社.
———，2017，『飛行機の戦争 1914-1945――総力戦体制への道』講談社.
飯塚浩二，1950，『日本の軍隊』東大協同組合出版部.
井野瀬久美惠，1999，「忘却が記憶を成立させる――「かたち」の選択とその多様性をめぐって」阿部安成・小関隆・見市雅俊・光永雅明・森村敏己編『記憶のかたち――コメモレイションの文化史』柏書房，189-206.
井上俊，1973，『死にがいの喪失』筑摩書房.
井上義和，2021，『特攻文学論』創元社.
石井勉，1985，『斜陽の果てに――土浦のある予科練』学芸書林.
伊藤公雄，1983，「戦中派世代と戦友会」高橋三郎編『共同研究・戦友会』田畑書店，143-72.
———，2004，「戦後男の子文化のなかの「戦争」」中久郎編『戦後日本のなかの「戦争」』世界思想社，151-179.
逸見勝亮，1990，「少年兵史素描」『日本の教育史学』33: 112-32.
———，2002，「自衛隊生徒の発足――1955 年の少年兵」『日本の教育史学』45: 162-80.
岩井八郎，2015，「戦時体制による経歴の流動化と戦後社会――SSM 調査の再分析」橋本健二編『戦後日本社会の誕生』弘文堂，209-47.
岩手県農村文化懇談会編，1961，『戦没農民兵士の手紙』岩波書店.
Janowitz, Morris, 1960, *The Professional Soldier: A Social and Political Portrait*, New York: Free Press of Glencoe.
Jordan, Jennifer, 2006, *Structures of Memory: Understanding Urban Change in Berlin and Beyond*, California: Stanford University Press.
常陽新聞社，2002，『等身大の予科練――戦時下の青春と，戦後』常陽新聞社.
片瀬一男，2015，「経済人の軍隊体験――教育機関としての軍隊」橋本健二編『戦後日本社会の誕生』弘文堂，177-208.
河野仁，1990，「大正・昭和期軍事エリートの形成過程――陸海軍将校の軍キャリア選択と軍学校適応に関する実証分析」筒井清忠編『「近代日本」の歴史社会学――心性と構造』木鐸社，95-140.
監野宣慶，1982，「犯罪者援助における篤志家の活用」更生保護三十年史編集委員会編『更生保護三十年史』日本更生保護協会，363-71.
Kertzer, David, 1988, *Ritual, Politics, and Power*, New Haven: Yale University Press.（小池和子訳，1989，『儀式・政治・権力』勁草書房.）

君島彩子，2021，『観音像とは何か ── 平和モニュメントの近・現代』青弓社.
木村卓滋，2004，「復員 ── 軍人の戦後社会への包摂」吉田裕編『日本の時代史 26　戦後改革と逆コース』吉川弘文館，86-107.
木村豊，2019，「戦後七〇年と「戦争の記憶」研究 ── 集合的記憶論の使われ方の再検討」『戦争社会学研究』3: 251-67.
金瑛，2020，『記憶の社会学とアルヴァックス』晃洋書房.
───，2021，「社会形態学」デュルケーム／デュルケーム学派研究会『社会学の基本　デュルケームの論点』学文社，23-7.
木下直之，2012，『股間若衆 ── 男の裸は芸術か』新潮社.
───，2014，『銅像時代 ── もうひとつの日本彫刻史』岩波書店.
喜多村理子，1999，『徴兵・戦争と民衆』吉川弘文館.
小林将人，1994，「むらと海軍 ── 茨城県・稲敷郡一村落の「近代化」」筑波大学大学院地域研究研究科 1993 年度修士学位論文.
古賀博秀，1982，「協力組織論序説」更生保護三十年史編集委員会編『更生保護三十年史』日本更生保護協会，372-9.
小池和男，1976，「戦時経済の「遺産」」飯田経夫・清成忠男・小池和男・玉城哲・中村秀一郎・正村公宏・山本満『現代日本経済史 ── 戦後三〇年の歩み（上）』筑摩書房，92-107.
小池猪一，1983a，『海軍飛行予科練習生　第 1 巻』国書刊行会.
───，1983b，『海軍飛行予科練習生　第 2 巻』国書刊行会.
小松茂男，1958a，「日本軍国主義と一般国民の意識（上）」『思想』410: 30-4.
───，1958b，「日本軍国主義と一般国民の意識（下）」『思想』411: 105-20.
小峰和夫，2004，「明治期の専門学校出身者と準エリート層の形成」『人間科学研究』1: 3-28.
孝本貢，2006，「現代日本における戦死者慰霊祭祀 ── 特攻隊戦死者の事例」圭室文雄編『日本人の宗教と庶民信仰』吉川弘文館 : 464-81.
───，2009a，「戦後地域社会における戦争死者慰霊祭祀 ── 慰霊碑等の建立・祭祀についての事例研究」『明治大学人文科学研究所紀要』64: 85-97.
───，2009b，「鹿児島県下における特攻隊慰霊碑の建立」『東アジアに対する日本の戦争の記憶』東北アジア平和ベルト国際学術大会予稿集.
倉町秋次，1944，『改訂　空の少年兵』興亜日本社.
───，1953，「予科練魂の死の抗議 ── 元教官のその後の記録」『文藝春秋』31(2): 128-41.
───，1987，『豫科練外史〈1〉』豫科練外史刊行会.
黒川みどり，2017，「鹿野思想史と丸山政治思想史 ── ドレイ性の剔抉」赤澤史朗・北河賢三・黒川みどり・戸邉秀明編『触発する歴史学 ── 鹿野思想史と向きあう』日本経済評論社.
桑原敬一，2006a，『語られざる特攻基地・串良 ── 生還した「特攻」隊員の告白』文藝春秋.
───，2006b，『予科練白書 ── 下士官・兵のみた戦中と戦後』新人物往来社.

神立尚紀，2018，『証言零戦 搭乗員がくぐり抜けた地獄の戦場と激動の戦後』講談社.
MacIver, Robert, 1924, *Community : A Sociological Study; Being an Attempt to Set Out the Nature and Fundamental Laws of Social Life*, New York: Macmillan.（中久郎・松本通監訳，2009，『コミュニティ ── 社会学的研究：社会生活の性質と基本法則に関する一試論』ミネルヴァ書房.）
丸山眞男，1946，「超國家主義の論理と心理」『世界』5: 2-15.
───，1964，「日本ファシズムの思想と運動」『現代政治の思想と行動』未来社，29-87.
丸山恒子，1978，「わが道五十年」『阿見文化』14: 8-12.
───，1979，「山河語らず ── 霞ヶ浦土浦航空隊の今昔」阿見文化会編『阿見文化』15: 5-10.
松本彰，2012，『記念碑に刻まれたドイツ ── 戦争・革命・統一』東京大学出版会.
松永智子，2015，「海軍鹿屋航空基地の遺産 ── 特攻をめぐる寡黙さの所以」福間良明・山口誠編『「知覧」の誕生 ── 特攻の記憶はいかに創られてきたのか』柏書房，208-40.
Mauss, Marcel, 1906, *Essai sur les variations saisonnières des sociétés Eskimos: Étude de morphologie sociale, L'Année sociologique*, 9: 39-132.（宮本卓也訳，1981，『エスキモー社会 ── その季節的変異に関する社会形態学的研究』未來社.）
ミリタリー・カルチャー研究会，2020，『ミリタリー・カルチャー研究 ── データで読む現代日本の戦争観』青弓社.
目黒依子，1987，「男子のライフコースと戦争」森岡清美・青井和夫編『現代日本人のライフコース』日本学術振興会，327-43.
溝部明男，1983，「戦友会の一日 ── 「空母燕鵬戦友会」再訪」高橋三郎編『共同研究戦友会』田畑書店，13-107.
───，1989，「軍隊体験と戦後日本の架橋を模索する戦友会ネットワーク」塩原勉・日置弘一郎編『日本の組織第 13 巻　伝統と信仰の組織』第一法規出版，257-61.
望戸愛果，2017，『「戦争体験」とジェンダー ── アメリカ在郷軍人会の第一次世界大戦戦場巡礼を読み解く』明石書店.
百瀬孝，1990，『事典 昭和戦前期の日本 ── 制度と実態』吉川弘文館.
森岡清美，1990，「死のコンボイ経験世代の戦後」『社会学評論』41(1): 2-11.
───，1993，『決死の世代と遺書 ── 太平洋戦争末期の若者の生と死 ［補訂版]』吉川弘文館.
───，1995，『若き特攻隊員と太平洋戦争 ── その手記と群像』吉川弘文館.
───，2013，「戦争社会学と戦中派経験」福間良明・野上元・蘭信三・石原俊編『戦争社会学の構想 ── 制度・体験・メディア』勉誠出版，3-22.
Mosse, George, 1990, *Fallen Soldiers: Reshaping the Memory of the World Wars*, New York: Oxford University Press.（宮武実知子訳，2002，『英霊 ── 創られた世界大戦の記憶』柏書房.）
長峯良斉，1976，『死にゆく二十歳の真情 ── 神風特別攻撃隊員の手記』読売新聞社.
中村秀之，2006，「特攻隊表象論」倉沢愛子・杉原達・成田龍一・テッサ・モーリス - スズキ・油井大三郎・吉田裕編『岩波講座 アジア太平洋戦争 5　戦場の諸相』岩波書店，301-30.

———，2017,『特攻隊映画の系譜学――敗戦日本の哀悼劇』岩波書店.
中野良，2004,「「軍隊と地域」研究の成果と展望――軍事演習を題材に」『戦争責任研究』45: 40-7.
中野卓，1992,『「学徒出陣」前後――ある従軍学生のみた戦争』新曜社.
中筋直哉，2000,「〈社会の記憶〉としての墓・霊園――「死者たち」はどう扱われてきたか」片桐新自編『歴史的環境の社会学』新曜社，222-44.
———，2005,『群衆の居場所――都市騒乱の歴史社会学』新曜社.
直野章子，2010,「ヒロシマの記憶風景――国民の創作と不気味な時空間」『社会学評論』60(4): 500-16.
日本戰歿學生手記編集委員會編，1949,『きけわだつみのこえ――日本戰歿學生の手記』東大協同組合出版部.
蜷川壽惠，1998,『学徒出陣――戦争と青春』吉川弘文館.
新田光子，1980「戦友会における慰霊と「靖国」」『ソシオロジ』24(2) : 63-82.
———，1983,「慰霊と戦友会」高橋三郎編『共同研究・戦友会』田畑書店，213-52.
西村明，2010,「記憶のパフォーマティヴィティ――犠牲的死がひらく未来」池澤優・アンヌ ブッシィ編『非業の死の記憶――大量の死者をめぐる表象のポリティックス』東京大学大学院人文社会系研究科，91-103.
———，2011,「徳之島と戦争死者――戦局・環境複合の慰霊論」鹿児島大学・鹿児島環境学研究会編『鹿児島環境学Ⅲ』南方新社，132-50.
———，2013,「今後の研究のために――「慰霊の系譜」と「慰霊研究の系譜」から」村上興匡・西村明編『慰霊の系譜――死者を記憶する共同体』森話社，272-82.
野上元，2000,「戦時動員論再考――「戦争の記憶」との関連で」『年報社会学論集』13: 159-68.
———，2005,「「戦争の記憶」の現在」矢野敬一・木下直之・野上元・福田珠己・阿部安成『浮遊する「記憶」』青弓社，85-118.
———，2006,『戦争体験の社会学――「兵士」という文体』弘文堂.
———，2009,「歴史と向き合う社会学――資料と記述をめぐる多様なアプローチにみる可能性」『年報社会学論集』22:1-9.
———，2011a,「テーマ別研究動向（戦争・記憶・メディア）――課題設定の時代被拘束性を越えられるか？」『社会学評論』62(2): 236-46.
———，2011b,「戦争体験の社会史」藤村正之編『いのちとライフコースの社会学』弘文堂，196-209.
———，2012a,「戦争社会学とは何か」野上元・福間良明編『戦争社会学ブックガイド』創元社，9-16.
———，2012b,「戦場体験者のコミュニティ――高橋三郎編『共同研究・戦友会』」野上元・福間良明編『戦争社会学ブックガイド』創元社，63-7.
———，2015,「新自由主義時代の歴史観光まちづくり――愛媛県松山市「坂の上の雲まちづくり」における「歴史」の利用」野上元・小林多寿子編『歴史と向きあう社会学』ミネルヴァ書房，195-219.

Nora, Pierre, 1984, "Entre Mémoire et Histoire: La problematique des lieux," Pierre Nora ed., *Les Lieuxde Mémoire, Volume 1: La République*, Paris: Gallimard.（長井伸仁訳，2002,「序論 記憶と歴史のはざまに」『記憶の場 1　対立』岩波書店，29-56.）
荻野昌弘，2012,『開発空間の暴力――いじめ自殺を生む風景』新曜社.
――― 編，2013,『叢書 戦争が生みだす社会 1――戦後社会の変動と記憶』新曜社.
小熊英二，2002,『〈民主〉と〈愛国〉――戦後日本のナショナリズムと公共性』新曜社.
Olick, Jeffrey, 1999, "Genre Memories and Memory Genres: A Dialogical Analysis of May 8, 1945 Commemorations in the Federal Republic of Germany," *American Sociological Review*, 64: 381-402.
Olick, Jeffrey and Joice Robbins, 1998, "Social Memory Studies: From 'Collective Memory' to the Historical Sociology of Mnemonic Practices," *Annual Review of Sociology*, 24: 105-40.
大多和達也，1986,「第五期飛行予科練習生の日々」『歴史と人物　太平洋戦争シリーズ 61 年冬号　日本陸海軍の戦歴』中央公論社，42-9.
Plath, David, 1980, *Long Engagements : Maturity in Modern Japan*, Carifolnia : Stanford University Press.（井上俊・杉野目康子訳，1985,『日本人の生き方――現代における成熟のドラマ』岩波書店.）
Putnam, Robert, 2000, *Bowling Alone: The Collapse and Revival of American Community*, New York: Simon & Schuster.（柴内康文訳，2006,『孤独なボウリング――米国コミュニティの崩壊と再生』柏書房.）
陸上自衛隊武器学校，1967,『武器学校史（昭和 41 年度)』陸上自衛隊武器学校総務課印書班.
―――，1969,『武器学校史（昭和 43 年度）第 13 巻』陸上自衛隊武器学校総務課印書班.
坂部晶子，2008,『「満州」経験の社会学――植民地の記憶のかたち』世界思想社.
堺周一，2011,『豫科練戦後の歩み――紺碧の青空のもと同窓英霊よ永遠に安かれ』私家版.
作田啓一，1960,「戦犯受刑者の死生観について――「世紀の遺書」の分析」『ソシオロジ』7(3): 110-135.
―――，1967,「死との和解」『恥の文化再考』筑摩書房，155-83.
佐藤彰宣，2021,『〈趣味〉としての戦争――戦記雑誌「丸」の文化史』創元社.
佐藤健二，2008,「集合的記憶」樺山紘一編『歴史学事典 15　コミュニケーション』弘文堂，298-300.
―――，2010,「総合的コメント――「非常の死」と「家族／社会／国家」と「想像の場」」池澤優／アンヌ・ブッシィ編『非業の死の記憶――大量の死者をめぐる表象のポリティックス』東京大学人文社会系研究科，367-75.
―――，2019,「戦争社会学とはなにかをめぐって」『戦争社会学研究』3: 150-78.
佐藤量・菅野智博・湯川真樹江編，2020,『戦後日本の満洲記憶』東方書店.
関一敏，1983,「類比・物・空間――デュルケムからアルバクスへ」『宗教研究』57(3): 313-37.
戦友会研究会，2012,『戦友会研究ノート』青弓社.
島津俊之，1993,「デュルケーム社会形態学における社会と空間」『人文地理』45(4): 333-50.

清水亮，2016，「軍隊と地域の結節点としての下宿 —— 軍人と地域住民との相互行為過程を通した関係形成に着目して」『ソシオロゴス』40: 79-94.
———，2017，「管理からみる戦死者慰霊施設 —— 立地地域における各担い手に着目して」『宗教と社会』23: 31-45.
———，2018，「記念空間造成事業における担い手の軍隊経験 —— 予科練の戦友会と地域婦人会に焦点を当てて」『社会学評論』69(3): 406-23.
———，2020，「モノと意味 —— 人はモノを制御できるのか」木村至聖・森久聡編『社会学で読み解く文化遺産 —— 新しい研究の視点とフィールド』新曜社，66-71.
———，2021a，「地域からみる、観光が拡げる —— 知覧特攻平和会館、大刀洗平和記念館、人吉海軍航空基地資料館」蘭信三，・小倉康嗣・今野日出晴編『なぜ戦争体験を継承するのか —— ポスト体験時代の歴史実践』みずき書林，310-324.
———，2021b，「軍学校出身者の立身出世をめぐる自己確認 —— 予科練戦友会会報から」『理論と動態』14: 10-27.
———，2021c，「日本における軍事社会学の受容 —— 一つの「戦争社会学」史の試み」『社会学評論』72(3): 241-57.
———，2022，「自衛隊基地と地域社会——誘致における旧軍の記憶から」蘭信三・石原俊・一ノ瀬俊也・佐藤文香・西村明・野上元・福間良明編『シリーズ 戦争と社会 2　社会のなかの軍隊／軍隊という社会』149-70.
———，近刊 A，「戦争体験と「経験」 —— 語り部のライフヒストリー研究のために」赤川学・祐成保志編『社会の解読力〈歴史編〉 —— 現在せざるものへの経路』新曜社.
———，近刊 B，「公立戦争博物館における教育・観光の分業と兼業——海軍航空隊展示製作過程における施設認識のせめぎ合い」『軍事史学』57(4).
下平忠彦，1990，『海の若鷲「予科練」の徹底研究』光人社.
志村つね平・筑摩鐵平，1943，『土浦海軍航空隊めぐり』東雲堂.
白岩伸也，2015，「予科練をめぐる集合的記憶の形成過程 —— 第二次世界大戦後における茨城県稲敷郡阿見町の地域変容に着目して」『筑波大学教育学系論集』40(1): 15-27.
———，2018，「「予科練くずれ」の教育史的考察 —— 秋田県立横手中学校における同盟休校と刺殺事件（1945 ～ 46 年）を中心にして」『筑波大学教育学系論集』42(2): 137-49.
———，2019a，「海軍飛行予科練習生制度の成立とその教育史的展開 —— 軍関係教育機関と中等教育機関の制度的関係に注目して」『日本教育史研究』38: 35-60.
———，2019b，「海軍飛行予科練習生の教育史的研究 —— 軍関係教育機関としての制度的位置とその戦後的問題」筑波大学大学院人間総合科学研究科博士学位論文.（2022 年 2 月に風間書房から『海軍飛行予科練習生の研究』と改題して刊行予定）.
———，2019c，「戦後日本における旧軍関係教育機関出身者の「学歴」認定問題 —— 旧軍人団体の動向と行政機関の対応に注目して」『日本教育行政学会年報』45: 86-102.
Simmel, Georg, 1909, “Brücke und Tür,” *Brücke und Tür* (herausgegeben von M. Susman und M. Landmann).（鈴木直訳，1999，「橋と扉」北川東子編訳『ジンメル・コレクション』筑摩書房）
Skocpol, Theda, 2003, *Diminished Democracy: From Membership to Management in American Civic*

Life, Norman: University of Oklahoma Press.（河田潤一訳，2007，『失われた民主主義――メンバーシップからマネージメントへ』慶應義塾大学出版会.）
Stouffer, Samuel. et al., 1949, *The American Soldier*, Princeton: Princeton University Press.
杉本淑彦，2008，「モニュメント研究の新地平」『史林』91(1): 256-63.
鈴木芳行，2012，『首都防空網と〈空都〉多摩』吉川弘文館.
高田理惠子，2008，『学歴・階級・軍隊――高学歴兵士たちの憂鬱な日常』中央公論新社.
高橋三郎，1980，「戦友会研究の意義と方法――まえがきにかえて」『ソシオロジ（特集・戦友会の社会学的分析)』24(2): 1-4.
――――，1982，「紛争の軍事的形態」『平和研究』6 : 6-11.
――――，1984，「戦友会研究の中から」『世界』459 : 310-6.
――――，1992，「「記憶の貯蔵所」としての戦友会」『思想の科学（第七次)』159 : 28-31.
――――，2006，「日本における戦争社会学――昭和一〇年代の動向」大橋良介・高橋三郎・高橋由典編『学問の小径――社会学・哲学・文学の世界』世界思想社，207-17.
高橋三郎編，1983，『共同研究・戦友会』田畑書店.
高橋由典，1983，「戦友会をつくる人びと」高橋三郎編『共同研究・戦友会』田畑書店，109-42.
――――，2004，「一九六〇年代少年週刊誌における「戦争」――「少年マガジン」の事例」中久郎編『戦後日本のなかの「戦争」』世界思想社，181-212.
高野邦夫，2010，「予科練に関する主な参考文献および資(史)料――先行研究の概観に代えて」『軍隊教育と国民教育――帝国陸海軍軍学校の研究』つなん出版，481-95.
竹内洋，1977，「戦後の成功ブームと成功(出世)観――戦前の立身出世主義を比較基準にして」『関西大学社会学部紀要』8(1): 13-31.
――――，1978，『日本人の出世観』学文社.
――――，1979，「出世主義文化の転換」中農晶三・竹内洋編『転換期の文化――日本近代化のひずみ』創元社，49-74.
――――，1999，『学歴貴族の栄光と挫折』中央公論新社.
――――，2005，『立身出世主義――近代日本のロマンと欲望［増補版］』世界思想社.
――――，2011，『学校と社会の現代史』左右社.
玉野和志，1993，『近代日本の都市化と町内会の成立』行人社.
田辺信一，1971，「地域婦人団体の再生と展開」一番ケ瀬康子編『共同討議　戦後婦人問題史』ドメス出版，257-74.
田中雅一，2015，「軍隊の文化人類学のために」田中雅一編『軍隊の文化人類学』風響社，1-26.
Truc, Gérôme, 2011, "Memory of Places and Places of Memory: For a Halbwachsian Socio-ethnography of Collective Memory," *International Social Science Journal*, 62(203-4): 147-59.
津田正太郎，2020，「プロパガンダエージェントとしてのオピニオンリーダー――「コミュニケーションの二段階の流れ」のもう一つの歴史的起源」『法学研究』93(12): 157-84.
辻田真佐憲，2020，『古関裕而の昭和史――国民を背負った作曲家』文藝春秋.
角田燎，2020，「特攻隊慰霊顕彰会の歴史――慰霊顕彰の「継承」と固有性の喪失」『戦争社

会学研究』4: 172-92.
———，2021,「戦後派世代による「特攻」の慰霊顕彰事業 —— 歴史認識の脱文脈化と「精神」の称揚」『立命館大学人文科学研究所紀要』127, 165-94.
内山純子，1980,「海軍航空隊と阿見地域（二）」阿見町史編さん委員会編『阿見町史研究』2: 43-56.
上杉和央，2010,「「引揚のまち」の記憶」坂根嘉弘編『軍港都市史研究Ｉ 舞鶴編』清文堂，253-92.
ヴィニツキーセルーシ，ヴェレッド，2010,「記念の本質」関沢まゆみ編『戦争記憶論 —— 忘却、変容そして継承』昭和堂，41-56.
渡邊勉，2017,「職業軍人の退役後の職業経歴」『関西学院大学社会学部紀要』127: 33-50.
渡辺祐介，2019,「懐旧談としての戦争体験 —— ある旧日本海軍少年兵のライフストーリー研究」『立命館産業社会論集』55(2): 51-70.
山口誠，2015,「メディアとしての戦跡 —— 忘れられた軍都・大刀洗と「特攻巡礼」」遠藤英樹・松本健太郎編『空間とメディア』ナカニシヤ出版，193-212.
山本昭宏，2015,「〈平和の象徴〉になった特攻 —— 一九八〇年代の知覧町における観光と平和」福間良明・山口誠編『「知覧」の誕生 —— 特攻の記憶はいかに創られてきたのか』柏書房，74-100.
山本理佳，2015,「大和ミュージアム設立を契機とする呉市周辺の観光変化」『国立歴史民俗博物館研究報告』193: 187-219.
山室建徳，2007,『軍神 —— 近代日本が生んだ「英雄」たちの軌跡』中央公論新社.
山之内靖，1995,「方法的序論 —— 総力戦とシステム統合」山之内靖・ヴィクター・コシュマン・成田龍一編『総力戦と現代化』柏書房，9-53.
矢沢昭郎，1992,『海軍七つ釦よもやま物語』光人社.
予科練雄飛会編，1967,『あゝ予科練』サンケイ新聞出版局.
Yoneyama, Lisa, 1999, *Hiroshima Traces: Time, Space, and the Dialection of Memory*, Berkeley: University of California Press.（小沢弘明・小澤祥子・小田島勝浩訳，2005,『広島 —— 記憶のポリティクス』岩波書店.）
四期会編集委員会，1983,『四期会記念誌』第四期予科練雄飛会.
吉田文・広田照幸編，2004,『職業と選抜の歴史社会学 —— 国鉄と社会諸階層』世織書房.
吉田裕，1995,『日本人の戦争観 —— 戦後史のなかの変容』岩波書店.
———，2002,『日本の軍隊 —— 兵士たちの近代史』岩波書店.
———，2011,『兵士たちの戦後史』岩波書店.
———，2020,「岩波現代文庫版あとがき」『兵士たちの戦後史 —— 戦後日本社会を支えた人びと』岩波書店，349-56.
湯原幸徳，2014,「予科練平和記念館整備に思いを馳せて」『海軍航空隊ものがたり —— 予科練平和記念館開館四周年記念特集』阿見町，375-7.

関連年表

年	月	予科練に関する出来事	本書に関連する出来事
1922	11		霞ヶ浦海軍航空隊開隊
1930	5	予科練第一期生入隊（横須賀海軍航空隊）	
1933		旧雄飛会発足（1941 年に解散させられる）	
1937	7		日中戦争始まる
	8	予科練出身者が初めて戦場へ（第二次上海事変の渡洋爆撃）	
	9	甲種予科練第一期生入隊	
1939	3	予科練習部が霞ヶ浦海軍航空隊水上班跡地へ移転	
	6	乙種第十一期生入隊	
1940	11	土浦海軍航空隊が開隊し予科練習部が移転	
			のちの婦人会長古谷りん、阿見村に移住
1941	12		真珠湾攻撃（予科練出身者参加）
1942	8	三重海軍航空隊開隊（以後予科練が各地に増設）	
	11	七つ釦の制服の採用	
1943	9		映画『決戦の大空へ』公開 主題歌「若鷲の歌」レコード発売
	10		明治神宮外苑競技場で出陣学徒壮行会
	12	乙種第二十一期生入隊	
1944	10		神風特別攻撃隊始まる（予科練出身者参加）
1945	5		町制施行により阿見村から阿見町へ
	6		B29 が土浦海軍航空隊・阿見町を空襲
	8		終戦
1947	6		丸山眞男が東大で「日本ファシズムの思想と運動」論文にまとめられる講演を行う
1949	10		『きけわだつみのこえ』刊行
1952	9		水交会発足
	9		警察予備隊武器学校が土浦海軍航空隊跡地へ移駐し土浦駐屯地開設
1953	12		わだつみ像建立（立命館大学。完成は1950 年）

年	月	予科練に関する出来事	本書に関連する出来事
1958	3	予科練雄飛会（再）結成	
1960	7		池田勇人首相就任、所得倍増計画の推進へ
1961	7		『戦没農民兵士の手紙』刊行
		予科練関係者が武器学校を見学し、婦人会役員や地元有力者と面会	面会を契機に婦人会による十円募金が始まる。この頃、武器学校における盆踊り大会始まる
1962	5	雄飛会幹事会開催・本部事務所設置	
	7		土浦駐屯地広報館開館（予科練室あり）
1963	5	雄飛会会報『雄飛』創刊（1月「時報」刊行）	
	8	防衛庁長官福田篤泰と雄飛会役員面会	
	11	甲飛会発足	
	12	第1回予科練慰霊祭・雄飛会全国大会（靖国神社）	
1964	1	学歴認定	
	3	（雄飛会の）予科練戦没者慰霊碑建立委員会発足	
	3		古谷りん、阿見町議に当選
	4	甲飛会第一回総会・慰霊祭	
	6	茨城雄飛会（4月結成）が会報『赤とんぼ』創刊	
	9	甲飛会会報『甲飛だより』創刊	
	10		東海道新幹線開通、東京オリンピック開催
	11		佐藤栄作首相就任（～1972年7月）
1965	1	雄飛会と、陸上自衛隊武器学校と阿見町役場と阿見町婦人会との第一回会談	
	2	全種合同の慰霊碑建立連絡会議開催	
	3	十八期の碑除幕（京都霊山観音）	
	6	「予科練戦没者慰霊碑建立趣意書」「建立基金ご芳援のお願い」の発送	
	8	鍬入れ式・雄翔園造園作業開始	
1966	5	予科練之碑除幕式・第1回全国予科練戦没者慰霊祭（武器学校雄翔園にて）	

年	月	予科練に関する出来事	本書に関連する出来事
1967	4	予科練之碑保存顕彰会会報『予科練』創刊	
	5	第 2 回全国予科練戦没者慰霊祭（武器学校）	
	6		映画『あゝ同期の桜』公開
	12	『あゝ予科練』（予科練雄飛会編）刊行	
1968	1		東大闘争始まる（翌年 1 月東大安田講堂事件）
	5		経団連会長石坂泰三に代わり植村甲午郎が就任
	6		映画『あゝ予科練』公開（主題歌「若鷲の歌」）。『青春の遺書』（毎日新聞社編）刊行
	8	二十三期会報『23 飛』創刊	
	10		明治百年記念式典開催
	11	雄翔館（予科練記念館）竣工式	
1969	5		わだつみ像が全共闘の学生により破壊される
1972	8		鹿屋航空基地史料館開館（海上自衛隊鹿屋航空基地内）
1975	4		知覧特攻遺品館開館（知覧特攻平和会館の前身）
1978	10	財団法人海原会設立（旧予科練之碑保存顕彰会）	
	11		高橋三郎らによる「戦友会についての調査（第 1 回）」（1983 年『共同研究・戦友会』刊行）
1980	6		「第二次世界大戦被爆跡記念之碑」建立（阿見町青宿）
1981	6	「予科練誕生之地」碑建立（横須賀海軍航空隊跡地）	
2009	5		戦争社会学研究会発足
2010	2		阿見町立予科練平和記念館開館
2018	4	予科練雄飛会解散	
2021	5	第 54 回予科練戦没者慰霊祭開催（武器学校）	

著者紹介

清水　亮（しみず りょう）
1991年東京都生まれ。東京大学大学院人文社会系研究科博士課程修了。博士（社会学）。現在、日本学術振興会特別研究員PD（筑波大学）、東京大学未来ビジョン研究センター客員研究員。
主要論文に、「記念空間造成事業における担い手の軍隊経験――予科練の戦友会と地域婦人会に焦点を当てて」（『社会学評論』69巻3号）、「日本における軍事社会学の受容――一つの「戦争社会学」史の試み」（『社会学評論』72巻3号）、「自衛隊基地と地域社会――誘致における旧軍の記憶から」（『社会のなかの軍隊／軍隊という社会』岩波書店、2022年）、「戦争体験と「経験」――語り部のライフヒストリー研究のために」（『社会の解読力〈歴史編〉――現在せざるものへの経路』新曜社、2022年）。

「予科練」戦友会の社会学
戦争の記憶のかたち

初版第1刷発行　2022年3月31日

著　者　清水　亮
発行者　塩浦　暲
発行所　株式会社　新曜社
〒101-0051 東京都千代田区神田神保町3-9
電話（03）3264-4973（代）・FAX（03）3239-2958
E-mail：info@shin-yo-sha.co.jp
URL：https://www.shin-yo-sha.co.jp/

印　刷　長野印刷商工（株）
製本所　積信堂

ISBN978-4-7885-1761-5　C1030